贵州财经大学学术专著出版基金资助项目
2021 年度贵州省教育厅青年科技人才培养项目（黔教合 KY 字[2022]195 号）基金资助

PE/VC 对其持股上市公司财务风险的影响及传导路径研究

杨 嵩 著

西南交通大学出版社
·成　都·

图书在版编目（CIP）数据

PE/VC 对其持股上市公司财务风险的影响及传导路径研究 / 杨嵩著. — 成都：西南交通大学出版社，2022.7

ISBN 978-7-5643-8729-7

Ⅰ. ①P… Ⅱ. ①杨… Ⅲ. ①上市公司 – 财务管理 – 风险管理 – 研究 – 中国 Ⅳ. ①F279.246

中国版本图书馆 CIP 数据核字（2022）第 103062 号

PE/VC dui Qi Chigu Shangshi Gongsi Caiwu Fengxian de Yingxiang ji Chuandao Lujing Yanjiu
PE/VC 对其持股上市公司财务风险的影响及传导路径研究

杨 嵩 / 著	责任编辑 / 罗爱林
	封面设计 / GT 工作室

西南交通大学出版社出版发行
（四川省成都市金牛区二环路北一段 111 号西南交通大学创新大厦 21 楼　610031）
发行部电话：028-87600564　028-87600533
网址：http://www.xnjdcbs.com
印刷：成都蜀通印务有限责任公司

成品尺寸　170 mm × 230 mm
印张　18　　字数　262 千
版次　2022 年 7 月第 1 版　　印次　2022 年 7 月第 1 次

书号　ISBN 978-7-5643-8729-7
定价　68.00 元

图书如有印装质量问题　本社负责退换
版权所有　盗版必究　举报电话：028-87600562

前言 PREFACE

近些年，我国资本市场环境日趋复杂，上市公司因财务风险暴露过多而陷入财务危机甚至破产的事件频发。而随着我国私募基金和风险资本（Private Equity and Venture Capital, PE/VC）市场规模不断扩大，PE/VC 在其持股公司的风险控制环节与公司治理中所扮演的角色也愈发重要，使 PE/VC 对公司影响的研究逐渐成为新的研究热点。首先，本书构建了基于大股东风险偏好的公司资本结构选择模型，研究了我国 PE/VC 作为大股东对其持股公司财务风险的影响。其次，在分析 PE/VC 对其持股公司资本结构、股权结构及市场价值影响的基础上，依次研究了这三方面在 PE/VC 对其持股公司财务风险影响中的单中介效应、双重中介效应和多重并行/混合中介效应，并分别进行了经济学分析和实证检验。最后，本书细分了我国资本市场，针对主板、中小板与创业板三类上市板块，对以上内容分别进行了研究分析。本书的研究内容与主要结论如下：

第一章导论从理论和现实两个视角分别介绍了本书的研究背景、动因及研究意义，并在梳理国内外关于 PE/VC 和财务风险相关研究的基础上，从研究视角、研究内容和研究结论三个方面阐述了本书研究内容的独特及创新之处；最后简要介绍了本书的主要研究内容和研究方法。

第二章构建了基于大股东风险偏好的公司资本结构选择模型，并给出 PE/VC 对其持股公司财务风险影响的理论推导。同时，结合我国上市公司 2004—2018 年的数据，利用上市公司 Z 值来构建公司财务风险的度量指标，从实证角度研究了我国 PE/VC 对其持股公司财务风险的影响。研究结果显示：与没有

PE/VC 持股的公司相比,有 PE/VC 持股公司的财务风险更大,且这一结论在内生性偏差修正后仍然成立,即说明 PE/VC 的介入会增加其持股公司的财务风险,进而提高公司发生财务危机的概率。另外,本章还发现我国 PE/VC 对其持股公司财务风险的影响存在板块异质性。在主板市场,PE/VC 的介入有降低其持股公司财务风险的迹象,但该结论不稳健;在中小板市场,PE/VC 的介入会显著增加其持股公司的财务风险;而在创业板市场,上述现象均不显著。

第三章基于大股东风险偏好的公司资本结构选择模型理论,从静态和动态的视角,研究了我国 PE/VC 对其持股公司资本结构的影响及其板块异质性。研究发现:①整体而言,我国 PE/VC 的介入会提高其持股公司负债比率,同时加剧公司资本结构的变动,使公司资本结构的不稳定性增加。②就各板块而言,我国 PE/VC 的介入对其持股公司资本结构的影响存在板块异质性。在中小板市场,PE/VC 的介入会显著提高其持股公司负债比率,并加剧其持股公司资本结构的变动,但在主板和创业板市场,PE/VC 对其持股公司资本结构及其波动的影响均不显著。

此外,本章进一步研究了 PE/VC 对其持股公司财务风险影响的资本结构传导路径。研究发现:①整个市场上,PE/VC 通过提高公司资本结构负债比率,加剧资本结构波动,从而对其持股公司财务风险产生显著的促进作用,且资本结构波动变量比资本结构变量的间接效应更为显著。换而言之,资本结构及其波动在 PE/VC 对其持股公司财务风险影响中起到促进的中介作用,且资本结构波动比资本结构的促进作用更大。②PE/VC 对其持股公司财务风险影响的资本结构传导路径存在板块差异。在中小板市场,资本结构及其波动的中介作用与在整个市场上的中介作用一致,但在主板和创业板市场,资本结构及其波动的中介作用却均不显著。

第四章从实证角度分析了我国 PE/VC 对其持股公司股权结构的影响及其板块特征。实证发现：①在内生性偏差修正后，存在有 PE/VC 持股公司的股权集中度比没有 PE/VC 持股公司的股权集中度更高的现象，即说明 PE/VC 的介入会提高其持股公司的股权集中度。②PE/VC 的介入会加剧公司股权结构的波动。③PE/VC 对其持股公司股权结构的影响存在板块差异，而对其持股公司股权结构波动的影响却均起到显著的促进作用。在创业板市场，PE/VC 的介入会显著提高其持股公司股权集中度；在中小板市场，PE/VC 的介入会显著降低其持股公司的股权集中度；而在主板市场，上述现象均不显著。

此外，本章进一步分析了 PE/VC 对其持股公司财务风险影响的股权结构传导方式。研究发现：①整个市场上，PE/VC 通过改变股权结构，加剧股权结构的波动，从而对其持股公司财务风险产生显著的抑制作用，即股权结构波动在 PE/VC 对其持股公司财务风险影响中起到显著抑制的中介作用，而股权结构的中介作用不显著。②股权结构及其波动的中介作用存在板块异质性。在主板市场，股权结构及其波动的中介作用与在整个市场上的中介作用相一致；在中小板市场，股权结构在 PE/VC 对其持股公司财务风险影响中存在显著的正间接效应，而股权结构波动的间接效应却显著为负；在创业板市场，股权结构及其波动的中介作用均不显著。

第五章从公司内部治理结构与外部投资者预期两个方面，给出了我国 PE/VC 对其持股公司市场价值及波动影响的经济学分析，并依据样本数据进行了实证检验。由此，得到以下结论：①在内生性偏差修正后发现，PE/VC 的介入会降低其持股公司的市场价值，并减缓其持股公司市场价值波动。②我国 PE/VC 对其持股公司市场价值的影响存在滞后效应，即 PE/VC 的介入会降低公司第二年的市场价值。③我国 PE/VC 对其持股公司市场价值的影响存在板块差异。在主板市场，PE/VC 的介入会显著提高其持股公司的市场价值，并加剧其市场价值的波动，而在创业板和中小板市场，PE/VC 的介入却会显著降低其持股公司的市场价值，并抑制其市场价值的波动。

在前面研究的基础上，本章进一步检验了市场价值在 PE/VC 对其持股公司财务风险影响的中介效应。研究发现：①整体来看，PE/VC 通过影响公司价值及其波动，从而对其持股公司财务风险产生促进的中介作用，且市场价值波动在 PE/VC 对其持股公司财务风险影响中起到显著的正间接效应，而市场价值的间接效应却不显著。②市场价值及其波动在 PE/VC 对其持股公司财务风险影响的间接效应存在板块差异。在创业板市场，市场价值及其波动的间接效应显著为正，且市场价值波动的间接效应更为显著；在中小板市场，市场价值波动的间接效应显著为负，而市场价值的间接效应不显著；在主板市场，市场价值及其波动的间接效应均不显著。

第六章基于前文的研究结论，利用多重并行/混合中介效应模型，考虑公司资本结构、股权结构、市场价值三类潜变量，研究了这三类潜变量在 PE/VC 对其持股公司财务风险影响的并行/链式的传导作用。研究发现：①PE/VC 通过加剧资本结构波动、股权结构波动以及市场价值波动，分别对其持股公司财务风险产生不同的影响。其中，公司资本结构波动和市场价值波动会促进公司财务风险的发生，而股权结构波动则会抑制财务风险的发生。②资本结构波动、股权结构波动以及市场价值波动间存在相互影响的关系，主要表现为股权结构波动促进资本结构波动，资本结构的波动反过来又促进市场价值波动，而股权结构波动对市场价值波动的直接影响却不显著。

此外，本章针对主板、中小板与创业板三类上市板块，分别研究了 PE/VC 通过资本结构、股权结构及市场价值三个方面对其持股公司财务风险影响的中介传导机制的异同。研究发现：①在主板市场，PE/VC 通过加剧其持股公司的股权结构波动和市场价值波动，从而直接对公司财务风险分别产生显著的抑制和促进作用。PE/VC 还可通过改变股权结构，调整资本结构，进而间接影响财务风险，且股权结构波动对资本结构波动有促进作用。②在创业板市场，公司股权结构、资本结构以及市场价值对 PE/VC 影响其持股公司财务风险的多重混合中介效应不显著。③在中小板市场，PE/VC 通过加剧其持股公司的资本结构波动或股权结构波动，从而直接对公司财务风险分别产生显著的促进和抑制作用。另外，PE/VC 还可通过改变公司股权结构，调整资本结构，引起市场价值变动，进而间接影响财务风险，且股权结构波动分别会加剧资本结构的波动和市场价值的波动，同时资本结构波动又会进一步加剧市场价值的波动。

　　本书在研究内容、研究视角与研究方法上均有创新，所得结果具有独创性。首先，与已有文献相比，本书构建了基于大股东风险偏好的上市公司资本结构选择模型，诠释了我国 PE/VC 影响其持股上市公司资本结构和财务风险影响的微观机理。其次，本书从资本结构、股权结构及市场价值三个方面，深度研究了我国 PE/VC 对其持股上市公司财务风险的影响及其中介传导路径，并发现上述传导路径在我国主板、创业板与中小板市场之间存在异质性。本书的研究有利于我们针对不同上市板块提出不同政策建议，使公司财务风险控制做到有的放矢，为有效阻断财务风险的传导提供有力的理论支持。

杨　嵩
2022 年 1 月

目 录
CONTENTS

第一章 导 论

第一节 研究背景与研究意义 …………………………………001

第二节 国内外相关研究综述 …………………………………007

第三节 研究内容和研究方法 …………………………………031

第二章 PE/VC 介入对其持股上市公司财务风险的影响

第一节 理论分析与研究假设 …………………………………037

第二节 样本选择与研究设计 …………………………………046

第三节 PE/VC 对其持股公司财务风险影响的实证分析……………056

第四节 PE/VC 对其持股公司财务风险影响的稳健性检验…………064

第五节 PE/VC 对其持股公司财务风险影响的上市板块差异………071

第三章 我国 PE/VC 对其持股上市公司财务风险影响的资本结构传导路径

第一节 理论分析与研究假设 …………………………………083

第二节 变量选择与研究设计 …………………………………086

第三节 资本结构及其波动在 PE/VC 对其持股公司财务风险的中介影响 ……………………………………………………095

第四节 资本结构及其波动在不同上市板块中介效应的差异………117

第四章　我国 PE/VC 对其持股上市公司财务风险影响的股权结构传导方式

第一节　理论分析与研究假设 ·················· 125

第二节　变量选择与研究设计 ·················· 127

第三节　股权结构及其波动在 PE/VC 对其持股公司财务风险影响的
中介作用 ·························· 131

第四节　股权结构及其波动在不同上市板块中介效应的差异 ········ 157

第五章　我国 PE/VC 对其持股上市公司财务风险影响的市场价值传导模式

第一节　理论分析与研究假设 ·················· 165

第二节　变量选择与研究设计 ·················· 168

第三节　市场价值及波动对 PE/VC 影响其持股公司财务风险的
中介作用 ·························· 172

第四节　市场价值及其波动在不同上市板块中介效应的差异 ········ 206

第六章　我国 PE/VC 对其持股上市公司财务风险影响的多重中介效应

第一节　理论分析与研究假设 ·················· 214

第二节　变量选择与研究设计 ·················· 215

第三节　资本结构、股权结构及市场价值的中介效应实证检验 ······· 219

第四节　多重中介效应的板块异质性 ················ 232

第七章　研究结论、政策建议与研究展望

第一节　研究结论 ······················· 249

第二节　政策建议 ······················· 253

第三节　研究展望 ······················· 256

附录　完整的实证结果表格 ···················· 258

参考文献 ··························· 259

第一章 导 论

第一节 研究背景与研究意义

一、研究背景及动因

（一）理论背景及研究动因

财务风险管理是公司风险管理的一个重要组成部分，主要指公司对其经营过程中可能存在的各种财务风险进行识别、度量、分析与评价，并采取及时有效的方法进行财务风险防范和控制，从而达到保障公司经营活动正常、安全开展，保证其经济利益免受损失的目的。因此，公司财务风险管理是公司经营中不可或缺的一部分。公司治理作为公司经营管理的重要组成部分，是防控公司财务风险的一把双刃剑（Romano，1996）。有效的公司治理可以堵住公司财务风险漏洞，降低财务风险，反之则会增加财务风险（于富生等，2008）。而私募基金和风险资本（PE/VC）进入公司后，除了为其持股公司提供资金支持外，为了保障自身利益，还会参与公司治理，影响公司经营管理，对公司的财务战略决策以及财务风险控制均起到一定作用。为了有效预防和控制公司财务风险，首先要识别公司潜在财务风险。因此，从 PE/VC 参与公司治理与财务风险管控的视角，对其持股公司财务风险进行研究和探讨具有深远的理论意义及应用价值。

另外，随着我国资本市场的快速发展，PE/VC 市场规模也不断壮大，资金雄厚的 PE/VC 进入公司后通常会成为公司前十大股东之一。据

WIND 的中国 PEVC 数据库统计，2004—2018 年，我国 PE/VC 市场规模从 223.48 亿元增长到 11 778.76 亿元，市场规模增长率高达 5 170.61%。同时在此期间，我国的 A 股市场上，进入公司前十大股东名单的 PE/VC 市场占有率平均为 38.93%，其中 2012 年的市场占有率最高，为 51.20%。截至目前，我国 PE/VC 投资市场的发展已得到了质的飞跃，成为一个热门的投资领域。PE/VC 作为其持股公司的大股东，除了为公司提供资金以缓解公司融资压力外，出于对自身利益的考虑，还会参与或影响公司的经营管理和重大决策，并对公司管理层和内部人员进行监督。

学者们关于 PE/VC 对公司治理与经营管理影响所持有的态度褒贬不一。一些学者就 PE/VC 参与公司治理与经营管理的成效给了肯定，他们认为 PE/VC 通常在公司治理决策中扮演积极干预的角色，可通过完善公司监督和激励机制来改善公司的治理结构，也可通过获得高回报率来规避公司业绩下行风险，还可通过对公司经营者和公司内部人员的严格监督及风险转移来减少道德风险，从而促进公司发展（Jensen，1989；Romano，1996；Samila 和 Sorenson，2011）。Wright 和 Robbie（1996）的研究表明，与主流公司财务理论主张的分散所有权相比，在有风险资本持股的公司中采用集中所有权制度对公司发展会更具优势。王信（1999）也认为，我国 PE/VC 对公司治理可起到积极作用。然而，近些年有学者则认为 PE/VC 对其持股公司治理与经营管理的成效甚微，甚至会起到抑制作用。赵静梅等（2015）的研究指出，近些年我国 PE/VC 管理混乱，存在"突击入股""私募股权机构腐败""业绩变脸"等乱象，导致 PE/VC 成为公司治理和发展的"阻力"。

本书选择我国 PE/VC 作为研究对象，分析它们对其持股公司财务风险的影响及其传导路径，主要基于以下原因：

（1）PE/VC 在公司融资过程中扮演特殊的角色。它们的投资流程可简单地划分为"融资、筛选、监管、退出"四个步骤，其中监管环节要求在对公司投资以后，除了提供资金支持，还要参与公司的开发、管理与监督等，这与其他的投资机构有很大的区别。在我国，PE/VC 往往是其持股公司的大股东之一，因而其有动力和能力参与或影响公司经营管理及决策。因此，研究 PE/VC 对其持股公司财务风险的影响及传导路径，能够为公司防范财务风险提供可靠的理论和政策建议，有利于公司资本结构及股权结构的优化配置，有利于管控公司风险，提升公司价值。这是本研究的主要动因所在。

（2）PE/VC 通过持股参与公司治理，对公司经营者进行有效监督，从而降低代理成本，提高公司价值。关于 PE/VC 对其持股公司的影响研究主要集中在公司的创新能力、公司业绩和公司治理方面。然而，在我国，PE/VC 作为其持股公司的大股东，可参与公司经营管理决策，调整公司财务管理战略，从而影响公司的财务风险。因此，针对 PE/VC 对其持股公司财务风险的影响进行研究，对公司的风险管理有至关重要的作用。对这一问题的研究不仅能为我国公司财务风险管理提供可靠的理论依据，还能够丰富 PE/VC 对其持股公司财务风险影响的研究。这是本研究的主要意义所在。

（3）PE/VC 作为其持股公司的大股东，会影响公司的股权结构，影响公司资本结构的选择及公司的价值，而这些因素的变化又会间接引起公司财务风险的变化。因此，通过股权结构、资本结构及公司市场价值这三类因素，研究 PE/VC 对其持股公司财务风险影响的多重中介效应和传导路径，具有重要的理论和现实意义。本书对该方面的研究能够为防堵公司财务风险的漏洞提供新的视角和理论依据。这是本研究的主要原因所在。

（二）现实背景

2006 年 6 月，国资委发布了《中央企业全面风险管理指引》。这一文件的发布为我国全面风险管理历程谱写了新篇章。紧接着，证监会又颁布了《证券公司风险控制指标管理办法》。该办法为加强我国上市公司的风险控制提供了有力的依据。而随着近十几年来我国金融市场的发展，公司所处的内部和外部环境日趋复杂，加大了公司财务风险发生的概率。无论是 2008 年中信泰富的杠杆式"豪赌"，还是合俊集团因内部管理失控导致的财务风险事件，均起因于公司内部管理欠缺、道德风险增加、风险控制薄弱等问题。由此可见，公司财务风险管控薄弱问题带来的财务风险压缩了公司生存的空间，如何有效地管控财务风险已成为每一个公司都关注的问题。

与西方发达的 PE/VC 市场相比，我国 PE/VC 市场的起步与发展都较缓慢。1978 年，我国开始实行对内改革、对外开放的政策，从此打开了我国的经济市场。1985 年，随着市场的发展需要，在国务院的批准下我国成立了大陆第一家 PE 管理机构——中国新技术创业投资公司。1986 年，我国在财政部的大力支持下，成立了大陆第一家风险投资机构，开启了我国大陆 PE/VC 市场的大门。在我国 PE/VC 起步初期，PE/VC 市场规模小，其对整个资本市场的影响较小。据 WIND 的 PEVC 数据库统计，2004—2018 年，我国 PE/VC 市场规模从 223.48 亿元增长至 11 778.76 亿元。在这 14 年中，我国 PE/VC 市场高速发展，其市场规模增长率高达 5 170.61%。时至今日，我国 PE/VC 市场逐步发展成为我国资本市场上一个热门的投资领域。

因我国 PE/VC 市场起步较晚，因而 PE/VC 市场在众多方面与西方发达对应市场存在差异，特别是在私募基金和风险资本投资流程上存在较大差异。在西方发达市场，PE/VC 主要投资于公司成立初期，在公司发展成熟或上市后就迅速退出。而在我国 PE/VC 市场，情况却大不相同。许多 PE/VC 在公司上市后并未及时退出，反而会继续加大对该公司的投资。罗炜等（2017）指出：我国 PE/VC 在支持公司成功上市且禁售期结束时，只有 23.97%的 PE/VC 会立即减持其所持股票，而大部分 PE/VC 仍选择继续持有或追加投资，持有期最长可达 3 年。由于我国多数 PE/VC 在公司上市后仍会长期持有或加大对该公司的投资，为了获得更多利润，因而在其持有该公司或进行再投资期间，它们必然会参与或影响其持股公司的经营和风险管理。

2003 年，湖北武汉成立了一家风险投资公司，名为武汉无限创业投资有限公司（简称"无限创投"）。无限创投于 2006 年投资湖北仰帆控股股份有限公司（简称"仰帆控股"，1997 年成立，2004 年 A 股主板上市，证券代码 600421），由此一举成功挤进仰帆控股前十大股东名单，位居第五,直至 2009 年下半年退出。在此期间,仰帆控股的财务状况遭受了断崖式下滑,2008 年跌入了谷底,公司的净资产同比增长率低至 -988.49%,资产负债率高达 416.62%,公司 Z 值低达 -25.44(已经远远低于预警临界值 1.81),此时公司随时面临破产及退市风险[①]。在无限创投退出后,仰帆控股经历几次重组失败以及上海凯迪借壳上市不成功等事件后一蹶不振。投资仰帆控股的股民也遭受了重大的打击。通过这样一则案例,我们不禁思考,无限创投作为仰帆控股前十大股东之一,它是否促进了仰帆控股财务风险的发生?这类事件在我国整个资本市场上是个例还是通例?而我国 PE/VC 对其持股公司财务风险是否均会产生类似的促进作用呢?

为了探究上述问题,本书以 PE/VC 作为研究对象,着重分析了其在持股期间对公司财务风险的影响。同时,为有效阻断 PE/VC 对其持股公司财务风险可能存在的负面影响,本书从公司资本结构、股权结构及市场价值三方面,利用中介效应模型,探索 PE/VC 影响其持股公司财务风险的关键因素,分析单中介及多重中介情况下的传导路径,从而起到提前预防并阻断公司财务风险,进而降低公司发生财务失败或破产的可能性。此外,与发达资本市场相比,我国资本市场起步晚,资本主体参差不齐,由此形成了多层次、多元化的资本市场结构,在不同的资本市场内,其上市公司综合实力、市场的监管措施、股权及市场约束等必然会存在较大差异。因此,本书还需特别针对不同上市板块进行分析,该部分的分析可为不同资本市场的公司财务风险管理提供有针对性的理论参考依据与分析思路。

二、研究意义

目前我国正处于经济转型阶段,需大力扶持并壮大中小型公司和高新技术公司,为市场注入更多具成长与创新性的新鲜"血液",以保持我国经济的稳健增加。这些公司为了发展,需获得大量资金,当传统融资

---

① 该数据由笔者从 WIND、国泰安及 CV-Source 数据库整理得到。

渠道未能满足公司融资需求时，它们通常会选择 PE/VC 等融资渠道。PE/VC 除为公司提供大量资金支持外，为获得更多利润，还会参与或影响经营管理、公司治理和财务战略决策，进而影响公司财务风险的管控。那么 PE/VC 的介入是否提高了公司财务风险，加剧了公司因财务风险暴露过多而被挤压生存空间的问题，这些是证券市场监管部门和广大学者们关心的话题。因此，本书针对我国 PE/VC 对其持股上市公司财务风险的影响及其传导路径的研究，无论在理论研究还是实际应用上都具有一定的意义与价值。

（一）理论意义

（1）我国现有文献对 PE/VC 的研究多数集中在对其持股公司创新能力、公司业绩和公司治理方面的影响，但针对 PE/VC 对其持股公司风险方面的影响却还鲜见。本书就针对我国 PE/VC 对其持股上市公司财务风险的影响进行研究，填补这一研究空白，从而扩展对我国 PE/VC 研究的范畴。

（2）在我国，PE/VC 持有公司股份后，往往作为其持股公司的大股东，会对公司经营和管理决策起到决定性作用，进而影响公司资本结构和股权结构的优化决策，降低公司代理成本，提升公司价值，从而提高公司的市场价值。同时，在信息非对称的前提下，PE/VC 的持股行为作为一项有效信息，会被投资者迅速接收，最后体现在公司市场价值上。由此可知，PE/VC 的介入均可能会对公司资本结构、股权结构以及市场价值等因素产生影响，而这些因素的变化又会间接影响公司财务风险的变化。因此，通过股权结构、资本结构及公司市场价值这三类因素，研究 PE/VC 对其持股公司财务风险影响的多重中介效应和传导路径，为防堵公司财务风险漏洞提供新的视角和理论依据，具有重要的理论意义。

（二）现实意义

目前我国的市场经济环境尚未成熟，加之外部市场环境复杂，公司内部监督机制也不完善，缺乏针对我国 PE/VC 对公司财务风险进行有效监督与制约的机制。在这样的市场环境下，本书从 PE/VC 作为大股东参与公司治理与经营管理的视角，尝试针对 PE/VC 对其持股公司的资本结构、股权结构、市场价值和财务风险的影响分别展开研究，并进一步从资本结构、股权结构及市场价值三个方面，分析它们作为中介变量对其持股公司财务风险的影响。本书剖析了 PE/VC 对其持股公司财务风险影响的传导方式和传导路径，为我国政府与相关监管部门防范上市公司财务风险、制定相关政策提供理论依据和政策建议，具有重要的现实意义。

第二节　国内外相关研究综述

一、PE/VC 相关研究

（一）PE/VC 的定义

私募基金和风险资本（Private Equity and Venture Capital，PE/VC）最早起源于美国，并随着美国资本市场的发展而不断壮大。私募基金通常指通过私募基金对非上市公司进行的权益性投资，通常包括对非上市公司的投资（包括早期风险投资）和后期收购。风险资本通常被定义为这样一类专业投资机构：它们主要对新成立公司进行长期、未报价的风险股权融资，并最终以资本收益和股息收益作为回报（Wright 和 Robbie，1996；Gompers 和 Lerner，1997b）。因风险资本更倾向投资高科技产业领域，所以一些学者也将其称为"发明创造的钱"（Black 和 Gilson，1998；Kortum 和 Lerner，2000；Sørensen，2007）。

针对 PE/VC 的相关研究很多，在私募基金方面，一些学者认为 PE 后期收购与传统美国式杠杆收购（LBO）是存在差异的。最根本的差异为：PE 在进行公司后期收购后会参与公司治理，而其他投资机构在进行 LBO 后却不会参与被收购公司治理（Berlin，1998；Bloom 等，2015）。同时，PE 通常在大量借款的支持下，会收购一家现有公司的大量股权，并获得担任董事会席位的权力，成为活跃的投资管理者，而 LBO 通常指一家上市公司或集团的一个大部门被一家杠杆收购协会收购，收购后并不会参与公司治理（Gompers 和 Lerner，1997a，2003）。随着 PE 行业的发展，1980—2004 年，美国 PE 市场规模由 50 亿美元扩增到 3 000 亿美元，资金涉及专门从事风险投资的合伙人市场、杠杆收购市场、成熟期投资市场、成长期投资市场和不良债务市场五种市场，PE 逐步发展成为一个颇具规模的产业，且杠杆收购协会也逐渐演变为 PE 投资机构（Lerner，1997；Lerner 和 Hardymon，2000）。

在风险资本方面，VC 通常需要 VC 经理来管理。VC 经理为公司提供金融、管理、营销、创业公司战略建议，还会为其提供公司运作过程中所需的会计师、律师、投资银行家以及其他特定组织的资源，因此，VC 经理在风险资本运营过程中扮演了一个重要的角色（Sahlman，1999）。一些学者研究发现，优秀的 VC 经理可以提高资金管理效率，促进 VC 投资价值的增值（Sapienza 和 Korsgaard，1996；Leleux 和 Surlemount，2003；Wright 和 Lockett，2003）。较早关于 VC 的研究文献可追溯至 1981 年，这些早期文献主要以美国风险资本市场为主，并主要集中分析 VC 对其融资公司发展的重要影响，特别是 VC 对其所投资的高科技领域公司在创新能力方面的影响（Tyebjee 和 Bruno，1984）。接着，1988 年，Fried 和 Hisrich 建立了一个模型，该模型着重于分析 VC 公司、VC 公司之间与基金提供者的关系。接着，Barry（1994）分析了 VC 投资成功的证据，并讨论了在风险投资和公司上市过程中，资本家、企业家和风险投资者三者间的关系及 VC 对其所投资公司产生的积极影响。Fried 和 Hisrich（1994）建立了一个风险资本投资过程模型，在公司层面对从 VC 最初产生交易到交易实现后的一系列问题进行了审查。

目前，PE 与 VC 已成为出资者（通常是机构投资者）与具有高增长的高科技创业公司之间重要的金融中介（Koryak，2008）。同时，从公司融资及公司发展来看，风险投资主要存在于公司的早期和发展期，而私募投资主要存在于公司的成熟期，其投资期限一般为 5~7 年，而风险投资的投资期限往往更长（Diller 和 Kaserer，2009）。但随着金融市场的发展，PE 与 VC 的界限也越来越模糊，无论是从 PE 与 VC 投资阶段来划分，还是从公司自身发展来划分，都很难将各个投资阶段清晰地给出界定（Metrick 和 Yasuda，2011）。

PE/VC 在参与公司治理与公司创新资源调整的过程中，极可能涉及公司财务战略制定或决策，进而影响公司财务风险。一方面，据 WIND 的中国 PEVC 数据库统计，2015 年 1 月 1 日至 2020 年 3 月 5 日期间我国总共注册了 9 537 家 PE/VC 机构，其中机构属性为 PE 且为 VC 的有 6 914 家，机构属性为 PE 且为非 VC 的有 2 425 家，机构属性为 VC 且为非 PE 的有 198 家，这些注册的 PE/VC 机构中为 PE 且为 VC 的机构占比为 72.50%。由此可见，PE/VC 机构依据我国金融市场发展的需要，会更倾向同时募集具 PE/VC 属性的多元资本，故难以精准区分 PE 与 VC。另一方面，已有大量研究表明，无论是 PE 还是 VC，在进入公司以后，均会对公司治理、公司创新能力以及公司价值有显著的影响（Wright 等，1994；王信，1999；Kortum 和 Lerner，2000；谈毅和叶岑，2001），因而在 PE/VC 进入公司后有极大可能会参与公司的财务风险管理与战略决策。鉴于以上两方面的分析，为更全面地分析 PE 和 VC 对其持股公司财务风险的影响，本书将 PE 与 VC 统一简称为 PE/VC。

（二）PE/VC 投资与主流公司融资的差异

公司筹集资金的来源通常有许多，但是 PE/VC 投资与其他主流公司的融资却不同，主要存在以下两方面的差异。

一方面，PE/VC 投资和主流公司融资之间的一大区别在于信息不对称问题上。正如 Malkiel 和 Fama（1970）所阐述的，上市公司的私人信息是公开化的，这使投资者管理者可以依据公开的信息来建立积极的投资决策。但是，PE/VC 资本投资不在股票市场上市的公司时，被投资公司就存在更多内部和外部信息不对称问题。因此，投资者通常用所持股票的短期流动性不足来换取未来更多的回报，这使 PE/VC 除了需要对其持股公司进行相对密切的监控，还需要相关领域的专家，才能够获得超常回报率。

另一方面，PE/VC 投资和主流公司融资之间在参与其投资公司管理时也存在区别。众所周知，主流的公司财务理论可以分为两大类：投资融资和投资管理。投资融资主要包括分析投资者向公司提供资金以换取对公司未来价值的债权的合同。而投资管理涉及资金的使用，特别是在决定资金投资于资本设备和其他公司等方面涉及的问题（Brealey，1988）。并且，在主流的公司财务理论中，许多公司治理机制都是针对代理问题，尤其是股东选举董事会的投票权、董事的受托责任、设定高管薪酬的机制、独立（非执行）董事，以及公司控制权市场。但是，在PE/VC资本投资中，股权分置可以看作收购之外的另一种治理机制，是约束管理者的一种手段。在包括机构股东在内的上市公司中，风险投资家通常比非管理层的股东更积极地参与其中。Romano（1996）研究发现，PE/VC投资者比其他董事会成员可以更及时地确定什么时候该改变管理层，即说明PE/VC在董事会起到至关重要的作用。Wright和Robbie（1996）发现，与主流公司财务理论所推崇的分散所有权制度相比，集中所有权和直接分配董事会职位的管理制度更有利于PE/VC及时地获取信息、干预并控制其投资公司的管理。因此，与主流公司融资的投资者相比，PE/VC投资者在公司决策中通常扮演了更为积极和干预的角色，其参与公司治理与公司战略决策管理的动力也更强。

（三）PE/VC投资周期中各阶段的相关研究

从PE/VC作为金融中介的视角，可将PE/VC的投资流程分四个部分：资本家募集资金、资本家和公司间互相筛选、筛选后双方履行各自责任和义务、PE/VC退出。Schock（2013）则类似地将PE/VC投资周期分为市场筛选与投资决策、投资组合、公司运营管理以及退出投资四个阶段。鉴于已有研究的分类，本书为了便于后期描述，将PE/VC的投资流程简单地划分为"融资、筛选、监管、退出"四个阶段，并依据这四个阶段的划分分别列出国内外已有的相关研究。

1. 融资阶段

融资阶段指PE/VC通过私募基金和风险资本渠道，募集到资本家闲置的资金。募集到的资金越多，可供PE/VC选择的公司项目也越多。融资阶段主要为 PE/VC 和资金提供者（也称资本家）相互匹配的过程。因此，可将融资阶段的相关研究分为从 PE/VC 视角和从资本家视角两个方面进行。

从 PE/VC 视角来看，PE/VC 作为金融中介机构，是资本家与公司之间的桥梁，资本家选择哪一家 PE/VC 公司进行出资，公司又选择接受哪一家 PE/VC 的融资，通常均需要与 PE/VC 进行对接。PE/VC 的声誉在 PE/VC 获得资本家出资的过程中起到关键作用。PE/VC 的声誉越高，其可获得资本家和公司的资源越多，反之，PE/VC 的声誉越差，其可获得资本家和公司的资金资源就越少。而且，一旦 PE/VC 拥有较高声誉，它们在选择项目的投资与参与项目的管理时就会更慎重，不会轻易进入或退出，从而维持其良好的声誉。

除了 PE/VC 的声誉会影响 PE/VC 获得资本家资源的多少，还有许多其他因素也会起到显著的影响。1988 年，Tyebjee 和 Vickery 以欧洲各国 PE/VC 市场成熟度和该市场竞争的激烈程度为研究对象，发现欧洲不同国家的 PE/VC 市场成熟度存在差异，且 PE/VC 市场的竞争程度也会因 PE/VC 市场成熟度的不同而不同。同时，Roure 等（1990）认为 PE/VC 市场的发展还与 PE/VC 资本家的竞争息息相关，当 PE/VC 资本家间的竞争越激烈，PE/VC 可获得的回报率就越低，且市场成熟度越高，基金供应商的种类就越多。另外，Wright 等（1992）和 Murray（1995）基于英国风险投资家的数据进行研究发现，当本土的 PE 市场机会和对本国竞争对手的比较优势下降时，PE 为了寻找到更多机会，更倾向进入其他国家的新 PE 市场。

从资本家的视角来看，PE/VC 资本家作为资金的来源方，可分为"非独立"资金提供者（往往指来自银行或保险公司的资金）和"独立"资金提供者（往往指来自封闭式基金、养老金或外国投资者等），且后者比前者更注重在明确规定的时间内实现资本收益（Abbott 和 Hay, 1995）。Murray 等（1995）研究发现，在一个成熟市场中，随着 PE/VC 表现出的信息越来越多，该 PE/VC 对应资本家的影响力也会越来越大。

2. 筛选阶段

筛选阶段指 PE/VC 与公司之间进行互相筛选。该阶段主要为 PE/VC 和公司相互匹配的过程，因此也可将筛选阶段的相关研究分为从 PE/VC 视角和从公司视角两个方面来进行。

从 PE/VC 视角来看，PE/VC 通常在获得资金后，会选择适合的公司进行投资。一些学者认为，PE/VC 往往更看重公司未来的发展潜力，它们往往从公司项目或者公司财务状况来衡量该公司未来的发展状况，并将在预期期限内可获得的投资回报率作为关键指标（Kaplan，1989；Macmillan 等，1985）。也有一些学者认为，PE/VC 在筛选公司时，除了预期投资回报率会对其投资决定产生影响外，管理者团队能力和创新能力也会对 PE/VC 的投资决定产生重大影响（Florida，1988；Engel 和 Keilbach，2007；Kaplan 等，2009；Lerner，2012；Migendt 等，2017）。还有一些学者认为，公司的财务数据在 PE/VC 筛选公司时对 PE/VC 投资决策没有起到决定性作用（Bergemann 和 Hege，1998；Tykvová，2007；Dimov 等，2007）。

PE/VC 作为专业的投资机构，其在投资筛选公司方面具有特殊的技能。有部分学者针对 PE/VC 的投资回报或业绩进行了分析，Bygrave 等（1989）对 1978—1984 年美国成立的基金业绩数据进行统计，发现 1982 年 IRR（内部收益率）的中值高达到 27%，且早期基金的回报率高于后期基金的回报率。同时，Kleiman 和 Shulman（1992）将上市风险投资公司和政府资助的小型投资公司的绩效进行比较，发现在 1980—1986 年，后者比前者表现出更大的总风险和非系统性风险，但系统性风险显著低于前者。另外，Manigart（1994）还基于 1970—1990 年 33 家欧洲风险投资公司数据，发现尽管系统风险低于市场风险，但只有 8 家风险投资公司的回报高于市场回报率，且研究表明专门针对特定投资阶段的风险投资公司具有更高的回报率。Nielsen（2011）对丹麦的 PE 市场也进行了研究，结果证明：1995—2004 年，经验丰富的投资者直接投资私人公司的业绩表现显著低于私募股权市场的业绩，这说明私募股权机构具备特有的筛选技能,且该技能不易被模仿。1992年,Hustedde和Pulver研究了不同类型中介机构在为其创业客户获得风险基金方面的作用。他们发现,与那些寻求企业家建议的股权融资的公司相比,那些没有寻求企业家建议的股权融资的公司其融资的成功率更低。因此,那些利用银行家或公共机构企业家的股权融资可以提高公司融资成功的概率。

另外,Hege等(2009)使用146家欧洲和233家美国风投支持公司的公司数据,比较了美国风投公司和欧洲风投公司的业绩表现。他们研究发现,相对于欧洲VC,美国VC具有较强的筛选能力,其业绩表现也更优异。Dimov和Holan(2010)从投资经验的深度、投资经验的广度和与标的市场的距离三个维度分析了VC进入市场的决策,在区分首次获得VC投资公司和再次获得VC投资公司的前提下,发现VC不太可能对距离太远的公司进行投资。同时,具有丰富投资经验的VC更愿意选择投资首次获得VC投资的公司,而具有较深投资经验的VC更愿意选择投资后短期内更具备上市潜力的公司。Lerner和Hardymon(2000)依据PE/VC对投资公司筛选结果数据进行研究,发现PE/VC对高科技产业进行投资所获得的业绩最高。这说明PE/VC会自主选择获利更多的行业进行投资,并倾向选择投资高科技产业。同时,Dimov等(2012)还发现,VC的特征及其学习模式也会影响其选择进入的市场类型。

从公司视角来看,公司作为受资的一方,其往往看重的是资金投入金额、投入后的自身管理权限以及PE/VC享有的权力大小。创业者往往希望获得尽可能多的资金,但可能又不希望PE/VC过多参与公司的运营,剥夺创业者对公司的管理权力。因此,这就需要PE/VC与公司针对投资合同进行协商。投资合同能达成一致意见,即称为匹配成功(Petty和Gruber,2011)。Mcnally(1994)从公司在风险资本投资中所扮演的角色出发,将公司分为直接投资(即通过公司风险资本投资)和间接投资(即通过基金投资),并发现公司与其他合伙人在投资时间范围和控制机制方面存在期望不相匹配的问题。同时,Manigart(1994)通过人口生态学方法,分析了公司进入风险资本市场的可能性,并发现行业的密度会影响整个创业率。Ooghe等(1991)则认为由公共部门基金为提供者的公司的创业率更低。

3. 监管阶段

监管阶段指 PE/VC 与公司匹配成功以后，除了提供资金支持，还要积极参与公司的开发、管理和监督等的过程。该阶段主要涉及交易生成、初始和第二次筛选（签订合同之前的问题环节）、交易估值和尽职调查、交易批准和结构、合同后、投资实现以及风险投资家对企业家的评估，且 PE/VC 与公司的投资合同会因公司的不同而各有差异（Muzyka 等，1996）。

Barney 等（1989）研究了治理机制的复杂程度对风险投资者的影响，发现治理结构越复杂，代理风险和商业风险则越高。Sapienza 和 Gupta（1994）针对风险投资者的监控过程进行了分析，他们发现管理层持股的程度对 PE 与公司的互动频率没有影响，且在管理层持股水平较高的地方，激励机制可能是无效的。接着，Sapienza 和 Korsgaard（1996）又基于四个国家（分别为美国、英国、法国和荷兰）的数据，研究发现国家 PE/VC 投资环境对 PE/VC 的监督机制和过程有重要的影响。

Gompers 研究团队针对风险资本投资阶段的机构和监测成本进行了分析。他们发现：监测能为 PE/VC 提供有价值的信息，使风险资本者能根据对未来回报的负面信息切断新的融资，并在更成功的交易中提供更多的资金和更多轮的融资（Gorman 和 Sahlman，1989；Gompers 和 Lerner，1999）。另外，Gompers 等（2016）还发现，尽管风险投资者在资本注入期间会定期检查公司，但创业公司仍可能掌握一些风险投资者不能发现的信息。因此，审查的监测过程和效力是相当重要的。

同时，学者们对于 PE/VC 对公司的监管与投资成功与否的观点不一。有学者认为"僵尸公司"投资，即那些可行但未能实现足够增长和回报的投资，通常是由管理和市场的问题而产生的。在有些情况下，风险投资的筛选和控制问题可能与公司的失败密切相关（Ruhnka 等，1992）。而有些研究者却认为 PE/VC 是以获利为目的的金融机构，为了更快地获得收益，它们可能会选择削减公司成本来提高公司收益，甚至有可能要求公司减少研发投入,而这可能与公司发展规划相背离,因此 PE/VC 的监管反而会导致投资失败(Wright 等,1994)

4. 退出阶段

退出阶段指当公司项目成熟,特别是它们容易被其他人所估值并由其他人来管理的时候,PE/VC 退出。当然,当公司项目失败,PE/VC 会选择行使管理层回购或清算的权力,从而尽可能降低其投资损失。Schock(2013)认为,PE/VC 通常希望通过投资和提供后期增值服务将公司做大,然后通过公开上市、兼并收购或者其他方式退出,在产权流动中获得投资回报,而不是以获得公司所有权和经营权为目的。因此,在 PE/VC 投资周期的各个环节中,退出阶段不仅能反应 PE/VC 投资的成功与否,还能检验公司是否能在 PE/VC 退出监管以后得到有效的管理。

传统的 PE/VC 退出方式有 IPO(发行股票上市)、并购、管理层回购和清算四种。因为 IPO 对公司规模增长影响最大,且给 PE/VC 带来的回报率最高,所以被认为是 PE/VC 最佳的退出方式,但也存在对所投资公司要求高、成本高、时间长、受政策影响大等缺点(Cumming 等,2005)。而兼并收购的退出方式作为次优选择,虽然该退出方式存在潜在买家数量少和回报率较低的缺点,但是该方式成本低,能在最短的时间收回资金,正好弥补了 IPO 退出的缺点,所以在 PE/VC 考虑募集基金到期,需要短期收回资金时,可以考虑该退出方式。而管理层回购退出被认为是 PE/VC 保守的退出方式,交易简便,但也会遇到公司未有回购能力的情况。当遇到这种情况时,PE/VC 就只能选择通过清算收回一定比例的投资金额,以减少损失。虽然清算退出是 PE/VC 最不愿采用的一种退出方式,但却是投资失败后最好的退出方式。清算通常面临着收益率为负、清算时间长和法律程序烦琐等缺点。Ali-Yrkkö 等(2001)认为以上每种退出方式都各有优劣,发行股票上市是投资回报率最高的方式,公司被兼并或收购是退出最迅速的方法,股份回购作为一种备用手段,是风险资本能收回的一个基本保障,而破产清算则是及时减小并停止投资损失的最有效方法。

一些学者研究发现，PE/VC 退出或减持后，可能会再次对其持股公司进行增持，且 PE/VC 的投资业绩与 PE/VC 的投资经验无关（Birley 和 Westhead，1993；Kolvereid 和 Bullvag，1993）。Starr 和 Bygrave（1991）则认为，在最初的投资阶段，与缺乏处理此类情况经验的 PE/VC 相比，经验丰富的 PE/VC 更可能利用它们在筛选方面的专业知识，获得相对有利的谈判条件，即经验丰富的 PE 可能会专注重复过去的行为。Ronstadt（1986）专门针对为何一些企业家明明具备能力却不再创业这一问题，对企业家过早退出职业生涯的原因进行了研究。

5. 混合阶段研究

与前面不同的是，一些研究可能混合了两个或多个阶段进行讨论。1990 年，Sahlman 将风险投资家视为它们自己与它们的资本提供者之间以及它们自己和它们所投资公司管理层之间的两级委托代理关系来分析。他们认为 PE/VC 与其资金提供者间是资金管理和资金来源的关系，而每个资金来源都有自己的目标，所以这不仅涉及资金提供者是否会提供资金的问题，还涉及 PE 公司对公司治理的问题，以帮助确保资金提供者的目标得以实现。PE/VC 作为代理人，可能面临这样的风险：如果它们的表现不令资金提供者满意，它们将无法吸引更多的资金。他们还认为 PE/VC 公司作为主体，在对被投资公司进行投资后监督时，由于不确定性和逆向选择问题以及道德风险问题，在筛选潜在投资公司时可能会存在问题。接着，Reid 等（1997）的研究也表明，风险投资家通常尝试管理风险，积极参与被投资公司的活动，通过高回报率和下行风险规避来解决逆向选择问题，同时通过严格监督和风险转移（不愿承担所有风险，签订管理层回购和清算权力）来解决道德风险问题。Sweeting（1991）认为，在 PE/VC 投资交易完成前，它们无法评估管理者在公司中的表现，因此，PE/VC 在投资过程中会面临潜在的逆向选择问题。Stiglitz 和 Weiss（1981）则对 PE/VC 交易后，参与公司管理与监控对解决逆向选择问题的有效性进行了研究。同时，还有大量研究表明，有效识别出 PE/VC 的筹资、估值和监管阶段有利于更好地分析 PE/VC 之间的相关关系（Fried

和 Hisrich，1995；Macmillan 等，1987）。

Ali-Yrkkö（2001）建立了一个考察风险投资者逆向选择问题性质的模型。该模型假设企业家清楚地知道自己的能力水平，而 PE/VC 不知道，且在其最初的模型中，假定了企业家是风险中性的，不需要新的投资。在该假设前提下，因 PE/VC 无法获得有效的企业信息，PE/VC 通常只能根据平均能力水平为一个项目投标，会使只有能力低于平均水平的创业者更倾向选择 PE/VC 融资渠道，进而加剧逆向选择问题，导致市场崩溃。接着，他们放宽了该初步模型的假设，允许风险规避的企业家参与，这会使能力低的企业家仍倾向接受 PE/VC 的投资并同意 PE/VC 参与公司运营，而能力强的企业家则在接受 PE/VC 融资后，拒绝 PE/VC 参与公司运营。Bruno 和 Tyebjee（1985）认为，PE/VC 因担心出价过高会使表现不佳的项目过度亏损，所以他们很可能会出较低的价格。而这样的做法更可能吸引技能较差的企业家，但也可能吸引一些寻求风险分担的能力较高的企业家。Hall 和 Hofer（1993）则认为，竞争性市场的动态可能意味着出价被抬高，需要更高的出价来吸引更多有实力的企业家，因此，PE/VC 可能会被迫为低能力创业者的项目提供溢价。Rah 等（1994），Kaplan 和 Strömberg（2001）也针对 PE/VC 投资信息不对称问题进行了研究。

二、公司财务风险相关研究

（一）公司财务风险的定义及分类

迄今为止，关于风险的定义，学术界给出的界定不一。英文中常用 risk、peril 和 hazard 等词来分别指代不利时间发生的可能性、发生不利事件本身和引起不利时间发生的条件。有些学者认为风险是损失和损害的可能性，有些学者则强调风险是主观或客观的不确定性，还有些学者则认为风险是可度量的不确定性。早在 20 世纪，就有许多学者对风险的概率进行了定义。经济学家 Knight（1921）在《风险、不确定性和利润》中阐述：风险是可以用概率定量描述的一类不确定性，而不确定性是无法数量化表示的风险。Williams（1966）认为"风险是结果的潜在变动"。Sharpe（1971）认为"风险是一种存在着偏离所期望结果的可能性的状态"。美国学者 Mansfield（1982）认为"风险是指结果不确定，但却可以知道或者估计出每一种可能结果的概率的情况"。如果事件发生的概率为 0 或 1，就不存在不确定性，也就没有风险，而且不确定性也不意味着就必然导致潜在损失。如果没有风险暴露，不确定性就不会带来可能的损失，那么也不存在风险。因此，Jorion（2000）又将资产的风险定义为"对资产预期收益的不确定性"。由此可见，"不确定性"是研究风险的共同点。

因此，学者们关于公司财务风险（Corporate Financial Risk）的定义也主要是围绕着"不确定性"展开的。Tinsley（1970）就将财务风险定义为因资产负债索赔和资产收益率而招致罚款的可能性。Gabriel 和 Baker（1980）又将财务风险定义为股权所有者净现金流增加的可变性，其中这种可变性为来自与债务融资和现金租赁相关的固定财务义务。Finnerty（1986）和 Van（2002）则认为财务风险与公司的财务运作有关，且将公司现金无力偿债的风险归为公司财务风险。Bender（2013）认为公司财务风险是公司选择融资结构时所导致的固有风险，它主要指公司在生产经营过程中，因公司财务状况的"不确定"所带来的风险。Altman（1968，2017）指出，上市公司财务风险的发生，往往和公司运营资本与总资本的比率、留存收益与总资本的比率、除利息的税后收益与总资本的比率、权益债务比和销售与总资本的比率五个指标有关。这五个指标越大，公司发生财务失败或破产的可能性就越小。当从不同视角对财务风险进行分析时，可将公司财务风险进行不同的分类。

（1）从损失发生原因的视角，可将财务风险分为自然风险、社会风险、经济风险、政治风险和技术风险。自然风险是指由于自然界的规律运转所导致的经济损失，如台风、地震、海啸等，这属于人为不可控的风险。社会风险是指由社会成员的个人或团体的行动失常所导致的经营者的损失，如公司资料被盗、现金被劫等。经济风险是指由经济因素变化而造成的经济损失，如市场预测失准或理财人员过失等。政治风险是指政局变化等政治因素引起的损失，主要源于外部政治因素的各种风险。

技术风险是指科学技术的副作用等所带来损失的可能性。该类风险可以通过后期学习和技术培训来得到控制。

（2）从风险可控程度的视角，可将财务风险分为可控风险和不可控风险。可控风险主要指人为因素造成、在一定程度上可以预测的风险，如前面提到的经济风险和技术风险都属于可控风险。而不可控风险主要是指不受经营者所左右或不可预测的风险，如前面提到的自然风险和社会风险。

（3）从风险涉及层次和范围的视角，可将财务风险分为宏观风险和微观风险。宏观风险属于较大范围或较高层次的风险，如美国次贷危机导致的全球经济下滑等。微观风险是指较小范围或较低层次上的风险，如某公司因重要财务会议被窃听导致的公司损失等。宏观风险和微观风险是一种相对的概念，没有明确的划分。

（4）从风险对象的视角，可将财务风险分为资金风险、人身风险和责任风险。资金风险导致的后果主要表现为财物损失或贬值等，如某公司向国外投资，其投资的收益会因两国间的汇率变动而变动，当汇率升高时，可兑换的资金就会下降。人身风险是指人因生老病死等因素造成的损失，如某公司财务部门负责人因工早年猝死，使原定的财务计划实施受挫而造成的损失等。责任风险是指团体或个体行为违背法律等约束，给他人造成损失，对应的团队或个体应承担法律赔偿责任或相应的惩罚，如公司因违反合同约定需向被违约方提供对应的违约金。

（5）从风险结果的视角，可将财务风险分为纯粹风险和投机风险。纯粹风险是指只有损失机会而无获利的可能的风险，如洪涝山崩等。投机风险是指既有损失机会又有获利可能的风险，如期货市场投机等。

（6）从风险性质的视角，可将财务风险分为静态风险和动态风险。静态风险是指在社会经济运行正常的情况下，由自然力的不规则运动或人们的失误行为导致的风险，如地震、车祸等，其多为纯粹风险。而动态风险是指由社会经济结构变动所导致的风险，如社会生产方式的变革等，其多为投机风险。

（7）从风险原因的视角，可将财务风险分为客观风险和主观风险。

客观风险主要指不会因个人主观因素而改变的风险,其可以通过概率计算进行预测。而主观风险主要指会因人们的心理状况或精神状态而引发的风险。

(8)从风险来源的视角,可将财务风险分为内部风险和外部风险。内部风险主要指来源于经营主体自身因素的风险,而外部风险主要指来源于经营主体之外因素的风险。

综上可知,从不同视角可对财务风险进行不同分类,且目前学术界对公司财务风险的定义尚未统一。然而,公司财务风险是客观存在、不可避免的,如果没有财务风险过多暴露,公司财务状况的不确定性就不会带来可能的损失。只有当财务风险达到或超过某一临界值时,公司才会面临严峻的财务失败或破产问题,以致压缩公司生存空间,影响公司发展。本书旨在分析 PE/VC 对其持股公司财务风险的影响及其传导路径,有效降低公司发生财务失败或破产的可能性,缓解公司生存压力,以达到保持公司健康发展与成长的目的。因此,本书中公司财务风险的定义,主要指公司发生财务失败或破产的可能性。

(二)公司财务风险的识别

既然财务风险是客观存在的,不可能完全消除,那么公司只能提高识别财务风险的准确率,并采取措施将财务风险对公司的危害降到最低。因此,如何找到财务风险的起因并识别出财务风险为关键点。

依据以往的研究,可将公司财务风险的起因分为外部因素和内部因素。

1. 外部因素

外部因素为因公司外部环境产生的财务风险,其中的外部环境主要指对公司财务活动产生影响作用的公司外部条件,如经济金融市场发展状况、公司社会责任、法律监管制度完善程度、行业特点等。

一些学者认为经济金融市场的发展状况会引起公司财务风险的变化。例如:Almeida 和 Philippon(2007)认为经济市场的不景气会促进财务风险的发生;Outecheva(2007)也认为股市的发展促进了衍生品市场的成长，使金融工具复杂化，同时机构投资者的风险偏好也不断增加，从而导致了经济中特殊风险的增加；郄萌（2013），Bruno 和 Shin（2014），吴国鼎和张会丽（2015）均认为全球金融条件（特别是金融危机）是增加各个国家公司财务风险并加剧公司破产的关键因素。Wei 和 Starks（2013）从金融危机的视角出发，发现金融危机会引起汇率的波动，从而导致公司股票基本面的价值对与汇率波动相关的现金流波动非常敏感，进而使公司财务状况表现不佳。另外，Lejarraga 等（2016）基于 2008 年全球金融危机的宏观大背景进行研究，发现金融危机会增加公司当时的财务风险，但是那些经历过这次经济危机冲击的人在未来会选择降低其所承担的金融风险，如投资者的股市参与度降低。这说明全球性的金融危机会提高公司当前的财务风险，但因为风险承受度下降，又会降低公司未来的财务风险。

也有一些学者认为公司社会责任感可以有效抑制公司财务风险的发生。Boutin-Dufresne 和 Savaria（2004）挑战了"社会责任投资比传统投资组合更不稳定"这一流行观点。他们依据加拿大股票样本的调查，发现有社会责任感的公司比没有社会责任感的公司在股票投资行为上会表现出更少的可分散风险，采纳社会责任行为守则可作为降低公司整体业务风险和财务风险以及改善公司长期表现的有效手段。接着，Oikonomou 等（2012）通过对 1992—2009 年标准普尔 500 公司的面板数据样本进行研究，发现公司社会绩效（CSP）与财务风险之间存在紧密的关系，且公司社会责任与公司财务风险呈显著的负相关关系。Kölbel 等（2017）认为报道媒体的覆盖范围是公司社会责任缺失感与财务风险相关关系间的一个关键条件，他们通过对 539 家国际公司 2008—2013 年的数据进行调查分析，发现报道媒体的覆盖率越高的公司，公司社会责任缺失感越强，则其面临的财务风险就会越大。

还有一些学者认为法律监管制度完善程度是引起公司财务风险的关键因素。例如：John 等（2008）就认为更好的投资者保护可能导致公司进行风险更大但价值更高的投资，进而提高了公司财务风险。苏坤等（2010）认为控股股东控制权与现金流权的分离会提高公司财务风险，且公司所处的法律环境越好，控股股东的"掏空"行为受到法律遏制的效果越好，则其财务风险就越小。我国证监局规定，证券交易所应对不能满足一定财务业绩要求的上市公司股票进行风险预警。Zhou（2015）认为我国风险预警机制的完善性对投资者来说显得尤为重要。此外，虞娅雅和廖冠民（2017）以 1999—2012 年我国 A 股上市公司为样本，利用 2008 年《劳动合同法》的实施度量劳动保护强度的变化。检验发现，随着劳动保护的增强，劳动密集型公司在行业下滑时发生贷款违约的概率显著增加，并且高资本结构公司由于面临更加沉重的还款压力，劳动保护增强使其更容易出现债务违约。

此外，行业特点也成为学者们研究财务风险产生的外部因素的一个方面。1971 年，Williams 和 Goodman 就针对不同产业间的财务风险进行研究，发现不同产业间，财务比率会呈现出不同的特征。这一结论也得到了 Gupta 和 Huefner（1972）的印证。1984 年，Perry 等将产业分开建立不同的模型，发现这样得到的预测力高于所有样本混合在一起的预测力，且高科技公司所面临的财务风险明显高于传统产业。MacKay 和 Phillips（2005）研究了行业对公司层面的财务和实际决策的影响，并发现除了标准的行业固定效应外，财务结构也取决于公司在行业中的地位，在竞争行业中，一个公司的资本结构取决于它的自然对冲（该自然对冲接近行业资本与劳动比率的中间值）、行业中其他公司的行为以及该公司作为进入者、现任者或退出者的地位。在集中的行业中，资本结构越高，风险分散越少，战略债务的相互作用也越强，但公司的自然对冲不显著。

2. 内部因素

内部因素为因公司内部结构或管理等产生的财务风险。外部环境通常是财务风险爆发的导火索，而内部环境才是公司财务风险产生的根本。这正印证了"外因是条件，内因是根本"的俗语。那么学者们也对财务风险的内因进行了大量的研究，他们主要从管理者经营不善、公司治理机制失调、资本或股权结构构建不合理、公司财务战略设立不当以及财务人员风险意识淡薄等方面来分析产生财务风险的公司内部原因。

有部分学者认为，财务风险的发生与管理者经营不善和公司治理机制失调息息相关。2008年，于富生等认为绩效和公司价值往往为学术界、实务界所重视，而风险这一反映公司行为的经济后果以及公司质量的重要指标往往被忽视，所以往往看到一些看似业绩很好的公司一夜之间轰然倒塌，并发现公司治理具有风险效应，即若治理不善也可能影响公司的财务风险。2009年，钱忠华也认同于富生等（2008）的观点，并将其根源归于公司治理机制的失效，而作为公司治理基础的股权结构是影响公司财务风险、可能导致公司陷入财务困境的关键因素。2013年，McNulty等从董事会结构和流程两方面出发，发现董事会结构与决策流程是2008—2009年金融危机期间引发财务风险的一个重要决定因素。如果非执行董事的执业标准很高，并且董事会决策过程具有一定程度的认知冲突时，那么此时公司的财务风险降低，这说明金融危机后董事会参与公司的风险监管是有效的。2014年，Bonaimé等从公司风险管理和支付决策的视角出发，发现完善的风险管理制度和支付决策可以有效控制公司的财务灵活性，进而影响公司避免财务困境和投资能力不足。同一年，Eling和Marek从保险行业的视角，分析了该行业中风险承担问题与公司治理的相关关系，并发现高薪酬水平、完善的监督（如独立的董事会和大量的会议）和封闭性股东均可有效降低被保险公司的财务风险，进而降低保险公司需承担的风险。近年来，丁维国（2018）通过研究发现，独立董事通过有效履行监督和咨询职责，能够对财务报表质量以及对公司和高管违规情况起到很好的监督作用，从而降低公司财务风险。

也有部分学者认为资本结构构建不合理和公司财务战略设立不当才是导致财务风险的关键因素。胡援成（2002）从MM模型以及修正的MM模型入手，以时间价值为基础建立反映资本结构与财务风险的公司价值基本模型，并根据中国国情，研究了公司资本结构与公司价值的关系。接着，洪乐平（2004）认为尽管随着证券市场的发展，我国上市公司整体负债水平有所下降，但这并不等同于我国上市公司的资本结构现状不容易导致财务风险的形成；同时还发现随着中国证券市场对公司投资价值注重的增加，投资者对公司资本结构与财务风险之间内在联系的关注也随之增加。2005年，赵蒲和孙爱英研究发现处于产业生命周期不同阶段上市公司的资本结构存在显著的差异。处于成长阶段的上市公司由于内源融资能力较强，同时增长机会较多，因此公司保持较低的资本结构。此时资本结构和成长阶段显著负相关。然而，那些处于衰退阶段的上市公司，其经营风险高而财务风险低，公司则宁愿选择较高的债务水平。该类公司财务战略会使公司资本结构与公司的衰退阶段呈现出显著的正相关关系。

此外，股权结构作为公司治理的重要环节，也有学者单独对公司股权结构与财务风险的关系进行了分析。杨棉之（2010）以2003—2005年沪市A股上市公司为研究样本，利用中介变量传导效应的方法，检验股权结构、财务风险与债务资金成本之间的关系。结果发现，财务风险是股权结构与债务资金成本之间的中介变量，股权结构影响财务风险，并通过财务风险最终影响债务的资金成本。大股东持股比例越高，财务风险越低；现金流量权与控制权的偏离度越高，财务风险越高；同时，民营上市公司的财务风险显著高于国有上市公司的财务风险。

（三）公司财务风险的预警

在识别出可能引发财务风险的因素以后，如何及时了解并预测公司财务风险的状况，建立有效的财务风险度量与预警系统至关重要。为解决这一问题，学者们主要从财务风险预警模型的构建进行了大量的研究，主要可分为传统的财务预警法和现代的财务预警法。

传统的财务预警法主要采用财务比率或市场价格来预测公司破产或财务困境的发生。最具代表的为Altman（1968）提出的财务比率分析法（Z-score），在此基础上，学者们纷纷进行了相应的改进与应用。1970年，Altman和Johnson均对财务比率分析法进行了肯定，并认为该方法是财务经理的一个重要工具，财务经理可以通过该分析方法，分析不同公司集团的特点，预测公司破产的可能性。接着，1987年，Lau从两个方面扩展了该公司破产预测模型，一方面主要是用五种财务状态代替传统的破产或非破产二分法来近似公司财务健康的连续体；另一方面则是引入新模型来评估公司进入五种财务状态的概率,而不是将公司"分类"到某一财务状态,同时还使用排序概率评分规则来评估这种概率预测的质量。1988年,Atwood等提出了在一个多周期线性规划中对潜在的债务/资产比率施加概率或机会约束的模型和数值例子。1993年,Coats和Fant利用多重判别分析(MDA)来衡量组合财务比率,改进了传统财务困境预测方法。然而,2008年,Agarwal和Taffler则认为Altman(1968)提出的传统财务预警法更有效,并在文中仍沿用了Z-score来估计财务风险的大小。

现代财务预警法是依据现代方法论的发展提出的多种预警法,该类方法种类繁多,学术界也未对此进行详细的对比与分析。2004年,Jones和Hensher用混合Logit模型来对公司财务困境进行了预测。2006年Brockett等利用人工神经网络方法(反向传播和学习矢量量化,LVQ)和统计方法(多元判别分析和逻辑回归分析)提出了另一类财务困境预测模型。同年,Whited和Wu则利用投资欧拉方程的广义矩估计方法,建立了公司外部财务约束指标。2010年,Tsai和Chang以台湾上市公司为研究对象,采用两阶段法建立了财务困境预测模型。2012年,周晓光和朱蓉则利用SPSS软件,经过非参数检验、正态性检验等分析,确定了聚类和识别的相关指标,同时在对财务数据进行标准化后,根据模糊聚类方法将23家上市公司分为4类,并根据TOPSIS方法对6家评估样本进行了风险识别,以帮助决策者对公司的财务风险进行控制管理。2014年,Li等利用数据包络分析(DEA)来衡量公司效率,并研究了公司效率指标和传统标准财务比率在预测中国公司困境中的预测准确性。同年,Sun等构建了不平衡的数据集,然后在此基础上采用支持向量机的方法对公司财务困境进行了预测。谢赤等人(2014)构建了一个基于公司内部环境、宏观经济政策、货币政策及财政政策等因素的CFaR模型,识别出期望现金流及风险现金流,然后以这两个指标作为预警变量,构建了一个二元Logistic财务困境预警模型。2016年,姚颐和赵梅一起研究了我国发行新股时《招股说明书》中风险因素的披露状况以及市场反应,跳出了以往的计算机文本搜索方式,首次以人工阅读方式度量公司的财务风险。

三、PE/VC 对其持股上市公司的影响

PE/VC 作为目前全球较大的投资领域，不仅给公司提供融资，减轻公司财务负担，缓解公司财务压力，提高公司运营效率，还会参与公司监管，而其监管主要从业绩、创新能力、治理绩效与公司价值三个方面来体现。

（一）PE/VC 对其持股上市公司业绩的影响

梁建敏和吴江（2012）以创业板市场为样本，通过实证分析发现：风险投资在控制盈余管理方面有积极正面的影响，且有 VC 持股的公司在发行后的经营业绩要优于无 VC 持股的公司，这说明风险投资的介入对于公司经营业绩有明显的正向作用。

徐欣和夏芸（2015）基于 2009—2013 年中国创业板公司数据，从风险投资退出视角，深入研究了风险投资 IPO 退出的影响因素和经济后果。他们研究发现，公司上市后，我国风险投资一次性完全退出的倾向减少，而非连续性完全退出的倾向增加。同时，风险投资特征对于其退出公司具有重要影响，风险投资所持有公司的股份越少，公司上市后其退出的概率越大。此外，风险投资退出会对公司绩效产生负面影响，公司业绩会在风险投资退出后明显下滑，且风险投资退出公司时，减持原有股份越多，则公司绩效会变得越差。他们从侧面佐证了风险投资对于提高公司绩效具有积极的作用。

寇祥河等（2009）应用单因素分析和非参数检验方法对风险投资在公司 IPO 的"认证功能""发行抑价"和"IPO 效应"的功效方面进行验证，得出三个结论：第一，他们认为风险投资的"认证功能"存在市场差异。在美国纽交所、纳斯达克市场等上市的中资背景公司，VC 具有部分认证功能，即在融资规模方面体现了认证功能，而在发行市盈率上并未显示认证功能。而深圳中小企业板有 VC 支持的公司却不支持认证功能的假设。第二，他们发现风险投资支持的公司 IPO 普遍存在"发行抑价"。除了纽交所外，纳斯达克市场、香港市场和沪深两市内地中小板均

存在不同程度的发行抑价，并且有 VC 支持的上市公司具有更高的发行抑价率。第三，他们还发现风险投资支持的公司不存在"IPO 效应"。中小公司板有 VC 支持的样本公司的经营业绩虽然都在 IPO 前逐年增加，但是上市后的经营业绩并没有出现预期的下降趋势，即均不支持 IPO 效应假设。

（二）PE/VC 对其持股上市公司创新能力的影响

Kortum 和 Lerner（2000），Gompers 和 Lerner（2004）研究表明，与没有 PE/VC 支持的创业公司相比，有 PE/VC 支持的创业公司在创新能力和盈利能力方面更强，上市时的股价表现更好，且上市后的公司盈利能力和股价表现也会更优。

Bygrave 和 Timmon（1992）研究认为，风险投资机构通过改善公司研发投入可以有效提升公司创新水平。基于专利数据的经济相关性，Kortum 和 Lerner（2000）通过对比有 PE 支持和没有 PE 支持的公司，发现前者的专利申请数和研究数量有明显提高，虽然风险投资占工业（公司）研发资本总额的比例不到 3%，但同期风险投资对工业创新的贡献约为 8%，即 1 美元的风险投资在刺激创新方面（以授予的专利数量衡量）与 3 美元的公司研发支出一样有效。同样地，Tykvová（2000）在德国风险投资市场也得到类似的结论，即 VC 投资可以促进被投资公司的专利发行数量。Bruining 和 Wright（2002）通过对是否有风投支持的公司进行对比，发现有风投支持的公司其创新的数量及质量都会有所提高。Hellmann 和 Puri（2000），Hall 等（2005），Caselli 等（2009）也对此进行了研究，发现 PE/VC 的加入可提升公司创新能力。

张学勇和张叶青（2016）以公司创新能力作为研究视角，基于 2003—2012 年中国 A 股市场数据，实证分析了有风险投资支持的公司在 IPO 时点的创新能力对公司上市后市场表现的影响。他们研究发现，风险投资支持的公司较好的 IPO 市场表现受内在创新能力所驱动，即创新能力对风险投资支持的 IPO 公司的市场表现具有显著的驱动作用，且风险投资支持的公司通过提升被投资公司的创新能力从而获得更好的 IPO 市场表现。

然而，Ueda 和 Hirukawa（2003）选用全要素生产率作为衡量公司创新的变量，并研究发现 PE/VC 对其公司创新能力的影响并不显著。Hirukawa 和 Ueda（2011）基于 Kortum 和 Lerner（1999）的研究成果，采用全要素生产率的增长和专利数量来衡量创新，研究了风险投资和创新之间的因果关系，具体分析是创新追随 VC 投资（VC-first）还是 VC 投资追随创新（Innovation-First）。研究发现，全要素生产率增长与风险投资之间存在显著关系，支持创新优先的观点，且没有发现支持 VC-First 的观点。随后，Popov 和 Roosenboom（2012）基于 21 个欧洲国家 11 个制造业的样本数据，分析了 VC 对公司研发和专利的影响。他们也认为，VC 对公司创新能力的影响并不显著，而在对 VC 存在支持政策及创业门槛较低的国家，VC 对公司创新能力的影响会有所增加。

（三）PE/VC 对其持股上市公司治理绩效与公司价值的影响

在 PE/VC 对公司治理影响方面，Jensen（1989）认为，PE/VC 机构通过派出人手担任公司董事，从而进入公司的经营管理中去，再加上薪酬激励体制，在监督的同时可以调动公司内部管理的积极性，依据该监管及激励机制从而完善公司治理结构，提高公司的创新水平。同时，Sahlman（1999）也发现，PE 为公司带来大量资金的同时，在对公司的管理中也做得非常尽责，这些手段可以大大提高公司的内部治理结构，进一步印证了 Jensen（1989）的结论。

Barry 等（1990）通过分析上市公司自 1978 年后 10 年的样本，设立对照组，结果发现有 PE 持股的公司，它们的公司价值相比于对照组公司而言更高，并且在经营业绩方面的表现也更好。

2005 年，Cumming 等基于 1999—2000 年澳大利亚风险投资市场的数据，针对风险投资公司从机构投资者那里成功吸引资本的具体标准进行分析，研究结果显示，为其投资组合公司提供更多财务和战略/管理援助比提供行政、市场援助的 PE 可以获得更多资本。Migendt 等（2017）和 Nadauld 等（2019）认为，随着时间的推移，PE/VC 会更注重利用投资组合公司的成长和运营改善来提升公司价值，进而获得更多收益。

吴超鹏和张媛（2017）基于公司现金股利发放的视角，研究了我国风险投资对公司现金股利政策的影响。研究发现，与没有 VC 支持的公司相比，有 VC 支持的公司其现金股利支付概率和支付水平都显著更高。同时，VC 持股比例也会显著影响公司现金股利支付概率和水平。此外，他们还发现，参与董事会和短期套现压力较大的 VC 更可能发挥监督职能，从而更大幅度地提高公司现金股利的支付概率和水平。

Gompers 等（2009）通过使用通常用于评估市场集中度的指标——Herfindahl-Hirschman 指数来区分专一投资的 PE 和分散投资的 PE，然后对比这两者对被投资公司的影响，研究发现专一投资的 PE 可以更有效地提高被投资公司的利润。

张学勇和廖理（2011）基于公司市场表现的两大指标——IPO 抑价率和市场累积异常回报率，研究了风险投资背景对公司在股票市场表现的影响。他们研究发现，相对于政府背景风险投资支持的公司，外资和混合型背景风险投资支持的公司 IPO 抑价率较低，股票市场累计异常回报率较高。同时，民营背景风险投资支持的与政府背景支持的公司在 IPO 抑价率和市场累计异常回报率方面均无显著差异。此外，与那些非外资背景的 VC 相比，外资背景 VC 则倾向更为谨慎的投资策略，在投资之后对公司治理结构安排更加合理，且公司具有更强的盈利能力，这些最终导致公司股票 IPO 抑价率较低和回报率较高。

叶小杰和王怀芳（2016）通过对风险投资声誉的研究进行总结，发现风险投资声誉不仅可以为机构自身带来资金募集、关系网络、议价能力和投资回报等方面的好处，而且也为其投资的创业公司带来认证作用、增值服务以及长期业绩等方面的益处。

王信（1999）、谈毅和叶岑（2001）、Wright 等（1994）针对 PE/VC 对公司治理绩效与公司价值的影响进行了研究，他们均认为 PE/VC 的参与能有效提高公司治理绩效和公司价值。

但也有些学者认为，PE/VC 对公司治理绩效与公司价值并没有起到预想中的积极作用，甚至起到抑制作用。赵静梅等人（2015）在我国风投行业出现了"突击入股""PE 腐败""代人持股""权股交易""业绩变脸"等混乱现象的背景下,采用情景转换模型,对风险投资对公司生产效率的影响是"无力""助力",还是"阻力"问题进行了研究。他们研究发现:风险投资总体上并没有改善公司的生产效率,且总体的无效率主要由低声誉风投机构导致,其与公司生产效率显著负相关,但是高声誉 VC 与公司生产效率却显著正相关。付辉和周方召(2018)认为,一旦 VC 的 IPO 退出受阻,其退出的不确定性加剧,VC 的"投管退"循环链条会中断,从而无法顺利获得正常的投资回报。在此背景下,研究发现退出的不确定性会降低 VC 采取辛迪加联合投资的积极性,投资意愿也会显著下降,从而对 VC 的退出产生负向影响。

四、简要总结

尽管已有大量文献分别对 PE/VC 各个投资阶段的特征和财务风险的成因进行了研究,并且还有文献针对 PE/VC 对公司业绩、创新能力和治理绩效与公司价值各方面的影响进行了详细分析,但是针对我国 PE/VC 对上市公司财务风险的研究却寥寥无几。

在竞争日益激烈的市场经济环境下,财务风险的暴露时刻威胁着公司的生存和发展,而 PE/VC 在影响公司治理能力和公司价值的同时,也会参与公司财务战略管理与决策,进而影响公司财务风险。因此,为了更好地了解我国 PE/VC 对其持股上市公司的作用,并且有效控制公司的财务风险,针对我国 PE/VC 对上市公司财务风险的研究具有重要的现实意义。

本书在梳理以往国内外关于 PE/VC 对其持股公司影响研究文献的基础上,分析了我国 PE/VC 在参与其持股上市公司经营管理、公司治理以及财务战略管理的过程中,从静态、动态以及中介传导多方面视角,研究了我国 PE/VC 对其持股公司财务风险的影响及其传导路径。与国内外已有研究相比,本书的研究主要有以下几点不同之处:

(1)研究视角。与现有文献相比,本书从两个不同的视角研究我国 PE/VC 对其持股公司财务风险的直接和间接影响。一方面,我国 PE/VC 作为其持股公司的大股东,它可通过参与公司治理与经营管理,对公司管理者进行监督等，优化公司财务管理战略，有利于抑制公司的财务风险。另一方面，PE/VC 为追求自身利润最大化，置公司财务风险而不顾，从而使公司财务风险加剧。

（2）研究内容。现有文献主要集中分析 PE/VC 对其持股公司的经营业绩、创新能力或公司治理方面的影响，尚未发现 PE/VC 对其持股公司财务风险的影响研究。本书构建了基于大股东风险偏好的公司资本结构选择模型，从理论上证实了作为大股东，PE/VC 会显著影响其持股公司的财务风险。本书的实证检验有力地证实了上述理论结果。这一研究为我国公司财务风险管理提供了可靠的理论依据和实证支持，丰富了公司金融的研究内容。

（3）研究结论。本书研究发现：PE/VC 作为其持股公司的大股东，会影响公司的股权结构、公司资本结构选择和公司价值，而这些因素的变化会间接影响公司的财务风险。本书研究了 PE/VC 对其持股公司财务风险影响的中介效应和传导路径，实证检验表明：PE/VC 对其持股公司财务风险的影响可通过如下路径传递，包括改变公司股权结构、公司资本结构选择和影响公司价值。上述研究为防堵我国上市公司财务风险漏洞提供了新的视角和理论依据。

第三节　研究内容和研究方法

一、研究内容

本书从我国 PE/VC 作为其持股上市公司的大股东的角度出发，研究了 PE/VC 为了最大化自身利益，有参与或影响其持股公司的经营管理、公司治理与财务战略决策的动力。因此，PE/VC 可通过改变公司股权集中度，调整资本结构优化策略，影响公司价值，进而引起公司财务风险的变化。因此，本书旨在分析我国 PE/VC 对其持股上市公司财务风险的影响及其传导路径。

（1）本书从 PE/VC 作为公司大股东参与公司经营与财务战略决策管理的视角，构建了基于大股东风险偏好的公司资本结构选择模型，并给出 PE/VC 对其持股公司财务风险影响的理论推导。同时利用上市公司 Z 值来构建公司财务风险的度量指标，从实证的角度再次验证了该理论。理论与实证结果均显示，与没有 PE/VC 持股的公司相比，有 PE/VC 持股公司的财务风险更大，且该结论在内生性偏差修正后仍然成立，即说明 PE/VC 的介入会增加其持股公司的财务风险。另外，我国 PE/VC 对其持股公司财务风险的影响存在上市板块异质性。

（2）为讨论资本结构在 PE/VC 对其持股公司财务风险影响中的中介作用。一方面，本书基于大股东风险偏好的公司资本结构选择模型理论，分析 PE/VC 作为公司大股东在参与公司监管过程中对其持股公司资本结构的影响。通过理论和实证分析，研究发现：①PE/VC 的介入会提高其持股公司负债比率，并加剧公司资本结构的波动；②PE/VC 对其持股公司资本结构的影响存在板块异质性。

另一方面，本书进一步研究了 PE/VC 对其持股公司财务风险影响的资本结构传导路径。研究发现：①整个市场上，资本结构及其波动在 PE/VC 对其持股公司财务风险影响中起到促进的中介作用，且资本结构波动比资本结构的促进作用更大；②PE/VC 对其持股公司财务风险影响的资本结构传导路径存在板块差异。

（3）本书还分析了股权结构在 PE/VC 对其持股公司财务风险影响中的中介作用。一方面，从实证角度分析了我国 PE/VC 对其持股公司股权结构的影响及其板块特征。实证发现：①内生性偏差修正后的结论显示，与没有 PE/VC 持股的公司相比，有 PE/VC 持股的公司其股权集中度更高，即说明 PE/VC 的介入会提高其持股公司的股权集中度；②PE/VC 的介入会加剧公司股权结构的波动；③PE/VC 对其持股公司股权结构的影响存在板块差异，而对其持股公司股权结构波动的影响却起到显著的促进作用。

另一方面，本书进一步分析了 PE/VC 对其持股公司财务风险影响的股权结构传导方式。研究发现：①整个市场上，PE/VC 通过改变股权结构，加剧股权结构的波动，从而对其持股公司财务风险产生显著的抑制作用；②股权结构及其波动的中介作用存在板块异质性。

（4）本书再次检验了市场价值在PE/VC对其持股公司财务风险影响中的中介作用。一方面，从公司内部治理结构与外部投资者预期两个视角，分析了PE/VC对其持股上市公司市场价值的影响。通过理论和实证分析，研究发现：①内生性偏差修正后的结论显示，与没有PE/VC持股的公司相比，有PE/VC持股的公司其市场价值更低且其波动更小，即说明PE/VC的介入会降低其持股公司的市场价值，并减缓公司市场价值的波动；②PE/VC对其持股公司市场价值的影响存在滞后效应，即PE/VC的介入会降低公司第二年的市场价值；③PE/VC对其持股公司市场价值及其波动的影响存在上市板块异质性。

另一方面，本书进一步检验了市场价值在PE/VC对其持股公司财务风险影响的中介效应。研究发现：①整体来看，PE/VC通过影响公司价值，加剧公司市场价值波动，从而对其持股公司财务风险产生促进的中介作用；②市场价值及其波动在PE/VC对其持股公司财务风险影响中的间接效应存在板块差异。

（5）基于多重中介并行效应模型，本书从资本结构、股权结构和市场价值三个方面，分析了这三个因素在PE/VC对其持股公司财务风险影响中的并列/链式传导作用，研究了我国PE/VC通过这三个中介变量共同对其持股公司财务风险影响的传导过程。研究发现：①PE/VC通过加剧资本结构波动、股权结构波动以及市场价值波动，分别对其持股公司财务风险产生不同的影响，其中公司资本结构波动和市场价值波动会促进公司财务风险的发生，而股权结构波动可以有效抑制财务风险的发生；②资本结构波动、股权结构波动以及市场价值波动间存在相互影响的关系，主要为股权结构波动会促进资本结构波动，资本结构的波动又会促进市场价值波动，但股权结构波动对市场价值波动的直接影响却不显著。另外，为了更有针对性地阻断我国PE/VC对其持股上市公司财务风险的影响传递，还分别针对主板、中小板与创业板三类上市板块市场，对我国PE/VC影响其持股公司财务风险的中介传导机制进行了详细分析。

二、研究方法

1. 规范研究与实证研究相结合

首先通过对本书相关文献进行大量的阅读，了解目前国内外学者在 PE/VC、公司资本结构、股权结构、市场价值、财务风险以及我国 PE/VC 对其持股公司影响等方面的研究现状。在此基础上，通过理论分析与建模，提出若干我国 PE/VC 可能对其持股公司资本结构、股权结构、市场价值以及财务风险造成影响的理论命题与实证假设。然后本书基于中国上市公司与 PE/VC 的相关数据，对理论分析所得的结论和假设进行实证检验，提高研究结论的客观程度，使结论建立在可靠的理论与实证的基础之上，具有很强的实际应用价值。

2. 定性研究与定量研究相结合

怎样来判断 PE/VC 是否对上市公司进行了投资？又如何来判断公司市场价值、资本结构、股权结构以及财务风险的大小？这些都需要借助于定量的分析来解决。首先，本书尝试使用工具变量法来尽可能消除内生性问题。其次，基于公司金融理论选定公司市场价值、资本结构、股权结构以及财务风险的相关指标。接着，在样本的基础上，采用统计性描述、t 检验和 Wilcoxon 检验来初步观察我国 PE/VC 对其持股公司这些因素影响的显著性。然后，基于 Hausman 检验、DWH 检验、F 检验和 Wald 检验分别检验了我国 PE/VC 与其持股公司之间关于这些因素的内生性问题、工具变量的过度识别性质以及弱工具变量的存在性。最后，再从多元线性回归、工具变量法 2SLS 回归、Heckman 两阶段回归以及 Bootstrap 方法中采用适当的模型或方法来详细分析我国 PE/VC 对其持股上市公司的这些因素可能造成的影响，并进一步研究我国 PE/VC 对其持股上市公司财务风险影响的传导机制。本书的数据处理及回归分析主要使用了 Matlab、R 与 Stata 等专业软件。

第二章　PE/VC 介入对其持股上市公司财务风险的影响

随着我国资本市场环境越趋复杂化，上市公司间的竞争越发激烈。公司大股东和管理者为最大化其利益，存在过度追求高额利润的动机，反而疏忽了对公司财务风险的防控，使公司因财务风险暴露过多而陷入财务危机的可能性大幅增加。因此，如何有效识别并防范与管控上市公司财务风险已逐渐成为上市公司亟待解决的问题之一。

上市公司财务风险是指上市公司在经营管理过程中可能导致财务损失或破产的可能性的大小。公司发生财务损失或破产的可能性越大，其财务风险越大。此外，财务风险的大小还可以用来衡量上市公司财务工作效率的高低。公司财务工作效率越低，其财务状况越坏，且财务成果也越小，因此也可将财务风险归结为财务成果和财务状况的风险。向德伟（1994）依据财务活动的基本内容，将财务风险划分为筹资风险、投资风险、资金回收风险和收益分配风险。

关于财务风险影响因素研究的文献繁多，学者们从多方面进行了大量的研究，得到了许多有参考价值的研究成果，可将这些财务风险影响因素分为公司外部因素和公司内部因素两方面。一些学者对影响财务风险的公司外部因素进行了研究，他们认为整个市场大环境对公司财务风险起到关键作用，特别是全球性金融危机，它会导致公司财务瘫痪，恶化公司财务状况，大量暴露公司财务风险（Willians 和 Goodman，1971；Gupta 和 Huefner，1972）。Perry 等（1984）发现，不同行业间的财务比率特征会有所区别，即财务风险存在行业异质性。财务风险除了会受到公司外部因素影响外，还受到公司内部因素的影响。一些学者认为，公司外部因素仅仅是引起财务风险的导火索,而公司内部因素才是导致财务风险的根本原因,他们对此还进行了大量研究。如:钱忠华(2009)认为,现实中许多公司往往过于追求经营绩效,而忽略了对公司财务风险的关注,这类公司治理机制的失效才是导致财务风险的根源。同时,他们发现公司股权结构是影响公司财务风险或导致公司陷入财务困境的关键因素。杨棉之(2010)也认为公司股权结构会显著影响财务风险,并通过财务风险最终影响债务的资金成本。他们还发现,大股东持股比例越高,财务风险越低,以及现金流量权与控制权的偏离度越高,财务风险越高。丁维国(2018)则从独立董事视角,研究了其对财务风险的作用。他们研究发现,独立董事通过有效履行监督和咨询职责,能够对财务报表质量以及对公司和高管违规情况起到很好的监督作用,进而降低财务风险。

在上市公司内部财务风险控制与管理的过程中,大股东作为公司主要持股人,会依据自身需求来任命董事会、监事会和管理层的人员。然而,PE/VC作为一类特殊的投资机构,当其进入公司后,往往会作为公司大股东参与公司董监高的人员任命,影响公司内部治理和管理决策,因此,PE/VC通常对其持股公司内部治理也会起到至关重要的作用。

那PE/VC对其持股公司的内部治理是起到了"助力"作用,还是"阻力"作用呢?一些学者针对此问题进行了探讨。一方面,一些学者认为,与没有PE/VC支持的创业公司相比,有PE/VC支持的创业公司在创新能力、盈利能力、公司内部治理结构的改善以及上市时的股价表现四个方面均表现得更好,即PE/VC可提高其持股公司创新和盈利能力,有效改善公司内部治埋结构,对公司成长起到促进作用(Sahlman,1999;Kortum和Lerner,2000)。同时,梁建敏和吴江(2012)研究发现,有VC持股的公司在发行后的经营业绩要优于无VC持股的公司在发行后的经营业绩,这说明风险投资的介入对于公司经营业绩有明显的正向作用。另外,张学勇和张叶青(2016)也发现,有VC支持的公司可通过提升被投资公司的创新能力,从而获得更好的IPO市场表现。另一方面,Hirukawa和Ueda(2011)认为,虽然与没有PE/VC支持的创业公司相比,有PE/VC支持的创业公司创新能力更强,但是这是PE/VC追随创新的结果,而不是

PE/VC 介入公司后提高创新能力。同时，赵静梅等人（2015）针对我国风险投资行业进行了研究，发现我国 PE/VC 存在"突击入股""PE 腐败""代人持股""权股交易""业绩变脸"等混乱现象。他们研究发现，风险投资总体上并没有提高公司的生产效率，且总体的无效率主要由低声誉风险投资机构导致，而高声誉风险投资机构则可以有效改善公司的生产效率。

现有文献在研究影响公司财务的因素时，虽已从公司外部环境和内部治理机制各方面进行了讨论，但 PE/VC 对其持股公司财务风险影响的研究却尚未发现。鉴于 PE/VC 在其持股公司治理结构方面所扮演的重要角色，引入 PE/VC 持股的因素，分析 PE/VC 对其持股公司财务风险的影响，对有效防堵公司财务风险漏洞，降低公司发生财务失败或破产的概率，这一研究就尤为重要。本章首先基于静态权衡理论，建立与债务融资相关的大股东财富效用函数最优模型。接着依据我国 PE/VC 投资的风险偏好，推导出我国 PE/VC 对其持股公司债务融资与财务风险影响的理论，提出相关命题，并给出命题证明。然后再从经济学理论视角分析 PE/VC 对其持股公司财务风险的影响，提出研究假设。随后利用我国 2004—2018 年 A 股 2 388 家上市公司数据进行全样本的实证检验，验证我国 PE/VC 对上市公司财务风险的影响，由此从实证上来检验假设。最后考虑到我国资本市场的复杂多变性，本章依据上市板块进行分类，从主板、创业板与中小板市场依次分析了我国 PE/VC 对其持股公司财务风险的影响，并讨论了该影响在不同板块的异同，为完善我国公司财务风险管理理论，并有效规范 PE/VC 对公司财务风险的管理提供可靠的理论依据。

第一节 理论分析与研究假设

一、PE/VC 对其持股公司财务风险影响的理论分析

PE/VC 作为一类特有的投资机构，在进入公司后，不仅为公司提供资金支持，还会参与并影响公司运营管理和财务战略决策。此外，PE/VC

为了追逐更高的收益,通常比其他投资机构更偏好风险,即风险厌恶程度更低。因此,本节先构建基于大股东风险偏好的公司资本结构选择模型,推导出大股东风险偏好对公司财务风险的影响,分析了 PE/VC 作为大股东对公司资本结构和财务风险的影响。然后引入上市板块约束因子,提出上市板块约束因子在大股东风险偏好方面对公司资本结构和财务风险影响的作用,探讨 PE/VC 作为大股东对公司资本结构和财务风险影响的板块异质性。

(一)大股东风险偏好对其持股公司财务风险影响的理论分析

基于一家具有代表性的上市公司,从公司资金来源的角度来看,可以将公司权益分为债权人的权益和投资人的权益,即"权益=债权人的权益+投资人的权益",其中权益构成了公司的全部资产,债权人的权益指负债,投资人的权益指所有者权益,由此得到会计恒等式:资产(Asset)=负债(Liabilities)+所有者权益(Owners Equity)。假设这家公司的资产为 A,负债为 L,所有者权益为 E,则有会计恒等式:

$$A = L + E$$

借鉴魏哲海(2018)对相关利率的假设,设负债的利率固定,记为 r_d,则期末时公司需要归还的本金和利息额为 $L(1+r_d)$。又设公司资产收益率为服从 $[-1,a]$ 上的均匀分布的随机变量 r,且满足 $a>0$。因此,当资产在期末小于负债本息额时,公司会出现资不抵债的情况,此时公司会陷入财务困境,导致财务失败或者破产。我们将公司会陷入财务困境,导致财务失败或者破产的事件表示为 Financialfailure = 1,而公司没有陷入财务困境,没有出现财务失败或者破产的事件表示为 Financialfailure = 0。此时,公司出现财务失败或者破产的概率表示为

$$P(\text{Financialfailure} = 1) = P[A(1+r) < L(1+r_d)]$$
$$= P\left[r < \frac{L(1+r_d)}{A} - 1\right] \stackrel{r \sim U[-1,a]}{=} \frac{L(1+r_d)}{A(1+a)}$$

(2-1)

且满足 $P(\text{Financialfailure}=0)+P(\text{Financialfailure}=1)=1$，并定义 p 为公司发生财务失败或破产的概率与不发生财务失败或破产的概率比，称为公司发生财务失败或破产的概率，即

$$p=\frac{P(\text{Financialfailure}=1)}{P(\text{Financialfailure}=0)}$$

为了简化分析，本模型不考虑委托代理成本问题，此时大股东与管理者的目标一致。依据静态权衡理论，债务融资具有税盾效应，即在不发生财务失败或破产的时候，债务融资可以减少税费，从而间接增加公司的税后收益，但是在发生财务失败或破产的时候，债务融资会增加公司发生财务失败或破产的风险，从而产生成本，因此，当进行债务融资时的净收益为

$$\text{NetProfit}(L)=\begin{cases} L\cdot r_d\cdot t, & \text{Financialfailure}=0 \\ -c_0, & \text{Financialfailure}=1 \end{cases} \quad (2\text{-}2)$$

式中，t 为所得税税率，且假定 c_0 固定，而 r_d、t 均为模型的外生变量。

同时又借鉴纪建悦和殷克东（2003）对股东财富的期望效用函数的定义，并考虑到财务风险会加大股东的财富风险，造成不可挽回的局面。因此，本书将上市公司发生财务失败或破产概率的开根 $\sqrt{p}$ 定义为财务风险因子，并将大股东财富效用分为财富的收益因素 $E(W)$ 和强化风险因素 $\sqrt{p\text{Var}(W)}$ 两部分，即

$$E(U(W))=E(W)-\alpha\gamma\sqrt{p\text{Var}(W)} \quad (2\text{-}3)$$

式中，α 为比重因子，为简化将 α 设为 0.5。γ 为大股东风险厌恶程度，大股东风险偏好越大，风险厌恶程度则越高，该值就会越小，满足 $\gamma>0$。此外，PE/VC 为获得高额回报，更倾向高风险的投资。因此，与其他投资机构相比，PE/VC 作为大股东时，持股公司大股东的风险偏好更大，风险厌恶程度更低，则 γ 值更小。

为简化模型，假设仅大股东获得公司股利，且股利不变，则当公司进行债务融资时，大股东的财富函数为

$$W = (\text{NetProfit} - \text{RI})r_f + \text{RI}r \qquad (2\text{-}4)$$

式中，RI 为公司留存盈余，NetProfit 为公司进行债务融资时获得的净收益，NetProfit - RI 则为公司给大股东发放的股利。同时，假设大股东主要用股利进行无风险投资，得到的投资收益为 r_f，而用留存盈余进行投资得到的收益率 r 与资产收益率相同，均服从 $[-1, a]$ 上的均匀分布，满足 $a > 0$。

由此，依据式（2-2）和式（2-4），可得到大股东财富的期望和方差：

$$\begin{aligned}
E(W) &= [E(\text{NetProfit}) - \text{RI}]r_f + \text{RI}E(r) \\
&= Lr_d t P(\text{Financialfailure} = 0)r_f - c_0 P(\text{Financialfailure} = 1)r_f - \\
&\quad \text{RI}r_f + \text{RI} \cdot \frac{a-1}{2} \\
&= Lr_d t r_f - r_f(Lr_d t + c_0)\frac{L(1+r_d)}{A(1+a)} - \text{RI}r_f + \text{RI} \cdot \frac{a-1}{2}
\end{aligned}$$

$$\begin{aligned}
\text{Var}(W) &= \text{Var}(\text{NetProfit})r_f^2 + \text{RI}^2 \text{Var}(r) \\
&= P(\text{Financialfailure} = 0)\left[Lr_d t - E(\text{NetProfit})\right]^2 r_f^2 + \\
&\quad P(\text{Financialfailure} = 1)\left[-c_0 - E(\text{NetProfit})\right]^2 r_f^2 + \\
&\quad \text{RI}^2 \cdot \frac{(a+1)^2}{12} \\
&= \left[1 - \frac{L(1+r_d)}{A(1+a)}\right](Lr_d t + c_0)^2 \left[\frac{L(1+r_d)}{A(1+a)}\right]^2 r_f^2 + \\
&\quad \frac{L(1+r_d)}{A(1+a)}\left[c_0 + Lr_d t - (Lr_d t + c_0)\frac{L(1+r_d)}{A(1+a)}\right]^2 r_f^2 + \\
&\quad \text{RI}^2 \cdot \frac{(a+1)^2}{12} \\
&= \frac{1}{p}\frac{(Lr_d t + c_0)^2 L^2(1+r_d)^2}{A^2(1+a)^2}
\end{aligned}$$

将计算得到的 $E(W)$ 和 $\text{Var}(W)$ 带入式（2-3）中，则可以得到大股东的财富期望效用函数：

$$\begin{aligned}E(U(W)) &= E(W) - \alpha\gamma\sqrt{p\operatorname{Var}(W)} \\ &= Lr_d tr_f - r_f(Lr_d t + c_0)\frac{L(1+r_d)}{A(1+a)} - \mathrm{RI}r_f + \\ &\quad \mathrm{RI}\cdot\frac{a-1}{2} - \frac{\gamma}{2}\frac{(Lr_d t + c_0)L(1+r_d)}{A(1+a)}\end{aligned} \quad (2\text{-}5)$$

在本模型中，在总资产给定的情况下，公司发生财务失败或破产的概率与负债比例呈正比，而负债比例又与债务融资额呈正比。由此，当大股东在参与并影响公司负债融资额度选择的决策时，大股东为了最大化其财富期望效用，会选择使其财富期望效用函数最大化的最优解，即可表示为：

$$\max_L \{E(U(W))\}$$

结合式（2-5），可以将大股东面临的最优化问题转换为

$$\max_L \left\{ Lr_d tr_f - r_f(Lr_d t + c_0)\frac{L(1+r_d)}{A(1+a)} - \mathrm{RI}r_f + \mathrm{RI}\cdot\frac{a-1}{2} - \frac{\gamma}{2}\frac{(Lr_d t + c_0)L(1+r_d)}{A(1+a)} \right\} \quad (2\text{-}6)$$

求出式（2-6）的一阶条件为

$$\begin{aligned}\frac{\partial E(U(W))}{\partial L} &= r_d tr_f - r_f(Lr_d t + c_0)\frac{(1+r_d)}{A(1+a)} - \frac{L(1+r_d)r_f r_d t}{A(1+a)} - \\ &\quad \frac{\gamma}{2}\frac{(Lr_d t + c_0)(1+r_d)}{A(1+a)} - \frac{\gamma}{2}\frac{r_d tL(1+r_d)}{A(1+a)} \\ &= 0\end{aligned}$$

解得

$$L^* = \frac{r_d tr_f A(a+1) - c_0(1+r_d)(r_f + \frac{\gamma}{2})}{2r_d t(1+r_d)(r_f + \frac{\gamma}{2})} = \frac{A(a+1)}{2(1+r_d)(1+\frac{\gamma}{2r_f})} - \frac{c_0}{2r_d t}$$

$$(2\text{-}7)$$

同时，求出式（2-5）的二阶导数：

$$\frac{\partial^2 E(U(W))}{\partial L^2} = -\frac{2(1+r_d)r_d t\left(r_f + \dfrac{\gamma}{2}\right)}{A(1+a)} < 0$$

大股东的财富期望效用函数二阶导数满足恒小于 0 的条件，说明大股东财富期望效用存在唯一的最大值，即其最大化问题的二阶条件恒成立。

依据式（2-7）可知，当公司进行债务融资，且大股东参与并影响公司负债融资额度选择的决策时，对于大股东而言，最优的债务融资额为

$$L^* = \frac{A(a+1)}{2(1+r_d)\left(1+\dfrac{\gamma}{2r_f}\right)} - \frac{c_0}{2r_d t} \quad (2\text{-}8)$$

命题 2-1 大股东风险偏好与其持股公司财务风险正相关，即大股东越偏好风险，则其持股公司发生财务失败或破产的概率越高，即公司财务风险越高。

证明 已知在大股东最大化财富期望效用的前提下，公司发生财务失败或破产的概率为

$$P(\text{Financialfailure} = 1 \mid \max_L \{E(U(W))\}) = \frac{L^*(1+r_d)}{A(1+a)}$$

对该概率关于大股东风险厌恶程度因子求偏导，得到

$$\frac{\partial P(\text{Financialfailure} = 1 \mid \max_L \{E(U(W))\})}{\partial \gamma} = -\frac{1}{4r_f\left(1+\dfrac{\gamma}{2r_f}\right)^2} < 0$$

（2-9）

由式（2-9）的结果可知，公司发生财务失败或破产的概率与大股东风险厌恶程度呈负相关，即大股东风险偏好与其持股公司财务风险正相关。

(二)大股东风险厌恶程度对其持股公司财务风险影响的板块异质性

由前面的分析了解到,PE/VC 作为大股东会依据自己的风险偏好来增加公司债务融资额,提高负债比率,从而加大上市公司发生财务风险的概率。但是,在不同上市板块上,公司的约束程度大小不一。因此,在相同 PE/VC 风险偏好下,不同上市板块中的公司,其财务风险受到 PE/VC 大股东风险偏好的影响也会不同。

为了能进一步详细地分析 PE/VC 作为大股东对其持股公司财务风险影响的板块异质性,接着对式(2-3)进行了调整,引入市场制约因子 m ($m>0$)。此时,大股东财富期望效用函数变为

$$E(U(W)) = E(W) - \alpha\left(1 + \frac{\gamma}{m}\right)\sqrt{p\mathrm{Var}(W)} \qquad (2\text{-}10)$$

式中,市场制约因子 m 为市场对大股东风险偏好的制约程度。m 值越大,市场对大股东风险偏好的制约越强。特别地,当 $m \to \infty$,大股东财富期望效用不再受到大股东风险偏好的影响,变为 $E[U(W)] = E(W) - \alpha\sqrt{p\mathrm{Var}(W)}$。

类似于前文的推导,可以得到大股东面临的最优化问题:

$$\max_{L}\left\{Lr_d tr_f - r_f(Lr_d t + c_0)\frac{L(1+r_d)}{A(1+a)} - \mathrm{RI}r_f + \mathrm{RI}\cdot\frac{a-1}{2} - \frac{1+\gamma/m}{2}\frac{(Lr_d t + c_0)L(1+r_d)}{A(1+a)}\right\}$$

求得其一阶条件为

$$\begin{aligned}\frac{\partial E(U(W))}{\partial L} &= r_d tr_f - r_f(Lr_d t + c_0)\frac{(1+r_d)}{A(1+a)} - \frac{L(1+r_d)r_f r_d t}{A(1+a)} - \\ &\quad \frac{1+\gamma/m}{2}\frac{(Lr_d t + c_0)(1+r_d)}{A(1+a)} - \frac{1+\gamma/m}{2}\frac{r_d tL(1+r_d)}{A(1+a)} \\ &= 0\end{aligned}$$

解得

$$L^* = \frac{r_d t r_f A(a+1) - c_0(1+r_d)\left(r_f + \dfrac{1+\gamma/m}{2}\right)}{2r_d t(1+r_d)\left(r_f + \dfrac{1+\gamma/m}{2}\right)}$$

$$= \frac{A(a+1)}{2(1+r_d)\left(1 + \dfrac{1+\gamma/m}{2r_f}\right)} - \frac{c_0}{2r_d t} \qquad (2\text{-}11)$$

同时,求得其对应的二阶导数变为

$$\frac{\partial^2 E(U(W))}{\partial L^2} = -\frac{2(1+r_d)r_d t\left(r_f + \dfrac{1+\gamma/m}{2}\right)}{A(1+a)} < 0$$

大股东的财富期望效用函数二阶导数满足恒小于 0 的条件,说明大股东财富期望效用最大化问题的二阶条件仍然恒成立。

此时,当公司进行债务融资,且大股东参与并影响公司负债融资额度选择的决策时,对于大股东而言,最优的债务融资额为

$$L^* = \frac{A(a+1)}{2(1+r_d)\left(1 + \dfrac{1+\gamma/m}{2r_f}\right)} - \frac{c_0}{2r_d t} \qquad (2\text{-}12)$$

命题 2-2 大股东风险偏好对公司财务风险的影响存在板块异质性,且当市场对大股东风险偏好的制约程度非常大时,大股东风险偏好对公司财务风险的影响不显著。

证明 已知在大股东最大化财富期望效用的前提下,公司发生财务失败或破产的概率为

$$P(\text{Financial failure} = 1 \mid \max_L\{E(U(W))\}) = \frac{L^*(1+r_d)}{A(1+a)}$$

则该概率关于大股东风险厌恶程度的偏导函数满足:

$$\frac{\partial P(\text{Financialfailure} = 1 \mid \max_{L}\{E[U(W)]\})}{\partial \gamma} = -\frac{1}{4r_f\left(1+\dfrac{1+\gamma/m}{2r_f}\right)^2} < 0$$

（2-13）

由式（2-13）的结果可知，大股东风险厌恶程度对公司发生财务失败或破产概率的影响会随着市场对大股东风险偏好制约程度的改变而改变。特别地，当 $m \to \infty$，$\partial P(\text{Financialfailure} = 1 \mid \max_{L}\{E(U(W))\})/\partial \gamma \to -1/[4r_f(1+1/2r_f)^2]$。此时，公司负债比率不再受到股东风险偏好的影响，即说明当市场对大股东风险偏好约束够强时，大股东风险偏好对公司财务风险的影响就不再显著。

二、PE/VC 对其持股公司财务风险影响的经济学分析及研究假设

关于上市公司财务风险的发生，往往和公司运营资本与总资本的比率、留存收益与总资本的比率、除利息的税后收益与总资本的比率、权益债务比和销售与总资本的比率五个指标有关，这五个指标越大，公司发生财务失败或破产的可能性就越小（Altman，1968；2017）。Ennis 和 Sebastian（2005），Conroy 和 Harris（2007）认为，PEVC 投资者与 PEVC 管理者应该一起依据专业人士的建议来评估每一个投资机会，并监督项目的进展，并且因他们对项目的投资期限较长，通常承担着较大的流动性风险，这使他们必须具备较高的风险容忍度。而且，Cochrane（2005）也认为，VC 通常会为其投资的公司提供指导或扮演监督者的角色，他们通常为公司董事会成员，享受高管的任命权和解雇权，对公司人员管理起到重要作用。同时，他们将 VC 投资风险与 S&P500 股票的投资风险进行对比，发现前者的投资风险更高。除此之外，Butler（2018）还从法律约束的视角分析发现，在美国，法律对投资私人股本基金的投资者和机构投资者在资金流动性方面的制约要比散户投资者更为宽松，这与散户

投资者相比，PE 通常能够承受更大的流动性风险。由以往的研究可知，PE/VC 进入公司后，通常会作为公司大股东，对公司享有监管的权力，并且为了最大化其收益，往往比其他投资者有着更高的风险容忍度，那么风险厌恶程度越低，风险偏好则越强。因此，在公司融资过程中，有 PE/VC 持股的公司比没有 PE/VC 持股的公司更倾向债务融资，则公司的债务融资额度更大。当公司总市值不变时，这就会使公司财务风险的权益债务比下降，从而促进公司财务风险的发生。同时，结合命题 2-1，可提出假设 2-1。

假设 2-1 我国 PE/VC 的介入对其持股公司财务风险的影响起到促进作用。同时，与没有 PE/VC 持股的公司相比，有 PE/VC 持股的公司其财务风险更大。

魏玉平和曾国安（2017）研究发现，因我国资本市场比较复杂，不同的上市板块对公司的融资约束存在差异。此外，陈策和吕长江（2011）研究发现，我国不同上市板块在监管措施、股权约束、债权约束、市场约束等多方面有差异，这使不同板块市场上的公司发生风险的概率也不同。因此，我国 PE/VC 对其持股公司财务风险的影响在不同板块市场存在差异。在对 PE/VC 制约程度较大的市场，我国 PE/VC 风险偏好对其持股公司财务风险的影响相对减弱。同时，结合命题 2-2，我们可以提出假设 2-2。

假设 2-2 我国 PE/VC 的介入对其持股公司财务风险的影响存在板块异质性。

第二节 样本选择与研究设计

一、样本选择与数据来源

本书所有的数据均选取 2004—2018 年上市的 2 388 家所有 A 股主板、中小板和创业板上市公司。所有上市公司的基本信息和财务数据主要来源于 WIND 数据库,关于我国 PE/VC 公司的数据主要来源于投中集团（China Venture,CV）的 CV-Source 投资数据库,与书中后面章节中的样本和数据来源均一致,因此后面章节将省略对样本数据来源的说明。

二、变量定义

本章旨在研究我国 PE/VC 的介入对其持股公司财务风险的影响,从被解释变量、核心解释变量和控制变量三个方面来选择变量。

1. 被解释变量

被解释变量为上市公司财务风险。Altman（1968,2017）指出,Z 值通过综合上市公司财务数据分值,用来分析和预测上市公司财务失败或者破产的可能性,且 Z 值越低,上市公司越有可能发生破产,即财务风险越大[①]。因此,本章将上市公司在会计年度发生财务失败或破产的可能性作为被解释变量的代理变量。当 Z 值小于 1.81 时,则表明公司潜伏着破产危机。依据该公司破产危机的 Z 值临界点,定义虚拟变量 Z-score dummy 作为被解释变量的辅助代理变量,表示当上市公司会计年度 Z 值小于 1.81 时为 1,否则为 0。

2. 核心解释变量

为了详细分析我国 PE/VC 对其持股上市公司财务风险的影响,将上市公司在会计年度是否存在 PE/VC 持股（PEVC dummy）的虚拟变量作为核心解释变量。同样为了分析结果的稳健性,将 PE/VC 在前十大股东中的席位数（PEVC num）和 PE/VC 持股比例（PEVC radio）分别作为其

[①] Z-score 模型由 Altman（1968）提出。Altman-Zscore（1968）分别从五个方面诠释了对企业财务风险的影响：流动性、盈利能力、杠杆率、偿付能力和经营活动,并提出 Z-score 的算法：$Z\text{-}score=1.2X_1+1.4X_2+3.31X_3+0.6X_4+0.999X_5$,其中,$X_1$ 代表营运资本/总资产；X_2 代表留存收益/总资产；X_3 代表息税前利润/总资产；X_4 代表总市值/负债总计；X_5 代表营业收入/总资产。一般来说,当 Z-score 大于 2.675 时,则表明企业的财务状况良好,发生破产的可能性就小；当 Z-score 小于 1.81 时,则表明企业潜伏着破产危机；当 Z-score 介于 1.81 和 2.675 之间时,被称为"灰色地带",说明企业的财务状况不稳定。

辅助代理变量。

对于如何分析和鉴别上市公司是否存在 PE/VC 持股，本章借鉴吴超鹏和张媛（2017）对风险投资背景的定义。本书依据上市公司在会计年度的前十大股东名称数据，分析其是否含有"风险投资""创业投资""创业资本投资""私募""高科技投资""高新投资""创新投资""科技投资""技术改造投资""信息产业投资""科技产业投资""高科技股份投资""高新技术产业投资""技术投资""投资公司""投资有限公司"字样，并结合 CVSource 数据库中 PE/VC 公司名称数据进行补充和核对。若上市公司在会计年度的前十大股东名称中含有以上关键词或存在于 CVSource 数据库的 PE/VC 公司名单中，则定义该上市公司在这一会计年度存在 PE/VC 持股，此时 PEVC dummy=1，否则 PEVC dummy=0。同理，将上市公司在各会计年度的前十大股东名称中含有以上关键词或存在于 CVSource 数据库的 PE/VC 公司名单的公司数及持股比例分别定义为 PE/VC 在前十大股东中的席位数（PEVC num）和 PE/VC 持股比例（PEVC radio），在本书中不再一一说明。

3. 控制变量

从公司财务、资本结构、股权、自然属性和整个金融市场五个层面来控制我国 PE/VC 对上市公司财务风险可能造成影响的其他因素，公司财务层面主要指总资产报酬率（ROA）、每股税息折旧及摊销前利润（Ebitdaps）、总市值（EV）和总资产（Assets）；公司资本结构层面主要指资产负债率（Debttoasset）和长期资产负债率（Longdebttoasset）；公司股权层面主要指总股本（Totalshares）、自由流通股本（Freefloatshares）和前十大股东持股比例（Top10）；公司自然属性层面主要指公司国有属性（Nature）、已成立的年限（Foundage）和已上市的年限（IPO age）；整个金融市场层面主要指 PE/VC 热市场（PEVC Hot）、IPO 热市场（IPO Hot）和金融危机（Wave）。

关于 PE/VC 热市场（PEVC Hot）变量的选取，主要依据 2004—2018 年每年新成立的 PE/VC 公司数（见表 2-1），发现在 2015 年新成立的 PE/VC

公司数最多，因此，将 2015 年定义为 PE/VC 热市场，其他会计年度则不为 PE/VC 热市场，设虚拟变量 PEVC Hot，表示当会计年度为 2015 年时为 1，否则为 0。

表 2-1　我国 2004—2018 年每年新成立的 PE/VC 公司数

年份	2004	2005	2006	2007	2008	2009	2010	2011
PE/VC 数	162	159	270	552	596	690	1 445	2 286
年份	2012	2013	2014	2015	2016	2017	2018	
PE/VC 数	1 778	1 814	2 984	5 364	3 054	2 842	822	

注：该数据来源于投中集团（China Venture，CV）的 CV-Source 投资数据库。

同样地，关于 IPO 热市场（IPO Hot）变量的选取，主要依据 2004—2018 年每年 IPO 公司数目（见表 2-2），发现 2017 年的 IPO 公司数目最多，因此将 2017 年定义为 IPO 热市场，其他会计年度则不为 IPO 热市场，设虚拟变量 IPO Hot，表示当会计年度为 2017 年时为 1，否则为 0。

表 2-2　我国 2004—2018 年每年 IPO 公司数目

年份	2004	2005	2006	2007	2008	2009	2010	2011
PE/VC 数	100	15	66	126	77	99	349	281
年份	2012	2013	2014	2015	2016	2017	2018	
PE/VC 数	154	2	125	223	227	438	105	

注：该数据来源于 WIND 数据库。

依据以上对变量的分析，本章的变量定义及说明如表 2-3 所示。

表 2-3　变量定义及说明

变量	变量定义及说明
被解释变量	
Z-score	上市公司在会计年度的 Z 值
Z-score dummy	虚拟变量，上市公司在会计年度当 Z 值小于 1.81 时，为 1，否则为 0

续表

变量	变量定义及说明
核心解释变量	
PEVC dummy	虚拟变量，上市公司在会计年度是否存在PE/VC持股，若有为1，否则为0
PEVC num	PE/VC在前十大股东中的席位数
PEVC radio	PE/VC持股比例（百分比）
控制变量	
公司财务层面	
ROA	总资产报酬率
Ebitdaps	每股税息折旧及摊销前利润
EV	年初总市值与年末总市值平均值，单位：十亿元
Assets	总资产，单位：十亿元
公司资本结构层面	
Debttoasset	资产负债率=年末总负债/资产总额
Longdebttoasset	长期资本负债率
公司股权层面	
Totalshares	总股本，单位：十亿股
Freefloatshares	自由流通股本，单位：十亿股
Top10	前十大股东持股比例合计
公司自然属性层面	
Nature	虚拟变量，公司产权属性，是否为国有公司，是为1，否则为0
Foundage	已成立的年限
IPO age	已上市的年限
金融市场层面	
PEVC Hot	虚拟变量，是否为PE/VC热市场，会计年度为2015时为1，否则为0
IPO Hot	虚拟变量，是否为IPO热市场，会计年度为2017时为1，否则为0
Wave	虚拟变量，是否发生国际金融危机，会计年度为2008时为1，否则为0

三、数据的统计分析

在对原始研究样本进行异常值及缺失值删除处理后，我们对其进行了初步的统计分析，得到了其描述性统计表，如表 2-4 所示。

表 2-4 数据描述性统计表

变量	样本量	均值	中值	最大值	最小值	标准差	下四分位点
Z-score	15 557	10.218 3	5.335 4	391.436	-30.024 2	16.954 7	2.942 2
Z-score dummy	16 055	0.104 5	0	1	0	0.305 9	0
PEVC dummy	16 055	0.386 8	0	1	0	0.487 0	0
PEVC num	16 055	0.530 3	0	5	0	0.785 5	0
PEVC radio	16 055	2.374 3	0	80.35	0	6.982 5	0
ROA	15 562	7.140 6	6.759 5	106.168 9	-183.980 8	7.948 1	3.780 6
Ebitdaps	15 332	0.733 8	0.611 8	33.712 6	-7.079 4	0.790 4	0.347 8
EV	11 034	19.242 2	5.255 2	3 849.313	0.345 2	106.854	3.209 2
Assets	16 054	76.145 0	2.180 2	27 699.54	0.046 5	922.124 3	1.105 8
Debttoasset	16 051	37.509 9	34.826 8	454.289 3	0.752 1	21.231 2	20.759 3
Longdebttoasset	14 459	10.532 5	4.145 6	916.772 8	0	16.627 6	1.132 1
Totalshares	15 689	2.067 2	0.319 9	356.406 3	0.025 1	17.503 5	0.16
Freefloatshares	15 495	0.869 4	0.040 5	279.991	6.00e-09	10.620 3	0.007 9
Top10	16 055	64.259 2	65.91	100	2.12	14.669 3	54.54
Nature	15 800	0.197 2	0	1	0	0.397 9	0
Foundage	16 055	14.846 7	14	63	0	5.697 5	11
IPO age	15 529	3.931 0	3	14	0	3.289 2	1
PEVC Hot	16 055	0.102 6	0	1	0	0.303 5	0
IPO Hot	16 055	0.141 8	0	1	0	0.348 9	0
Wave	16 055	0.025 8	0	1	0	0.158 7	0

由表 2-4 可以发现，变量 Z-score 的均值和中值分别为 10.218 3 和 5.335 4，均大于 2.675，且变量 Z-score dummy 的均值和中值分别为 0.104 5

和 0。这说明我国上市公司的财务状态普遍呈良好状态，发生财务失败或破产的可能性较小。而变量 PEVC dummy 的均值和中值分别为 0.386 8 和 0，说明全样本数据中，有我国 PE/VC 持股公司的占比均值为 38.68%。

为进一步分析有 PE/VC 持股的公司与没有 PE/VC 持股的公司在 Z 值及其他相关指标方面的区别，依据上市公司在会计年度是否有 PE/VC 持股（PEVC dummy）指标，对数据进行了划分，并对两组数据对应指标分别进行了 t 检验和 Wilcoxon 符号秩检验，得到的检验结果如表 2-5 所示。

表 2-5　对是否有 PE/VC 持股两类样本的 t 检验和 Wilcoxon 符号秩检验

变量	PEVC dummy =1			t 检验	Wilcoxon 符号秩检验	PEVC dummy =0		
	样本量	均值	中值			样本量	均值	中值
Z-score	5 899	9.33	4.86	(5.09)***	(9.47)***	9 658	10.74	5.64
Z-score dummy	6 210	0.12	0	(−6.60)***	(−6.58)***	9 845	0.09	0
ROA	5 899	6.55	6.37	(7.37)***	(7.44)***	9 663	7.52	6.98
Ebitdaps	5 843	0.72	0.60	(0.77)	(0.91)	9 489	0.73	0.61
EV	4 304	31.64	5.68	(−9.80)***	(−9.49)***	6 730	11.31	5.02
Assets	6 210	167.05	2.65	(−9.98)***	(−15.89)***	9 844	18.63	1.96
Debttoasset	6 210	39.89	37.18	(−11.22)***	(−10.47)***	9 841	36.07	33.33
Longdebttoasset	5 547	11.97	5.33	(−8.17)***	(−10.99)***	8 912	9.65	3.57
Totalshares	6 090	3.82	0.37	(−10.06)***	(−12.42)***	9 599	0.95	0.29
Freefloatshares	6 058	1.65	0.06	(−7.38)***	(−16.05)***	9 441	0.37	0.03
Top10	6 210	64.55	65.94	(−1.67)	(−1.30)	9 845	64.22	65.96
Nature	6 123	0.26	0	(−15.42)***	(−15.30)***	9 677	0.16	0
Foundage	6 210	15.1	15	(−4.51)***	(−3.84)***	9 845	14.68	14
IPO age	6 040	4.07	3	(−4.16)***	(−3.37)***	9 489	3.84	3
PEVC Hot	6 210	0.09	0	(4.03)***	(4.03)***	9 845	0.11	0
IPO Hot	6 210	0.16	0	(−5.36)***	(−5.35)***	9 845	0.13	0
Wave	6 210	0.01	0	(7.62)***	(7.61)***	9 845	0.03	0

注：t 检验一栏括号内为 t 值，而 Wilcoxon 符号秩检验一栏括号内为 Z 值，括号外右上角的符号***、**、*分别表示 1%、5%、10%的显著性水平（双尾）。

由表 2-5 中的 t 检验和 Wilcoxon 符号秩检验结果得出以下几点结论：

（1）处理组 PEVC dummy =1 变量 Z-score 的均值和中值（均值为 9.33，中值为 4.86）在 1% 的水平下显著小于控制组 PEVC dummy =0 变量 Z-score 的均值和中值（均值为 10.74，中值为 5.64）。这说明与没有我国 PE/VC 支持的上市公司相比，有我国 PE/VC 支持的上市公司 Z 的值更小。

（2）处理组 PEVC dummy =1 变量 Z-score dummy 的均值（均值为 0.12）在 1% 的水平下显著大于控制组 PEVC dummy =0 变量 Z-score dummy 的均值（均值为 0.09）。这说明与没有我国 PE/VC 支持的上市公司相比，有我国 PE/VC 支持的上市公司发生财务危机的可能性更大。

四、研究设计及模型选择

（一）研究设计及回归模型

依据不同的研究内容，首先建立初步的线性回归模型。为了简化，在此先用变量 Y 和变量 PEVC 分别表示被解释变量和核心解释变量。具体回归模型如下：

$$Y_{it} = \alpha_0 + \alpha_1 \text{PEVC}_{it} + \eta \text{Controls}_{it} + \varepsilon_{it} \quad (2\text{-}14)$$

式中，Y_{it} 为第 i 个上市公司在第 t 年对应被解释变量的取值，PEVC_{it} 为第 i 个上市公司在第 t 年的 PE/VC 持股状态，Controls_{it} 为第 i 个上市公司在第 t 年控制变量的数据，且满足 ε_{it}: $N(0,1)$。

当被解释变量选用为变量 Z-score dummy 时，可以选用 Logit 模型来进行回归。此时 Logit 模型如下：

$$\ln\left(\frac{P(\text{Z-score dummy}_{it}=1 \mid \text{PEVC}_{it},\text{Controls}_{it})}{1-P(\text{Z-score dummy}_{it}=1 \mid \text{PEVC}_{it},\text{Controls}_{it})}\right) \quad (2\text{-}15)$$
$$= \beta_0 + \beta_1 \text{PEVC}_{it} + \varphi \text{Controls}_{it}$$

另外，除了 Logit 模型可以用于分析被解释变量为 0-1 变量的回归概率情形，Probit 模型也可以用来做此类相关分析。此时 Probit 模型如下：

$$P(Z\text{-score dummy}_{it}=1\mid \text{PEVC}_{it},\text{Controls}_{it})$$
$$=\int_{-\infty}^{\beta_0+\beta_1\text{PEVC}_{it}+\varphi\text{Controls}_{it}}\phi(t)dt \quad (2\text{-}16)$$

式中，$\phi(t)$ 为标准正态分布的概率密度函数。

考虑到可能存在这样一种情况：我国 PE/VC 可能会因上市公司财务风险大小不同而进行投资的抉择，而非我国 PE/VC 投资以后才影响上市公司的财务风险。因此，本书选择的样本可能存在"选择性偏差"的问题，即式（2-14）的回归模型可能存在内生性。此时，本书选用引入工具变量的方法，尽可能减少模型的内生性。考虑到后期工具变量使用的情况不一，为了方便表示，在此先用变量 Instructors 统一表示。核心解释变量为 PEVC dummy 时，可以分别建立工具变量法 2SLS 两阶段回归模型、Heckman 两阶段回归模型和含内生变量的 Probit（简称 IVProbit）模型，如式（2-17）、式（2-18）和式（2-19）所示。核心解释变量选其辅助变量 PEVC num 时，则选用工具变量法 2SLS 两阶段回归模型，如式（2-17）所示。

（1）工具变量法 2SLS 两阶段回归模型：

第一阶段回归：$\text{PEVC}_{it} = \gamma_0 + \omega \text{Instructors}_{it} + \eta \text{Controls}_{it} + u_{it}$
第二阶段回归：$Y_{it} = \alpha_0 + \alpha_1 \text{PEVC}_{it} + \lambda \text{Controls}_{it} + v_{it}$ （2-17）

（2）Heckman 两阶段回归模型：

第一阶段回归：$\text{PEVC dummy}_{it}^* = I_{(0,+\infty)}(\gamma_0 + \omega \text{Instructors}_{it} + u_{it})$
第二阶段回归：$Y_{it} = \alpha_0 + \alpha_1 \text{PEVC dummy}_{it}^* + \lambda \text{Controls}_{it} + v_{it}$ （2-18）

（3）IVProbit 模型：

$\text{PEVC}_{it} = \gamma_0 + \omega \text{Instructors}_{it} + \eta \text{Controls}_{it} + u_{it}$
$Z\text{-score dummy}_{it}^* = \alpha_0 + \alpha_1 \text{PEVC}_{it} + \lambda \text{Controls}_{it} + v_{it}$ （2-19）
$Z\text{-score dummy}_{it} = I_{(0,+\infty)}(Z\text{-score dummy}_{it}^*)$

式中，Instructors_{it} 为第 i 个上市公司在第 t 年工具变量的数值，为可观测变量，而 PEVC dummy_{it}^* 和 $Z\text{-score dummy}_{it}^*$ 为不可观测变量，分别表示第 i 个上市公司在第 t 年有 PE/VC 持股的概率和第 i 个上市公司在第 t 年存在财务失败或破产风险的概率，$I_A(\cdot)$ 为集合 A 上的示性函数。

同时，假设扰动项 (u_i, v_i) 服从期望值为 0 的二维正态分布，即

$$\begin{pmatrix} u_i \\ v_i \end{pmatrix} \sim N\left[\begin{pmatrix} 0 \\ 0 \end{pmatrix}, \begin{pmatrix} \sigma_u^2 & \rho\sigma_u \\ \rho\sigma_u & 1 \end{pmatrix}\right]$$

式中，v_i 的方差被标准化为 1，同时 ρ 为 (u_i, v_i) 的相关系数。如果两者的相关系数 $\rho = 0$ 成立，则表示 PEVC dummy 为外生变量，否则存在内生性。

由式（2-17）至式（2-19）可以发现，工具变量法 2SLS 两阶段回归、Heckman 两阶段的第一阶段回归和含内生变量的 Probit（MLE）模型中皆存在工具变量 Instructors，因此，我们首先需要选择出这些可能的工具变量。众所周知，工具变量的选取有两点要求：第一，工具变量与内生变量高度相关；第二，工具变量不直接影响被解释变量。依据国内外对 PE/VC 已有的研究，一些学者认为，为了方便监控，降低监督成本，并减少信息不对称，PE/VC 会倾向投资当地公司（Cumming 和 Dai，2010；Kolympiris et al. 2011；李志萍等，2014；张学勇等，2016）。这说明，PE/VC 的投资具有区域性和聚集性，这种区域性和聚集性会影响 PE/VC 的投资决策，却不会影响其持股公司的财务风险。北京和上海作为我国重要的政治中心和经济中心，PE/VC 在该区域的投资与其他区域的投资通常会存在较大差异。此外，每年我国各省份已注册的 PE/VC 公司数会直接影响 PE/VC 对当地公司投资的决策，当地 PE/VC 公司数也会直接影响当地公司被 PE/VC 投资的可能性。由此，本书选取了上市公司总部所在省份是否为我国政治中心或经济中心的虚拟变量（Area）和当年会计年度在上市公司总部所在省份已注册的 PE/VC 公司数（PEVC numpro）作为工具变量。

（二）本章研究设计及回归模型

在分析我国 PE/VC 持股对投资上市公司财务风险的影响时，本章主要基于式（2-14）至式（2-19），分别带入对应的被解释变量和解释变量，得到不同的回归结果，具体见本章第三节和第四节。

第三节 PE/VC 对其持股公司财务风险影响的实证分析

本节在第二节回归模型的基础上,依据不同研究内容分别选择对应的模型进行回归,详细分析 PE/VC 对其持股公司财务风险的影响。

一、PE/VC 对其持股公司财务风险影响的初步实证

本节主要分析 PE/VC 对其持股公司财务风险的影响,由式(2-14)将公司财务风险与公司是否有 PE/VC 持股和公司财务层面相关变量同时进行多元线性回归,得到回归模型 2-1。可见除了公司财务层面这一关键因素外,其他因素也会对公司财务风险产生影响。因此,本节进一步将公司资本结构层面、公司股权层面、公司自然属性层面以及整个金融市场层面的相关变量依次逐步地添加入模型 2-1 中,得到模型 2-2 至模型 2-5。由此可观察在控制变量逐渐增加的情况下,PE/VC 对公司财务风险的影响是否仍然显著。主要回归结果如表 2-6 所示。

表 2-6 PE/VC 是否持股对财务风险影响的线性回归

解释变量/ 被解释变量	模型 2-1 Z-score	模型 2-2 Z-score	模型 2-3 Z-score	模型 2-4 Z-score	模型 2-5 Z-score
PEVC dummy	-0.442 9* (-1.92)	-0.333 8* (1.72)	-0.320 0* (-1.64)	-0.345 0* (-1.76)	-0.345 0* (-1.76)
R^2	0.258 6	0.338 7	0.339 8	0.341 4	0.341 4

注:括号内为对应系数的 t 值;***、**、*分别代表在 1%、5%、10%的显著性水平(双尾)。

由表 2-6 的回归结果,可以得到以下结论:

(1)由模型 2-1 至模型 2-5 回归结果中的 PEVC dummy 回归系数的 t 值及正负性可发现,在 10%的水平下,被解释变量公司 Z 值(Z-score)对核心解释变量公司是否存在 PE/VC 持股(PEVC dummy)表现为显著

的负相关关系。这说明，与没有 PE/VC 持股的公司相比，有 PE/VC 持股的公司的 Z 值更小，即与没有 PE/VC 持股的公司相比，有 PE/VC 持股的公司发生财务失败或破产的可能性越大，则其财务风险也越大。

（2）再由模型 2-1 至模型 2-5 回归结果中的 PEVC dummy 回归系数数值始终保持在小数点后一位的精度，说明变量 PEVC dummy 对公司 Z 值的影响程度不会随着控制变量的增多而改变，反而保持在一个稳定的精度。换而言之，当变量 PEVC dummy 增加一个单位时，会使公司 Z 值下降 0.1 个精度，所以 PE/VC 是否持股对公司财务风险的影响是稳定的。

（3）依据模型 2-1 至模型 2-5 回归结果中的 R^2 值可以发现，随着控制变量的增多，模型的 R^2 值也随之增大。这说明随着控制变量的增加，以上模型中的解释变量对公司财务风险的解释力度也增加。

二、PE/VC 对其持股公司财务风险影响的选择性偏差修正

虽然通过前面的实证分析已经发现：与没有 PE/VC 持股的公司相比，有 PE/VC 持股的公司其 Z 值更低，则其财务风险更大。但这一结果很可能是因为 PE/VC 选择了 Z 值较低的公司进行了投资，而不是由于 PE/VC 的介入降低了公司 Z 值，即本书选择样本存在"选择性偏差"。为尽可能地减少这种选择性偏差对回归结果造成的影响，在此分别采用了工具变量法 2SLS 两阶段回归模型、Heckman 两阶段回归模型以及工具变量的处理效应模型来修正该选择性偏差，从而进一步检验 PE/VC 对其持股公司财务风险的影响，获得更为可靠的实证结论。

（一）工具变量法 2SLS 两阶段回归结果分析

在进行工具变量法 2SLS 两阶段回归中，依据式（2-17），选择核心解释变量 PEVC dummy，在模型 2-1 至模型 2-5 的基础上引入工具变量 Area 和 PEVC numpro，得到模型 IV2-1 至模型 IV2-5，主要回归结果如表 2-7 所示。

表 2-7 PE/VC 是否持股对财务风险影响的工具变量法 2SLS 两阶段线性回归

模型	模型 IV2-1		模型 IV2-2		模型 IV2-3
回归阶段	第一阶段回归 Linear regression	第二阶段回归 Linear regression	第一阶段回归 Linear regression	第二阶段回归 Linear regression	第一阶段回归 Linear regression
解释变量/被解释变量	PEVC dummy	Zscore	PEVC dummy	Zscore	PEVC dummy
PEVC dummy		-37.782 3*** (-3.26)		-35.314 1*** (-3.29)	
Area	-0.048 7*** (-3.72)		-0.049 6*** (-3.59)		-0.048 3*** (-3.48)
PEVC numpro	-0.000 03* (-1.73)		-0.000 03 (-1.54)		-0.000 03 (-1.50)

模型	模型 IV2-3	模型 IV2-4		模型 IV2-5	
回归阶段	第二阶段回归 Linear regression	第一阶段回归 Linear regression	第二阶段回归 Linear regression	第一阶段回归 Linear regression	第二阶段回归 Linear regression
解释变量/被解释变量	Zscore	PEVC dummy	Zscore	PEVC dummy	Zscore
PEVC dummy	-35.495 0*** (-3.19)		-30.103 4*** (-3.32)		-30.103 4*** (-3.32)
Area		-0.060 2*** (-4.33)		-0.060 2*** (-4.33)	
PEVC numpro		-0.000 01 (0.72)		-0.000 01 (0.72)	

由表 2-7 的回归结果，我们可以得到以下结论：

（1）在表 2-7 的第一阶段回归结果中，由变量 Area 和变量 PEVC numpro 的回归系数可以发现，在 10% 的水平下，工具变量 Area 或 PEVC numpro 与核心解释变量 PEVC dummy 存在显著的相关关系。这说明公司总部所在省份是否为政治中心或经济中心以及所在省份已注册的 PE/VC 公司数与公司是否有 PE/VC 持股存在高度相关的关系。这从实证的角度印证工具变量 Area 或 PEVC numpro 的选择满足工具变量选择的第一个要求——工具变量与内生变量高度相关。此外，公司总部所在省份是否为我国政治中心或经济中心以及所在省份已注册的 PE/VC 公司数均属于地理区域变量，而公司财务风险却是公司层面的变量，它们之间没有直接的影响关系，这从理论上满足了选择工具变量的第二个要求——工具变量不直接影响被解释变量。以上验证了工具变量选取的合理性。

（2）再从表 2-7 的第一阶段回归结果中变量 Area 的回归系数可以发现，在 1%的水平下，变量 Area 的回归系数始终显著为负。这表明变量 Area 与变量 PEVC dummy 存在显著的负相关关系。换而言之，与总部不在北京或上海的公司相比，那些总部在北京或上海的公司有 PE/VC 持股的公司更少，即我国 PE/VC 投资具有逆向的区域选择性。

（3）从表 2-7 的第二阶段回归结果中变量 PEVC dummy 的回归系数可以发现，在 1%的水平下，被解释变量 Z-score 与核心解释变量 PEVC dummy 存在显著的负相关关系。这说明，PE/VC 的介入会降低其持股公司的 Z 值，从而增加其持股公司发生财务失败或破产的可能性，提高其持股公司的财务风险。这与模型 2-1 至模型 2-5 得到的结论一致。

（4）对比表 2-6 与表 2-7，发现表 2-6 中变量 PEVC dummy 回归系数的绝对值比表 2-7 中变量 PEVC dummy 回归系数的绝对值小两个精度。这说明，引入工具变量，进行选择性偏差修正后，更突出了 PE/VC 对其持股公司财务风险的影响的大小。

（二）内生性问题及工具变量的检验

为了检验原来的模型 2-1 至模型 2-5 是否存在"选择性偏差"而导致的内生性问题，在此进行了"豪斯曼检验"（Hausman test，简称 Hausman 检验）和"杜宾-吴-豪斯曼检验"（Durbin-Wu-Hausman test，简称 DWH 检验）。它们的原假设均为："H_0：所有解释变量均为外生变量。"如果 H_0 成立，则表示线性回归与工具变量法 2SLS 两阶段回归的结果是一致的，即不存在内生性问题，此时两个回归结果均有效。反之，如果拒绝 H_0，则表示模型存在内生性问题，此时采用工具变量法 2SLS 两阶段回归的结果更为可靠。Hausman 检验和 DWH 检验的区别在于：前者是在样本同方差的情形下成立，而后者是在样本异方差的情形下成立。为了便于观察与分析，本节将模型 2-1 至模型 2-5 的线性回归与模型 IV2-1 至模型 IV2-5 的工具变量法 2SLS 两阶段回归的 Hausman 检验结果、DWH 检验结果列于表 2-8 和表 2-9 中。

表 2-8　线性回归与工具变量法 2SLS 两阶段回归结果的 Hausman 检验

线性模型	模型 2-1	模型 2-2	模型 2-3	模型 2-4	模型 2-5
2SLS 模型	模型 IV2-1	模型 IV2-2	模型 IV2-3	模型 IV2-4	模型 IV2-5
chi2（1）	40.16	44.21	42.08	37.48	37.48
P 值	0.000 0	0.000 0	0.000 0	0.000 0	0.000 0

由表 2-8 的 Hausman 检验结果可发现，五个模型 Hausman 检验的 P 值均远远小于 0.05，强烈拒绝原假设。这说明在 5%的水平下，满足样本同方差的模型 2-1 至模型 2-5 均存在内生性问题，需使用工具变量来替换内生变量。

表 2-9　线性回归与工具变量法 2SLS 两阶段回归结果的 DWH 检验

线性模型	模型 2-1	模型 2-2	模型 2-3	模型 2-4	模型 2-5
2SLS 模型	模型 IV2-1	模型 IV2-2	模型 IV2-3	模型 IV2-4	模型 IV2-5
Robust score chi2(1)	22.58	26.85	25.11	22.48	22.48
P 值	0.000 0	0.000 0	0.000 0	0.000 0	0.000 0
$F(1, N\text{-}n)$	22.65	26.97	25.21	22.58	22.58
P 值	0.000 0	0.000 0	0.000 0	0.000 0	0.000 0

注：$F(1, N\text{-}n)$ 中的 N 为样本的个数，n 为第二阶段回归的解释变量个数，即模型 IV2-1 至模型 IV2-5 分别为 $F(1, 10\ 762)$、$F(1, 10\ 287)$、$F(1, 10\ 248)$、$F(1, 10\ 245)$ 和 $F(1, 10\ 245)$。

由表 2-9 的 DWH 检验结果可发现，五个模型 DWH 检验中得到 chi2（1）和 F 统计量的 P 值均远远小于 0.05，强烈拒绝原假设。这说明在 5%的水平下，样本异方差的模型 2-1 至模型 2-5 均存在显著的内生性问题，也需要使用工具变量来替换内生变量。

既然无论是同方差还是异方差，模型 2-1 至模型 2-5 均存在内生性问题，我们需要进一步分析工具变量选取适当性，即分析工具变量是否存在过度识别、工具变量与内生变量的相关性以及是否存在弱工具变量。为了分析以上三个性质，我们分别进行了过度识别检验和 F 检验，其中过度识别的原假设为："H_0：工具变量与扰动项不相关，为外生变量。"，F 检验的原假设为："H_0：工具变量在第一阶段回归中的系数都为 0，与工具变量不相关。"，当原假设成立时，则存在弱工具变量。检验结果如表 2-10 所示。

表 2-10 工具变量检验结果

模型	模型 IV2-1	模型 IV2-2	模型 IV2-3	模型 IV2-4	模型 IV2-5
过度识别检验					
Score chi2 (1)	0.04	0.82	0.87	2.92	2.92
P 值	0.834 6	0.364 7	0.349 7	0.087 8	0.087 8
F 检验					
F 统计量	10.08	9.05	8.50	10.70	10.70
P 值	0.000 0	0.000 1	0.000 1	0.000 0	0.000 0

由表 2-10 的工具变量检验结果可以发现：

（1）模型 IV2-1 至模型 IV2-5 过度识别检验得到的 P 值均大于 0.05，这说明在 5% 的水平下，接受原假设，即表示工具变量此时与扰动项不相关，不存在工具变量过度识别，我们可以同时添加两个工具变量。

（2）模型 IV2-1 至模型 IV2-5 中 F 统计量的 P 值均远远小于 0.01，这说明在 1% 的水平下，可以强烈拒绝原假设，即两个工具变量均与内生变量相关，这就满足了选择工具变量的第一个要求，则不存在弱工具变量。

综合以上分析，可得出结论：①PE/VC 对其持股公司财务风险的影响的模型 2-1 至模型 2-5 中存在内生性问题；②PE/VC 的介入会提高其持股公司的财务风险，且该结论在内生性偏差修正后仍然成立。

(三) Heckman 两阶段回归结果分析

为了进一步分析前面工具变量法 2SLS 两阶段回归得到的结果的准确性,可接着采用 Heckman 两阶段回归进行验证,基于前面对工具变量进行检验的结论,依据式(2-18),在模型 2-1 至模型 2-5 的基础上引入工具变量 Area 与 PEVC numpro。主要回归结果如表 2-11 所示。

表 2-11 PE/VC 是否持股对财务风险影响的 Heckman 两阶段回归

解释变量/被解释变量	第一阶段回归 Probit regression				
	PEVC dummy	PEVC dummy	PEVC dummy	PEVC dummy	PEVC dummy
Area	−0.080 2** (−2.27)	−0.075 5** (−2.08)	−0.075 4** (−2.08)	−0.075 4** (−2.08)	−0.075 4** (−2.08)
PEVC numpro	−0.000 06 (−1.39)	−0.000 07* (−1.66)	−0.000 07* (−1.70)	−0.000 07* (−1.70)	−0.000 07* (−1.70)
Constant	−0.271 9*** (−17.20)	−0.256 0*** (−15.89)	−0.253 5*** (−15.67)	−0.253 5*** (−15.67)	−0.253 5*** (−15.67)
LR chi2 (2)	8.61	8.72	8.87	8.87	8.87
P 值	0.013 5	0.012 8	0.011 8	0.011 8	0.011 8
解释变量/被解释变量	第二阶段回归 Linear regression				
	Zscore	Zscore	Zscore	Zscore	Zscore
PEVC dummy	−59.564 8*** (−2.64)	−55.276 0*** (−2.67)	−53.846 5*** (−2.68)	−55.585 7*** (−2.69)	−55.585 7*** (−2.69)

由表 2-11 的回归结果可以得到以下结论:

(1) 由表 2-11 的第一阶段回归结果发现,模型 M2-1 至模型 M2-5 中的工具变量 Area 和 PEVC numpro 均与内生变量 PEVC dummy 高度相关。

(2) 由表 2-11 的第二阶段回归结果发现,在 1% 的水平下,模型 M2-1 至模型 M2-5 中的核心解释变量 PEVC dummy 与被解释变量 Z-score 存在显著负相关关系,这与表 2-6 中的线性回归和表 2-7 的工具变量法 2SLS 两阶段回归得到的结果相一致,这说明:PE/VC 的介入会提高其持股公司的财务风险,且该结论在内生性偏差修正后仍然成立。

（四）工具变量处理效应 MLE 回归结果分析

前面进行了工具变量法 2SLS 两阶段回归和 Heckman 两阶段回归，发现它们得到的结果是一致的，那么现在我们再次进行更有效率的工具变量处理效应 MLE 回归，分别记为模型 M2-1 至模型 M2-5。此回归的模型与式（2-18）相同，只是采用了最大似然法求取回归系数的值。主要回归结果如表 2-12 所示。

表 2-12　PE/VC 是否持股对财务风险影响的工具变量处理效应 MLE 回归

解释变量/ 被解释变量	模型 M2-1 Z-score	模型 M2-2 Z-score	模型 M2-3 Z-score	模型 M2-4 Z-score	模型 M2-5 Z-score
PEVC dummy	-1.8081^* (-1.92)	-1.4631^* (-1.88)	-1.4398^* (-1.84)	-1.4783^* (-1.90)	-1.4783^* (-1.90)
Wald test chi2 (1)	2.27	2.28	2.22	2.30	2.30
Wald 检验 P 值	0.1320	0.1314	0.1358	0.1296	0.1296

由表 2-12 的回归结果可以得到以下结论：

（1）在模型 M2-1 至模型 M2-5 的工具变量处理效应 MLE 的回归结果中，在 10%的水平下，变量 PEVC dummy 的回归系数始终为负，这说明变量 PEVC dummy 与变量 Z-score 存在显著的负相关关系。这表明，PE/VC 的介入会降低其持股公司的 Z 值，提高其持股公司的财务风险，该结论与前面的结论始终一致。

（2）由表 2-12 的五个模型回归中 Wald 检验的结果发现，模型 M2-1 至模型 M2-5 的 Wald 检验结果的 P 值均大于 0.1，则不能拒绝 Wald 检验的原假设，该结果说明模型 M2-1 至模型 M2-5 中不存在内生性，这与工具变量法 2SLS 两阶段回归内生性检验结果不一致，但考虑到工具变量法 2SLS 两阶段回归的内生性检验更具普遍性，因此仍认为模型 M2-1 至模型 M2-5 存在内生性问题。

综合以上分析，可得出结论：①PE/VC 对其持股公司财务风险的影响的模型 2-1 至模型 2-5 中存在内生性问题；②PE/VC 的介入会提高其持股公司的财务风险，且该结论在内生性偏差修正后仍然成立。

第四节　PE/VC 对其持股公司财务风险影响的稳健性检验

前面通过线性回归、工具变量法 2SLS 两阶段回归、Heckman 两阶段回归以及工具变量处理效应 MLE 回归得到以下两点结论：第一，模型 2-1 至模型 2-5 中存在内生性问题；第二，PE/VC 的介入会提高其持股公司的财务风险，且该结论在内生性偏差修正后仍然成立。那么我们现在需对这两个结论进行稳健性检验。

为了便于分析，分别选择虚拟变量 Z-score dummy、变量 PE/VC 在前十大股东中的席位数（PEVC num）及变量 PE/VC 的持股比例（PEVC radio）为被解释变量和核心解释变量的辅助代理变量。依据前面的分析，采用线性模型、Logit 模型、Probit 模型、含内生变量的 Probit 回归模型以及工具变量法 2SLS 两阶段回归方法，再次进行回归、工具变量检验及内生性分析。

一、基于 Z 风险临界指标的稳健性检验

当选择变量 Z-score dummy 作为被解释变量时，可依据式（2-15）、式（2-16）和式（2-19）的 Logit 模型、Probit 模型和 IVProbit 模型进行回归，回归中所需的变量与模型 2-5 中相同，工具变量则为变量 Area 和变量 PEVC numpro。此外，再将核心解释变量替换为变量 PEVC num 后进行了 Logit 回归和 Probit 回归。部分回归结果如表 2-13 所示。

由表 2-13 的回归结果可以发现：

（1）在 1%的水平下，变量 PEVC dummy 或变量 PEVC num 与被解释变量 $P(Z\text{-score dummy}=1|X)$ 存在显著的正相关关系。这说明，PE/VC 的介入会提高其持股公司财务风险发生的概率，并增加公司发生财务失败或破产及陷入财务危机的可能性。

表 2-13 PE/VC 持股及对财务风险影响的稳健性检验

回归模型	Logit 模型	Probit 模型	IVProbit 模型
解释变量/被解释变量	\multicolumn{3}{c}{$P(Z\text{-score dummy}=1|X)$}		
PEVC dummy	0.306 0*** (2.93)	0.165 1*** (2.94)	1.877 6*** (6.81)
PEVC num	0.205 9*** (3.61)	0.110 0*** (3.51)	

注:IVProbit 模型回归得到的 rho=-0.855 2,关于该相关系数的 Wald 检验值 chi2(1)=5.2,对应 P 值为 0.022 6。

(2)由 IVProbit 模型回归中的相关系数 rho 的 Wald 检验结果发现,其 P 值为 0.022 6<0.05。这说明,在 5%的水平下,PE/VC 对其持股公司财务风险的影响在模型 2-1 至模型 2-5 中均存在内生性问题。

二、基于 PE/VC 在前十大股东中的席位数及持股比例的稳健性检验

(一)基于 PE/VC 在前十大股东中的席位数及持股比例的线性回归

为了检验线性回归结果的稳健性,本节将 PE/VC 在前十大股东中的席位数(PEVC num)和 PE/VC 的持股比例分别代替模型 2-1 和模型 2-5 中的核心解释变量 PEVC dummy,得到模型 2-6 至模型 2-15。部分回归结果如表 2-14 所示。

由表 2-14 的回归结果,可以得到以下结论:

(1)由模型 2-6 至模型 2-10 回归结果中的变量 PEVC num 的回归系数 t 值及其正负性可发现,在 5%的水平下,被解释变量 Z-score 与解释变量 PEVC num 存在显著的负相关关系。这说明,随着 PE/VC 在前十大股东中席位数的增加,其持股公司的 Z 值越小。同时,由模型 2-11 至模型 2-15 中变量 PEVC radio 的回归结果也可得到相似的结论。由此可知,PE/VC 在前十大股东中席位数的增加或持股比例的提高会加剧其持股公司财务风险的发生,该结论与表 2-6 的结论一致。

表 2-14 PE/VC 在前十大股东中的席位数及持股比例对财务风险影响的线性回归

解释变量/被解释变量	模型 2-6	模型 2-7	模型 2-8	模型 2-9	模型 2-10
	Z-score	Z-score	Z-score	Z-score	Z-score
PEVC num	-0.409 0***	-0.383 8***	-0.351 8***	-0.380 0***	-0.237 4**
	(-3.31)	(-3.66)	(-3.35)	(-3.60)	(-2.29)
R^2	0.225 4	0.297 6	0.300 5	0.311 5	0.311 5
解释变量/被解释变量	模型 2-11	模型 2-12	模型 2-13	模型 2-14	模型 2-15
	Z-score	Z-score	Z-score	Z-score	Z-score
PEVC num	-0.045 6***	-0.027 2***	-0.028 5***	-0.030 7***	-0.030 7***
	(-3.74)	(-2.77)	(-2.91)	(-3.10)	(-3.10)
R^2	0.258 7	0.338 7	0.339 8	0.341 5	0.341 5

（2）模型 2-6 至模型 2-15 回归结果中变量 PEVC num 回归系数的绝对值会随着模型中控制变量的增加而变小，而变量 PEVC radio 回归系数的绝对值没有呈现该规律。所有模型的 R^2 值也会随着模型中控制变量的增加而增加。这说明，随着模型中控制变量的增加，模型 2-6 至模型 2-10 及模型 2-11 至模型 2-15 对公司财务风险影响的解释力越来越强，且 PE/VC 在前十大股东中的席位数在其中的影响力度会逐次降低。这一结论也与表 2-6 的结论一致。

(二) 基于 PE/VC 在前十大股东中的席位数及持股比例的工具变量法 2SLS 两阶段回归

因 PE/VC 在前十大股东中的席位数（PEVC num）及 PE/VC 的持股比例（PEVC radio）并非 0-1 变量，所以进行工具变量回归稳健性检验时，不能再选用 Heckman 两阶段回归和工具变量处理效应 MLE 回归。本节依据式（2-17），用工具变量法 2SLS 两阶段回归进行稳健性分析，分别得到模型 IV2-6 至模型 IV2-15。部分回归结果如表 2-15 所示。

表2-15 PE/VC在前十大股东中的席位数及持股比例对财务风险影响的2SLS回归

模型	模型 IV2-6		模型 IV2-7		模型 IV2-8
回归阶段	第一阶段回归 Linear regression	第二阶段回归 Linear regression	第一阶段回归 Linear regression	第二阶段回归 Linear regression	第一阶段回归 Linear regression
解释变量/被解释变量	PEVC num	Z-score	PEVC num	Z-score	PEVC num
PEVC num		-19.440 8*** (-3.59)		-18.609 0*** (-3.75)	
Area	-0.088 2*** (-4.27)		-0.089 6** (-4.21)		-0.084 0*** (-3.87)
PEVC numpro	-0.000 07*** (-2.69)		-0.000 08*** (-3.35)		-0.000 07*** (-2.55)

模型	模型 IV2-8	模型 IV2-9		模型 IV2-10	
回归阶段	第二阶段回归 Linear regression	第一阶段回归 Linear regression	第二阶段回归 Linear regression	第一阶段回归 Linear regression	第二阶段回归 Linear regression
解释变量/被解释变量	Z-score	PEVC num	Z-score	PEVC num	Z-score
PEVC num	-18.975 1*** (-3.63)		-18.194 6*** (-3.70)		-18.194 6*** (-3.70)
Area		-0.098 5*** (-4.55)		-0.098 5*** (-4.55)	
PEVC numpro		-0.000 05* (-1.81)		-0.000 05* (-1.81)	
ROA	-0.030 5 (0.85)	-0.002 5* (-1.93)	0.033 5 (0.95)	-0.002 5* (-1.93)	0.033 5 (0.95)

模型	模型 IV2-11		模型 IV2-12		模型 IV2-13
回归阶段	第一阶段回归 Linear regression	第二阶段回归 Linear regression	第一阶段回归 Linear regression	第二阶段回归 Linear regression	第一阶段回归 Linear regression
解释变量/被解释变量	PEVC radio	Z-score	PEVC radio	Z-score	PEVC radio
PEVC radio		-3.822 4*** (-2.70)		-3.510 9*** (-2.99)	
Area	-0.353 2** (-2.30)		-0.377 3** (-2.41)		-0.337 2** (-2.16)
PEVC numpro	-0.000 47** (-2.14)		-0.000 53** (-2.34)		-0.000 52** (-2.29)

续表

模型	模型 IV2-13		模型 IV2-14		模型 IV2-15	
回归阶段	第二阶段回归 Linear regression		第一阶段回归 Linear regression	第二阶段回归 Linear regression	第一阶段回归 Linear regression	第二阶段回归 Linear regression
解释变量/被解释变量	Z-score	PEVC radio	Z-score	PEVC radio	Z-score	
PEVC radio	−3.669 1*** (−2.84)			−4.051 3*** (−2.73)		−4.051 3*** (−2.73)
Area			−0.319 8** (−2.07)		−0.319 8** (−2.07)	
PEVC numpro			−0.000 47** (−2.13)		−0.000 47** (−2.13)	

由表 2-15 的回归结果，我们可以得到以下结论：

（1）由表 2-15 第一阶段回归结果中变量 Area 和变量 PEVC numpro 的回归系数可发现，在 10%的水平下，工具变量 Area 和 PEVC numpro 与变量 PEVC num 均存在显著的相关关系。这说明公司总部所在省份是否为政治中心或经济中心以及公司总部所在省份已注册的 PE/VC 公司数均与 PE/VC 在前十大股东中的席位数高度相关。

（2）由表 2-15 第一阶段回归结果中变量 Area 的回归系数可发现，在 1%的水平下，公司总部所在省份是否为我国政治中心或经济中心（Area）的回归系数始终显著为负。这说明，与总部不在北京或上海的公司相比，那些总部在北京或上海的公司其 PE/VC 在前十大股东中的席位数更小，即我国 PE/VC 投资具有逆向的区域选择性，该结论与表 2-7 中的结论一致。

（3）由表 2-15 第二阶段回归结果中变量 PEVC num 和变量 PEVC radio 的回归系数可发现，在 1%的水平下，被解释变量 Zscore 与解释变量 PEVC num 或解释变量 PEVC radio 存在显著的负相关关系。这说明，我国 PE/VC 在前十大股东中的席位数越多，或者 PE/VC 持股的比例越高，则其持股公司的 Z 值会越小，即 PE/VC 的介入会提高其持股公司的财务风险,且该结论在内生性偏差修正后仍然成立,这与表 2-6 和表 2-7 得到的结论一致。

三、内生性分析及工具变量检验

为了检验原来的模型 2-6 至模型 2-15 是否存在内生性问题,本节将模型 2-6 至模型 2-15 的线性回归与模型 IV2-6 至模型 IV2-15 的工具变量法 2SLS 两阶段回归分别进行 Hausman 检验和 DWH 检验。检验结果如表 2-16 和表 2-17 所示。

表 2-16 线性回归与工具变量法 2SLS 两阶段回归结果稳健性的 Hausman 检验

模型	模型 2-6	模型 2-7	模型 2-8	模型 2-9	模型 2-10
模型	模型 IV2-6	模型 IV2-7	模型 IV2-8	模型 IV2-9	模型 IV2-10
chi2(1)	38.96	46.46	44.71	43.81	43.81
P 值	0.0000	0.0000	0.0000	0.0000	0.0000
模型	模型 2-11	模型 2-12	模型 2-13	模型 2-14	模型 2-15
模型	模型 IV2-11	模型 IV2-12	模型 IV2-13	模型 IV2-14	模型 IV2-15
chi2(1)	35.38	47.72	45.71	48.01	48.01
P 值	0.0000	0.0000	0.0000	0.0000	0.0000

由表 2-16 的 Hausman 检验结果可以发现,五个模型 Hausman 检验的 P 值均远远小于 0.01,强烈拒绝原假设。这说明在同方差的情形下,模型 2-6 至模型 2-10 在 1% 的水平下均存在内生性问题,所以需要使用工具变量来替换内生变量。

表 2-17 线性回归与工具变量法 2SLS 两阶段回归结果稳健性的 DWH 检验

模型	模型 2-6	模型 2-7	模型 2-8	模型 2-9	模型 2-10
模型	模型 IV2-6	模型 IV2-7	模型 IV2-8	模型 IV2-9	模型 IV2-10
Robust score chi2(1)	21.94	27.74	26.37	26.05	26.05
P 值	0.0000	0.0000	0.0000	0.0000	0.0000
$F(1, N-n)$	22.00	27.86	26.46	26.16	26.16
P 值	0.0000	0.0000	0.0000	0.0000	0.0000

续表

模型	模型 2-11	模型 2-12	模型 2-13	模型 2-14	模型 2-15
模型	模型 IV2-11	模型 IV2-12	模型 IV2-13	模型 IV2-14	模型 IV2-15
Robust score chi2(1)	19.64	27.31	26.04	27.36	27.36
P 值	0.000 0	0.000 0	0.000 0	0.000 0	0.000 0
$F(1, N-n)$	19.64	27.40	26.09	27.43	27.43
P 值	0.000 0	0.000 0	0.000 0	0.000 0	0.000 0

注：$F(1, N-n)$ 中的 N 为样本的个数，n 为第二阶段回归的解释变量个数，即模型 2-6 至模型 2-10 的 F 统计量分别为 $F(1, 10\ 762)$、$F(1, 10\ 287)$、$F(1, 10\ 292)$、$F(1, 10\ 245)$、$F(1, 10\ 245)$、$F(1, 10\ 762)$、$F(1, 10\ 287)$、$F(1, 10\ 292)$、$F(1, 10\ 245)$ 和 $F(1, 10\ 245)$。

由表 2-17 的 DWH 检验结果同样可以发现，五个模型在 DWH 检验中得到 chi2（1）的 P 值和 F 统计量的 P 值均远远小于 0.01，强烈拒绝原假设。这说明在异方差的情形下，模型 2-6 至模型 2-15 在 1%的水平下均存在显著的内生性问题，即需要使用工具变量来替换内生变量。

既然发现了模型 2-6 至模型 2-15 均存在内生性问题，那么我们需进一步分析模型 IV2-6 至模型 IV2-15 中工具变量的过度识别、相关性和弱工具变量的性质，分别进行了过度识别检验和 F 检验。检验结果如表 2-18 所示。

表 2-18　稳健性分析中工具变量检验结果

模型	模型 IV2-6	模型 IV2-7	模型 IV2-8	模型 IV2-9	模型 IV2-10
过度识别检验					
Score chi2(1)	0.36	0.32	0.29	1.24	1.24
P 值	0.546 2	0.573 9	0.588 3	0.264 5	0.264 5
F 检验					
F 统计量	15.21	14.00	12.92	14.04	14.04
P 值	0.000 0	0.000 0	0.000 0	0.000 0	0.000 0

续表

模型	模型 IV2-11	模型 IV2-12	模型 IV2-13	模型 IV2-14	模型 IV2-15
过度识别检验					
Score chi2(1)	1.04	0.04	0.06	0.07	0.07
P 值	0.307 6	0.836 7	0.799 0	0.785 4	0.785 4
F 检验					
F 统计量	5.72	6.72	5.91	5.17	5.17
P 值	0.003 3	0.001 2	0.002 7	0.005 7	0.005 7

由表 2-18 中针对稳健性分析的工具变量检验结果可以发现：

（1）模型 IV2-6 至模型 IV2-15 的过度识别检验得到的 P 值均大于 0.01，这说明在 1% 的水平下，接受原假设，即表示工具变量此时与扰动项不相关，我们可以同时添加两个工具变量。

（2）模型 IV2-6 至模型 IV2-15 中 F 统计量的 P 值均远远小于 0.01，这说明在 1% 的水平下，可以强烈拒绝原假设。这说明工具变量 Area 和 PEVC numpro 均与内生变量 PEVC num 高度相关，且不存在弱工具变量。

综合以上分析，经本节针对 PE/VC 对其持股公司财务风险影响的稳健性分析发现，前文得到的两个结论仍成立，即结论具稳健性。由此可得出结论：①PE/VC 对其持股公司财务风险的影响存在选择性偏差，即模型 2-1 至模型 2-15 均具有内生性；②PE/VC 的介入会提高其持股公司的财务风险，且该结论在内生性偏差修正后仍然成立。

第五节　PE/VC 对其持股公司财务风险影响的上市板块差异

前文已经发现：我国 PE/VC 的介入会降低其持股公司的 Z 值，从而提高其持股公司的财务风险。前面得到的结论是基于整个资本市场得到的结论，本节主要分析在主板、创业板与中小板市场上，我国 PE/VC 对其持股公司财务风险的影响及各板块间该影响的差异。

一、不同板块的上市公司 Z 值统计描述及分析

据我国的 PE/VC 在 2004—2018 年投资 A 股市场的数据统计，我国 PE/VC 投资的上市公司分别分布在主板、创业板和中小企业板三个板块，将其各个板块的上市公司 Z 值数据进行统计，得到其描述性统计表（见表 2-19）。

表 2-19　不同板块上市公司 Z 值的描述性统计表

变量	上市板块	样本量	均值	中值	最大值	最小值	标准差	下四分位点
Z-score	主板	3 540	6.362 6	3.738 8	153.775 0	-9.963 4	9.247 6	1.988 7
	创业板	4 255	14.973 4	8.333 6	391.436 0	-6.141 2	21.530 3	4.304 5
	中小板	7 762	9.370 1	5.121 0	325.421 0	-30.024 2	16.223 7	2.943 0

由表 2-19 可以发现：我国上市公司 Z 值的均值和中值由大到小依次排序为创业板、中小板和主板，且这些公司 Z 值的均值均大于 2.675。这说明，三个板块中大于平均 Z 值水平的公司发生财务危机的可能性小，其中以创业板市场的公司发生财务危机的可能性最小，其次为中小板，最后为主板。但是从三个板块上市公司 Z 值的标准差来看，又说明在主板市场的公司 Z 值分布最集中，说明主板市场的公司财务风险水平不会相差太大。而在创业板市场的公司 Z 值分布最分散，说明与主板和中小板市场的公司相比，创业板市场上的公司财务风险水平差异较大。

接着，为进一步分析主板、创业板和中小企业板上，有 PE/VC 持股的公司与没有 PE/VC 持股的公司 Z 值大小的区别。依据上市公司在会计年度是否有 PE/VC 持股（PEVC dummy）指标和板块指标，将数据进行了划分，并对两组数据进行 t 检验和 Wilcoxon 符号秩检验，检验结果如表 2-20 所示。

由表 2-20 的结果发现：在主板、创业板和中小板市场上，没有 PE/VC 持股公司的 Z 值均值（中值）分别为 6.70（3.95）、15.87（9.01）和 9.80（5.31），而有 PE/VC 持股公司的 Z 值均值（中值）分别为 5.83（3.31）、13.51（7.35）和 8.66（4.76），且后者更大。同时，在 1% 的水平下，各

个板块得到的 t 检验和 Wilcoxon 符号检验值均显著。这说明，在主板、创业板和中小板市场上，我国 PE/VC 的介入对其持股公司 Z 值可能会产生显著影响。

表2-20 不同板块市场公司 Z 值的 t 检验表和 Wilcoxon 检验表

变量	上市板块	PEVC dummy =1			t 检验	Wilcoxon 符号秩检验	PEVC dummy =0		
		样本量	均值	中值			样本量	均值	中值
Z-score	主板	1 369	5.83	3.31	(2.70)***	(4.15)***	2 171	6.70	3.95
	创业板	1 616	13.51	7.35	(3.47)***	(5.82)***	2 639	15.87	9.01
	中小板	2 914	8.66	4.76	(2.99)***	(6.35)***	4 848	9.80	5.31

注：同表2-5。

为了能直观地分析，本书接着给出了不同上市板块市场上，公司 Z 值（Z-score）的线箱分布图以及公司 Z 值（Z-score）与其是否有 PE/VC 持股（PEVC dummy）的散点分布图，详见图2-1。

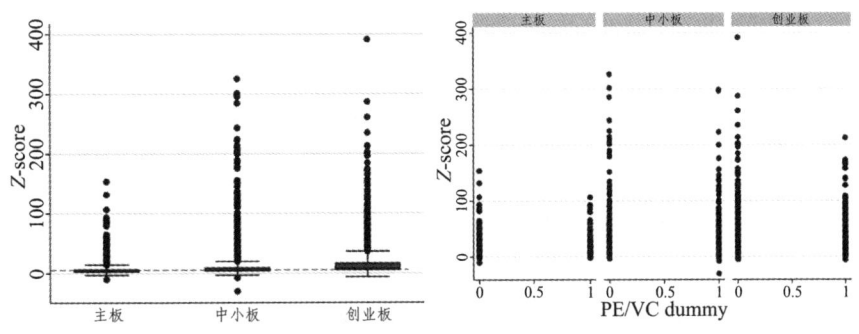

（a）Z-score 线箱分布图　　（b）Z-score、PE/VC dummy 散点分布图

图2-1　不同上市板块市场上公司 Z 值分布图

由图 2-1 可以发现，在主板、中小板与创业板市场上，主板市场的公司 Z 值整体最低，中小板其次，而创业板的公司 Z 值则最高。此外，在主板市场，与有 PE/VC 持股的公司相比，没有 PE/VC 持股的公司的 Z 值分布更分散，且 Z 值最低点也更小；在中小板市场，与有 PE/VC 持股的公司相比，没有 PE/VC 持股的公司其 Z 值分布的整体取值更高；在创业板市场,有 PE/VC 持股的公司 Z 值与没有 PE/VC 持股的公司 Z 值的最

低点没有明显差异。由此说明，虽然主板市场上公司的 Z 值水平较低，但是有 PE/VC 持股的公司财务风险比没有 PE/VC 持股的公司财务风险表现更为集中，且不存在过度极端情况。然而在中小板市场，有 PE/VC 持股的公司财务风险却表现出了极端异常的情况，且整体的 Z 值水平均低于没有 PE/VC 持股的公司。只有在公司 Z 值整体表现最高的创业板市场，有 PE/VC 持股的公司财务风险与没有 PE/VC 持股的公司财务风险相差无几。因此，本书有必要针对不同板块市场上，PE/VC 对其持股公司财务风险影响的情况进行进一步讨论。

二、主板市场 PE/VC 对其持股公司财务风险的影响

首先分析主板市场上我国 PE/VC 的介入对其持股公司财务风险的影响。

（一）主板市场上 PE/VC 是否持股对公司财务风险影响的实证

本节在模型 2-5 的基础上，筛选出属于主板市场的上市公司数据。同时，参考第三节对模型 2-5 中回归的工具变量的检验结论，同时选取工具变量 Area 和 PEVC numpro 进行工具变量法 2SLS 回归及 Heckman 两阶段回归，主要回归结果如表 2-21 所示。

由表 2-21 的回归结果可以发现：

（1）在表 2-21 中，线性回归、工具变量法 2SLS 的第二阶段回归、Heckman 的第二阶段回归以及工具变量处理效应 MLE 的第二阶段回归中，核心解释变量 PEVC dummy 与被解释变量 Z-score 相关关系的显著性不一，前三者均不显著，最后一个回归则显著为负。因此，需对模型内生性和工具变量进行检验才能得到可靠的结论。

（2）在 Heckman 两阶段和工具变量处理效应 MLE 的回归结果中，发现在 1% 的水平下，工具变量 Area 与内生变量 PEVC dummy 存在显著的正相关关系。这说明，工具变量与内生变量是高度相关的，满足工具变量选择的第一个要求。

表 2-21 主板市场上 PE/VC 是否持股对公司财务风险影响的回归检验

回归方法	线性回归	工具变量法 2SLS 两阶段回归		Heckman 两阶段回归	工具变量处理效应 MLE
解释变量/被解释变量	Z-score	第一阶段 PEVC dummy	第二阶段 Z-score	第二阶段 Zscore	第二阶段 Z-score
PEVC dummy	−0.170 2 (−0.91)		−9.032 3 (−1.56)	3.585 9 (1.31)	3.881 4*** (13.75)
Area		0.027 6 (0.90)			
PEVC numpro		−0.000 1** (1.98)			
Wald test chi2 (1)(rho = 0)					242.34 (P=0.000 0)

注：Heckman 第一阶段回归的工具变量 Area 的回归系数为 0.230 7，对应 t 值为 3.16，工具变量 PEVC numpro 的回归系数为−0.000 1，对应 t 值为−1.13；而工具变量处理效应 MLE 的第一阶段回归的工具变量 Area 的回归系数为 0.237 0，对应 t 值为 3.78，工具变量 PEVC numpro 的回归系数为−0.000 03，对应 t 值为−0.24。

（3）在工具变量处理效应 MLE 的回归结果中，Wald 检验（rho=0）的 P 值远远小于 0.01，因此，在 1%的水平下，拒绝"rho=0"的原假设，这说明模型 2-5 存在内生性问题。

（二）内生性分析和工具变量检验

因表 2-21 中工具变量法 2SLS 的第一阶段回归中，有些工具变量会出现不显著的情况，所以本节接着采用 Hausman 检验、DWH 检验、过度识别检验和 F 检验对表 2-21 中的线性回归和工具变量法 2SLS 回归的内生性及工具变量进行了检验，结果如表 2-22 所示。

表 2-22 主板市场上的内生性分析和工具变量检验

变量	检验类型	chi2(1)	$F(n, 2069)$
内生性	Hausman 检验	5.88(0.117 4)	
	DWH 检验 n=1	5.52(0.018 9)	5.42(0.020 1)
工具变量过度识别		2.75(0.097 3)	
工具变量相关性	F 检验 n=2		1.99(0.136 6)

注：括号内为 P 值。

表 2-22 的检验结果显示，Hausman 检验的 P 值均大于 0.05，而 DWH 检验的 P 值均小于 0.05，这说明，在样本同方差情形下，会接受 Hausman 检验的原假设。此时在 5% 的水平下，主板市场的模型 2-5 不存在内生性问题。然而，在样本异方差的情形下，会拒绝 DWH 检验的原假设。这说明，在 5% 的水平下，主板市场的模型 2-5 存在内生性问题，需使用工具变量来替换内生变量。

同时，在工具变量过度识别的检验中，得到的 P 值大于 0.05，则接受其原假设，即说明表 2-22 中的工具变量法 2SLS 模型在 5% 的水平下不存在过度识别的情况。但是，在工具变量相关性的检验中，F 检验的 P 值大于 0.1，则接受其原假设，认为工具变量 Area 和 PEVC numpro 在 1% 的水平下与内生变量 PEVC dummy 相关度不高，存在弱工具变量的情况。

工具变量处理效应 MLE 回归得到的结果通常比 Heckman 两阶段回归得到的结果更为有效，而该回归结果表明：在主板市场上，我国 PE/VC 的介入会提高其持股公司的 Z 值。由于以上回归结果不统一，所以本节得到的结论为：在主板市场上，PE/VC 的介入存在抑制其持股公司财务风险的迹象，但该结论不稳健。

三、创业板市场 PE/VC 对其持股公司财务风险的影响

接着主要分析创业板市场上我国 PE/VC 对其持股公司财务风险的影响。

（一）创业板市场 PE/VC 是否持股对公司财务风险影响的实证

基于模型 2-5，筛选出属于创业板市场的上市公司数据，加入工具变量 Area、PEVC numpro 同时进行变量工具法两阶段 2SLS 回归、Heckman 两阶段回归和工具变量处理效应 MLE 回归，主要回归结果如表 2-23 所示。

由表 2-23 的回归结果发现：

（1）在工具变量法 2SLS、Heckman 两阶段和工具变量处理效应 MLE 的第一阶段回归中，在 1% 的水平下，工具变量 PEVC numpro 与内生变量 PEVC dummy 存在显著的负相关关系。这说明工具变量与内生变量高度相关。

表2-23 创业板市场上PE/VC是否持股对公司财务风险影响的实证检验

解释变量/被解释变量	线性回归	工具变量法2SLS两阶段回归		Heckman两阶段回归	处理效应MLE
		第一阶段	第二阶段	第二阶段	第二阶段
	Z-score	PEVC dummy	Z-score	Z-score	Z-score
PEVC dummy	0.068 0 (0.16)		−8.134 4 (−1.17)	−10.622 1 (−1.60)	−1.462 5 (−0.96)
Area		−0.065 0*** (−2.78)			
PEVC numpro		−0.000 1*** (−3.24)			
Wald test chi2(1)(rho = 0)					1.13 (P=0.288 6)

注：Heckman第一阶段回归工具变量Area的回归系数为−0.078 5，对应t值为−1.27，而工具变量PEVC numpro的回归系数为−0.000 3，t值为−4.04；另外，工具变量处理效应MLE的第一阶段回归工具变量Area的回归系数为−0.082 4，对应t值为−1.33，工具变量PEVC numpro的回归系数为−0.000 3，对应t值为−4.10。因变量Wave在创业板样本回归数据中存在共线性，所以删除该变量。

（2）在工具变量法2SLS、Heckman两阶段和工具变量处理效应MLE的第二阶段回归结果中，核心解释变量PEVC dummy与被解释变量Zscore均不存在显著的相关关系。这说明，在创业板市场上，我国PE/VC对其持股公司Z值的影响不显著。

（3）在工具变量处理效应MLE回归的结果中，Wald检验（rho = 0）的P值为0.288 6>0.1，则接受其原假设。这说明在创业板市场上，模型2-5不存在内生性。

（二）内生性分析和工具变量检验

由表2-23工具变量处理效应MLE回归结果中Wald检验（rho = 0）结果表明，在创业板市场上，模型2-5不存在内生性。因此，再采用Hausman检验、DWH检验、过度识别检验和F检验分别对内生性和工具变量进行检验，检验结果如表2-24所示。

表 2-24　创业板市场上的内生性分析和工具变量检验

变量	检验类型	chi2(1)	$F(n, 2515)$
内生性	Hausman 检验	2.38(0.496 6)	
	DWH 检验 $n=1$	1.49(0.222 2)	1.47(0.225 8)
工具变量过度识别		0.000 06(0.993 6)	
工具变量相关性	F 检验 $n=2$		11.05(0.000 2)

表 2-24 的检验结果显示，Hausman 检验和 DWH 检验的 P 值均大于 0.1，这一结果说明，无论在样本同方差还是样本异方差的情形下，创业板市场上的模型 2-5 在 1% 的水平下均不存在内生性问题。同时，工具变量过度识别得到的 P 值也大于 0.1，则也不存在工具变量过度识别的情况。另外，在工具变量相关性的检验中，F 检验的 P 值远远小于 0.01，所以拒绝其原假设，认为工具变量 PEVC numpro 与内生变量 PEVC dummy 相关。

综合以上分析，可得到以下结论：①创业板市场上，模型 2-5 不存在内生性问题；②创业板市场上，PE/VC 的介入与公司 Z 值不存在显著的相关关系，即 PE/VC 在创业板市场上对其持股公司财务风险没有显著影响。

四、中小板市场 PE/VC 对其持股公司财务风险的影响

然后分析在中小板市场上，我国 PE/VC 的介入对其持股公司财务风险的影响。

（一）中小板市场上 PE/VC 是否持股对公司财务风险影响的实证

仍基于模型 2-5，筛选出属于中小板市场的上市公司数据。因使用两个工具变量 Area 和 PEVC numpro 同时进行工具变量法 2SLS 两阶段回归时，会出现过度识别的情况，所以在此删除不显著的工具变量 PEVC numpro，保留一个工具变量 Area，再进行工具变量法 2SLS 两阶段、Heckman 两阶段和工具变量处理效应 MLE 回归，部分回归结果如表 2-25 所示。

表 2-25　中小板市场上 PE/VC 是否持股对公司财务风险影响的回归检验

解释变量/ 被解释变量	线性回归	工具变量法 2SLS 两阶段回归		Heckman 两阶段回归	处理效应 MLE
		第一阶段	第二阶段	第二阶段	第二阶段
	Z-score	PEVC dummy	Z-score	Z-score	Z-score
PEVC dummy	-0.136 8 (-0.50)		-23.395 0** (-2.28)	-20.740 4*** (-3.00)	-1.612 2 (-1.52)
Area		-0.090 9*** (-4.07)			
Wald test chi2 (1)(rho = 0)					2.12 (P=0.145 8)

注：Heckman 第一阶段回归的工具变量 Area 的回归系数为-0.276 9，对应 t 值为-4.49；而工具变量处理效应 MLE 的第一阶段回归的工具变量 Area 的回归系数为-0.292 4，对应 t 值为-4.67。

由表 2-25 的回归结果发现：

（1）在工具变量法 2SLS、Heckman 两阶段和工具变量处理效应 MLE 的第一阶段回归中，在 1%的水平下，工具变量 Area 与内生变量 PEVC dummy 存在显著的负相关关系。这说明，工具变量 Area 与内生变量 PEVC dummy 高度相关。

（2）在工具变量法 2SLS 和 Heckman 两阶段的第二阶段回归结果中，在 5%的水平下，核心解释变量 PEVC dummy 与被解释变量 Z-score 均存在显著的负相关关系。这说明，在创业板市场，PE/VC 的介入会降低其持股公司 Z 值，即 PE/VC 的介入会提高其持股公司的财务风险。

（3）在工具变量处理效应 MLE 的第二阶段回归的 Wald 检验（rho=0）中，P 值大于 0.1，这说明在 1%的水平下，不能拒绝"rho=0"的原假设，即不存在内生性。然而该回归是已引入工具变量后得到的结果，因此该回归结果不具有参考意义，且内生性问题仍需进一步的检验。

（二）内生性分析和工具变量检验

依据线性回归和工具变量法 2SLS 两阶段回归的结果，分别采用 Hausman 检验、DWH 检验、过度识别检验、F 检验对模型的内生性及工具变量进行了分析和检验，检验结果如表 2-26 所示。

表 2-26　中小板市场上的内生性分析和工具变量检验

变量	检验类型	chi2(1)	$F(1, N)$
内生性	Hausman 检验	15.33(0.001 6)	
	DWH 检验 N=5595	7.79(0.005 2)	7.80(0.005 3)
工具变量相关性	F 检验 N=5596		16.61(0.000 0)

表 2-26 的检验结果显示，Hausman 检验和 DWH 检验的 P 值均小于 0.05，这说明，在 5%的水平下，无论是样本同方差还是样本异方差的情形，在中小板市场的模型 2-5 均存在内生性问题，需使用工具变量来替换内生变量。因此，表 2-25 中的线性回归的结果不具有参考意义。同时，F 检验的 P 值远远小于 0.01，则拒绝其原假设，认为工具变量 Area 与内生变量 PEVC dummy 相关，则说明工具变量 Area 满足选择工具变量的第一个要求。

由以上分析，可得到结论：

（1）中小板市场上，模型 2-5 存在内生性问题。

（2）中小板市场上，PE/VC 的介入会降低其持股公司 Z 值，提高公司财务风险。该结论与整个资本市场得到的结论一致。

本章小结

本章主要分析了我国 PE/VC 介入对其持股公司财务风险的影响。考虑到可能存在这样一种情况：我国 PE/VC 倾向选择财务风险较大或较小的公司进行投资，而不是在 PE/VC 进入公司后才影响其持股公司的财务风险。本书将这种情况称为 PE/VC 对公司的选择存在"选择性偏差"。而该偏差的存在易产生内生性问题。为了尽可能降低本章研究内容回归模型的内生性，书中采用了工具变量法 2SLS 两阶段回归、Heckman 两阶段回归和工具变量处理效应 MLE 回归进行了分析，并且针对模型的内生性问题、工具变量的过度识别以及弱工具变量问题进行了 Hausman 检验、

DWH 检验、F 检验和 Wald 检验。依据这些检验结果及回归结论分析了整个市场上我国 PE/VC 对其持股公司财务风险的影响。此外，我国资本市场公司种类繁多，各个上市板块公司的性质也不一，因此，本章还针对不同上市板块上我国 PE/VC 对其持股公司财务风险的影响进行了分析。本书基于前面的分析，最终得到以下两点结论：

（1）就整个资本市场而言，我国 PE/VC 的介入会降低其持股公司 Z 值，提高公司发生财务危机的概率，进而加剧其持股公司的财务风险。

（2）对主板、创业板与中小板市场而言，我国 PE/VC 对其持股公司财务风险的影响存在板块异质性。在主板市场，我国 PE/VC 的介入有降低其持股公司财务风险的迹象，但该结论不稳健；在中小板市场，我国 PE/VC 的介入却会显著提高其持股公司财务风险；而在创业板市场，以上现象均不存在。

第三章　我国PE/VC对其持股上市公司财务风险影响的资本结构传导路径

资本结构作为上市公司治理的重要组成部分，学术界对其进行的相关研究从未间断过。早在1958年Modigliani和Miller就提出了MM理论，为资本结构的研究奠定了基础。接着，有学者在MM理论的基础上发展出了一系列的理论，如权衡理论、优序融资理论等经典理论。一个公司的资本结构不仅体现出公司债务融资的情况，还体现出公司的内部治理与风险控制情况。为了找到公司资本结构与公司间的各种联系，学者们一直在不懈努力地探索。而PE/VC作为我国新兴的一大投资市场，它们在投资后也会参与公司财务战略决策，对公司资本结构产生重要影响。

目前，已有学者针对PE/VC对公司治理的影响进行了大量的研究，并取得许多具有参考价值的研究成果。一方面，一些学者认为，PE/VC机构通过监管以及激励作用可以完善公司治理结构，它们除了给公司带来大量资金外，还大大提高了公司的内部治理结构（Jensen，1989；Sahlman，1999；王信，1999）。一些学者也认为PE/VC更加注重投资公司的成长和运营改善，反而减少通过资本结构交易来创造公司价值（Alvarez和Jenkins，2007；Migendt et al.，2017）。另一方面，一些学者则认为，PE/VC对公司治理绩效与公司价值并没有起到预想中的积极效应，反而有抑制作用（赵静梅等，2015）。

上述文献均从PE/VC对其持股公司治理的影响进行研究，其中关于公司资本结构也主要从静态的视角进行分析，且将公司资本结构作为中介变量，分析 PE/VC 对其持股公司财务风险影响的相关研究较少。因此，本章旨在研究我国 PE/VC 对其持股公司财务风险影响的资本结构传导路径。一方面，本章从资本结构静态和动态的视角，分析我国 PE/VC 对其持股公司资本结构的影响。另一方面，在第一方面研究的基础上，分析资本结构在 PE/VC 对其持股公司财务风险影响过程中的中介作用。本章的研究主要分四个部分：第一部分分析我国 PE/VC 对其持股公司资本结构及其波动的影响；第二部分探析 PE/VC 对其持股公司资本结构影响的板块特征；第三部分在前文研究基础上分析资本结构及其波动在 PE/VC 对其持股公司财务风险中的中介影响；第四部分进一步探讨资本结构及其波动在不同上市板块的中介效应的差异。

第一节 理论分析与研究假设

一、PE/VC 对其持股公司资本结构影响的理论分析及研究假设

（一）模型理论推导

基于大股东风险偏好的公司资本结构选择模型，可以进一步推导出命题 3-1 和命题 3-2。

命题 3-1 大股东风险偏好与其持股公司负债比率正相关，即大股东越偏好风险，则其持股公司的负债比率越高。

证明 已知在大股东最大化财富期望效用的前提下，公司负债比率为 $L_{\text{ratio}}^* = L^* / A$，则对大股东风险厌恶程度因子求偏导，得到

$$\frac{\partial L_{\text{ratio}}^*}{\partial \gamma} = -\frac{A(a+1)}{4r_f(1+r_d)\left(1+\dfrac{\gamma}{2r_f}\right)^2} < 0 \qquad (3-1)$$

由式（3-1）的结果可以知道，大股东风险厌恶程度与公司负债比率呈负相关关系，即大股东风险偏好与其持股公司负债比率正相关。

在引入市场制约因子 m（$m>0$）后，可进一步推导出具有上市板块约束的大股东风险偏好的资本结构选择的命题 3-2。

命题 3-2　大股东风险偏好对公司资本结构的影响存在板块异质性，且当板块市场对大股东风险偏好的制约程度非常大时，大股东风险偏好对公司资本结构的影响不显著。

证明　已知在大股东最大化财富期望效用的前提下，公司负债比率为 $L^*_{\text{ratio}}=L^*/A$，则其关于大股东风险厌恶程度的偏导函数满足

$$\frac{\partial L^*_{\text{ratio}}}{\partial \gamma}=-\frac{A(a+1)}{4r_f(1+r_d)\left(1+\dfrac{1+\gamma/m}{2r_f}\right)^2}<0 \quad (3\text{-}2)$$

由式（3-2）的结果可以知道，大股东风险厌恶程度对上市公司负债比率的影响会随着市场对大股东风险偏好制约程度的改变而改变。特别地，当 $m\to\infty$，有 $\partial L^*_{\text{ratio}}/\partial \gamma \to -A(a+1)/[4r_f(1+r_d)(1+1/2r_f)^2]$，此时，公司负债比率不再受到大股东风险偏好的影响。由此说明，当市场对大股东风险偏好约束足够强时，大股东的风险偏好对公司资本结构的影响就不再显著。

（二）经济学理论及研究假设

Ross（1977），Ribeiro 和 Tironi（2006）均认为高的负债率可以看作是公司有好的投资项目的财务信号。而 Mutalip 和 Lutfi（2009）认为，传统的公司为了控制公司风险，一般会要求将其资产负债率控制在 30%以内。但 Lasfer 和 Matanova（2013）研究发现，有 PE/VC 支持的公司杠杆率比没有 PE/VC 支持的公司杠杆率高，且 PE 支持的公司杠杆率又比 VC 支持的公司杠杆率高，其中有 PE 支持的公司杠杆率中位数水平为 51.40%，比有 VC 支持的公司杠杆率的中位数水平高出 13.08%，而这两者皆超出了传统公司资产负债率 30%的控制范围。因此，有 PE/VC 支持的公司负债率通常比没有 PE/VC 支持的公司负债率要高。再结合命题 3-1 的结论可发现，我国 PE/VC 在作为大股东参与并影响公司资本结构选择决策时，为了使其财富期望效用最大，会更倾向选择债券融资。且与其

他股东相比，PE/VC 通常更偏好风险更大、收益更高的投资，因此，与没有 PE/VC 持股的公司相比，有 PE/VC 持股的公司选择债券融资的额度会更高。由此提出假设 3-1。

假设 3-1 我国 PE/VC 的介入会提高其持股公司的负债比率。

魏玉平和曾国安（2017）研究表明，我国不同的上市板块对上市公司的债权约束和融资约束均存在差异。此外，陈策和吕长江（2011）研究发现，我国不同上市板块在监管措施、股权约束、债权约束、市场约束等多方面存在差异，这使不同板块市场上的公司发生风险的概率不同。再基于命题 3-2 可发现，当对 PE/VC 的风险偏好约束较强时，上市公司的融资偏好和负债比率受到 PE/VC 投资者风险偏好的影响会相对减弱，因此我国 PE/VC 对其持股上市公司负债比率的影响会因上市板块的不同而存在差异。由此提出假设 3-2。

假设 3-2 我国 PE/VC 的介入对其持股公司负债比率的影响存在板块异质性。

二、资本结构作为中介变量的理论分析及研究假设

我国 PE/VC 在进入公司后，会参与并影响公司的监管和管理决策等活动。从第二章大股东风险偏好的资本结构选择模型，到大股东风险偏好对其持股公司财务风险影响的理论推导，阐述了资本结构作为中介变量，在 PE/VC 对其持股公司财务风险影响过程中所扮演的重要角色。第二章及本章的理论分析说明 PE/VC 进入公司后，会倾向选择负债融资，提高公司负债比率，进而增加公司财务风险。因此，在假设 3-1 和假设 3-2 成立的前提下，可提出假设 3-3 和假设 3-4。

假设 3-3 公司资本结构在我国 PE/VC 对其持股公司财务风险的影响中存在显著的中介作用，且 PE/VC 通过提高公司负债比率，改变资本结构，进而增加公司财务风险。

假设 3-4 公司资本结构在我国 PE/VC 对其持股公司财务风险影响中的中介作用存在板块异质性。

第二节　变量选择与研究设计

一、研究理论

在心理学、医学等其他社会科学研究领域中,中介效应模型已成为一种常见的模型,其主要分析自变量对因变量的影响过程和作用机制,因此,在分析我国 PE/VC 对其持股公司财务风险影响的资本结构中介效应时,可采用中介效应模型。

中介效应模型考虑的是自变量 X 对因变量 Y 的影响,如果 X 通过潜在影响变量 M 而对 Y 产生影响,则 M 为中介变量(MacKinnon et al.,1995)。那么就可以用以下回归方程来描述变量间的关系:

回归一：　　　　$Y = cX + e_1$　　　　　　　　　　（3-3）

回归二：　　　　$M = aX + e_2$　　　　　　　　　　（3-4）

回归三：　　　　$Y = c'X + bM + e_3$　　　　　　　（3-5）

其中,式(3-3)中的系数 c 为 X 对 Y 的总效应;式(3-4)中的系数 a 为 X 对 M 的效应;式(3-5)中的系数 b 是在控制了变量 X 的影响后,M 对 Y 的效应,而系数 c' 是在控制了变量 M 的影响后,X 对 Y 的效应;e_1,e_2 和 e_3 分别为三个回归方程的残差项(见图 3-1)。在这一简单的中介

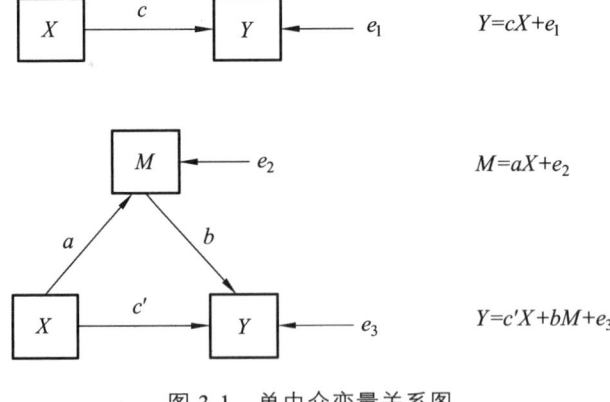

图 3-1　单中介变量关系图

模型中,中介效应即为间接效应。用回归系数 a 和 b 的乘积来表示,且存在如下关系:$c = c' + ab$。

当 X 影响 Y 的潜在影响变量有两个时,分别定义为 M_1 和 M_2。假设两个潜在影响变量之间互不影响,此时有双重并行中介效应模型,其关系如图 3-2 所示,而变量之间的关系可以用如下方程来表示:

回归一: $Y = cX + e_1$ (3-6)

回归二: $M_1 = a_1 X + e_2$ (3-7)

$M_2 = a_2 X + e_3$ (3-8)

回归三: $Y = c'X + b_1 M_1 + b_2 M_2 + e_4$ (3-9)

其中,式(3-6)中的系数 c 仍为 X 对 Y 的总效应;式(3-7)中的系数 a_1 为 X 对 M_1 的效应;式(3-8)中的系数 a_2 为 X 对 M_2 的效应;式(3-9)中的系数 b_1 是在控制了变量 X 和潜变量 M_2 的影响后,M_1 对 Y 的效应,系数 b_2 是在控制了变量 X 和潜变量 M_1 的影响后,M_2 对 Y 的效应,而系数 c' 则是在控制了潜变量 M_1 和潜变量 M_2 的影响后,X 对 Y 的效应;e_1, e_2, e_3 和 e_4 分别为四个回归方程的残差项。此时,变量 M_1 的间接效应为 $a_1 b_1$,变量 M_2 间接效应为 $a_2 b_2$,且有 $c = c' + a_1 b_1 + a_2 b_2$。

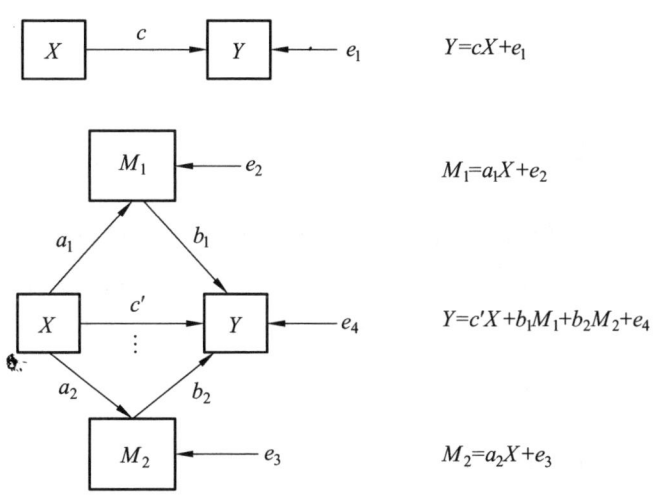

图 3-2 双重并行中介变量关系图

为了更好地分析变量 X 对变量 Y 的影响和变量 M 在其中的潜在作用，我们在单中介效应方程式（3-3）至式（3-5）和双重并行中介效应方程式（3-6）至式（3-9）中均添加其他对 Y 有影响的控制变量，统一定义为 D，则此时中介效应方程分别为：

（1）单中介效应模型：

回归一： $\quad Y = cX + \gamma^T D + e_1 \quad$ （3-10）

回归二： $\quad M = aX + \eta^T D + e_2 \quad$ （3-11）

回归三： $\quad Y = c'X + bM + \lambda^T D + e_3 \quad$ （3-12）

其中，γ^T、η^T 和 λ^T 分别为三个回归方程对应控制变量回归系数的转置，其他系数与式（3-3）至式（3-5）一致。

（2）双重并行效应模型：

回归一： $\quad Y = cX + \gamma^T D + e_1 \quad$ （3-13）

回归二： $\quad M_1 = a_1 X + \eta_1^T D + e_2 \quad$ （3-14）

回归三： $\quad M_2 = a_2 X + \eta_2^T D + e_3 \quad$ （3-15）

回归四： $\quad Y = c'X + b_1 M_1 + b_2 M_2 + \lambda^T D + e_4 \quad$ （3-16）

其中，γ^T，η_1^T，η_2^T 和 λ^T 分别为四个回归方程对应控制变量回归系数的转置，其他系数与式（3-6）至式（3-9）一致。

二、变量定义

本章旨在研究我国 PE/VC 对其持股公司财务风险影响中的资本结构传导路径，先分析我国 PE/VC 对其持股公司资本结构的影响，再分析资本结构在 PE/VC 对其持股公司财务风险影响过程中的中介作用。本书依据不同的研究内容来定义变量。

（一）我国 PE/VC 对其持股公司资本结构的影响

我国 PE/VC 对其持股公司资本结构的影响的变量从被解释变量、核心解释变量和控制变量三个方面进行说明。

1. 被解释变量

本章的待被解释的因素为上市公司的资本结构，分别从静态和动态的角度来分析我国 PE/VC 对其持股上市公司资本结构的影响，因此，本章将上市公司资产负债率（Debttoasset）和三年期的资产负债率波动（DTAsigma）作为核心被解释变量，同时将五年期的资产负债率波动（DTAsigma2）作为对上市公司资本结构动态影响的辅助代理变量。

2. 核心解释变量

为了详细分析我国 PE/VC 对其持股上市公司资本结构的影响，将上市公司在会计年度是否存在 PE/VC 持股（PEVC dummy）的虚拟变量作为核心解释变量，将 PE/VC 在前十大股东中的席位数（PEVC num）作为其辅助代理变量。

3. 控制变量

从公司财务、公司股权、公司自然属性和整个金融市场四个层面来控制我国 PE/VC 对上市公司资本结构可能造成影响的其他因素，每个层面指标与第二章的控制变量相同。

（二）资本结构在 PE/VC 对其持股公司财务风险影响过程中的中介作用

资本结构在 PE/VC 对其持股公司财务风险影响过程中的中介作用从被解释变量、直接解释变量、潜变量和控制变量四个方面来选择。

1. 被解释变量

本章的被解释变量为上市公司财务风险，将公司在会计年度发生财务失败或破产的可能性（Z-score）作为被解释变量的代理变量。

2. 直接解释变量

本章将上市公司在会计年度是否存在 PE/VC 持股（PEVC dummy）的虚拟变量作为直接解释变量的代理变量。

3. 潜变量

本章的潜变量主要指公司资本结构，可将公司资产负债率（Debttoasset）、三年内资产负债率波动（DTAsigma）分别作为资本结构和资本结构波动的代理变量。其中，三年内资产负债率波动用资产负债率三年的标准差来计量。

4. 控制变量

本章的控制变量依据各自回归的被解释变量从以下五个层面选择来控制我国 PE/VC 对上市公司财务风险影响的传导过程，它们主要是公司财务、公司资本结构、公司股权、公司自然属性和整个金融市场五个层面。五个层面的指标与第二章所选择的相同。同时时间和行业对上市公司财务风险也会造成影响，所以本书的回归中均对时间和行业进行了控制。

三、数据的统计分析

在对数据异常值及缺失值进行删除处理后，对本章相关变量的数据进行统计分析，统计结果如表 3-1 所示。

表 3-1 数据描述性统计表

变量	样本量	均值	中值	最大值	最小值	标准差	下四分位点
Debttoasset	16 051	37.509 9	34.826 8	454.289 3	0.752 10	21.231 2	20.759 3
DTAsigma	15 920	5.189 8	3.826 0	251.66	0.000 21	5.515 2	1.842 9
DTAsigma2	15 936	6.501 0	5.344 6	234.76	0.026 11	5.725 9	2.930 9

由表 3-1 发现变量 Debttoasset 的均值、中值分别为 37.509 9 和 34.826 8，这说明我国上市公司的资本负债率平均为 30%~40%。此外，变量 DTAsigma 的均值、中值分别为 5.189 8 和 3.826 0，变量 DTAsigma2 的均值、中值分别为 6.501 0 和 5.344 6，满足 6.501 0>5.189 8 和 5.344 6>3.826 0，说明五年内上市公司资本负债率的变动通常大于三年内上市公司资本负债率的变动。

为进一步分析有 PE/VC 持股的公司与没有 PE/VC 持股的公司在资本负债率及其他相关指标方面的区别,依据上市公司在会计年度是否有 PE/VC 持股(PEVC dummy)指标,对数据进行了划分,并对两组数据的对应指标分别进行了 t 检验和 Wilcoxon 符号秩检验,得到的检验结果如表 3-2 所示。

表 3-2 对是否有 PE/VC 持股两类样本的 t 检验和 Wilcoxon 符号秩检验

变量	PEVC dummy =1			t 检验	Wilcoxon 符号秩检验	PEVC dummy =0		
	样本量	均值	中值			样本量	均值	中值
Debttoasset	6 210	39.89	37.18	(−11.22)***	(−10.47)***	9 841	36.07	33.33
DTAsigma	6 162	5.24	3.83	(−0.91)	(−0.58)	9 758	5.16	3.82
DTAsigma2	6 167	6.56	5.46	(−1.16)	(−0.98)	9 769	6.46	5.27

注:t 检验一栏括号内为 t 值,而 Wilcoxon 符号秩检验一栏括号内为 Z 值,括号外右上角的符号***、**、*分别表示 1%、5%、10%的显著性水平(双尾)。

由表 3-2 的 t 检验和 Wilcoxon 符号秩检验结果发现:处理组 PEVC dummy =1 变量 Debttoasset 的均值和中值(均值为 39.89,中值为 37.18),在 1%的水平下显著大于控制组 PEVC dummy =0 变量 Debttoasset 的均值和中值(均值为 36.07,中值为 33.33)。这说明与没有 PE/VC 支持的上市公司相比,有 PE/VC 支持的上市公司的资本负债率更大。此外,表 3-2 的检验结果还表明多数控制变量指标在有 PE/VC 支持的公司与没有 PE/VC 支持的公司之间存在显著差异。

四、研究设计及模型选择

(一)我国 PE/VC 对其持股公司资本结构的影响研究设计及模型选择

在分析我国 PE/VC 对其持股公司资本结构的影响时,本章主要基于式(2-14)、式(2-17)和式(2-18),分别带入对应的被解释变量和解释变量，得到不同的回归结果，具体见本章第三节和第四节。

（二）资本结构在 PE/VC 对其持股公司财务风险影响的中介效应检验

在给出了中介效应模型后，我们需要进一步分析潜变量 M 是否真的起到了中介变量的作用，即中介效应是否显著，那就需要进行中介效应检验。传统的做法是进行逐步依次检验（Baron 和 Kenny, 1986；Judd 和 Kenny, 1981），简称逐步法。逐步法第一步检验的是变量 X 对变量 Y 的总效应；第二步检验的是中介效应的显著性；第三步检验的是在控制了潜在中介变量的影响后，变量 X 对变量 Y 的影响是否显著，这一步骤可以有效区分完全中介效应和部分中介效应。

在单中介变量的情形下，上述条件相当于：①系数 c 显著（即 $H_0: c=0$ 的假设被拒绝）；②系数 a 显著（即 $H_0: a=0$ 的假设被拒绝），且系数 b 显著（即 $H_0: b=0$ 的假设被拒绝），依次检验方程式（3-11）的系数 a 和式（3-12）的系数 b；③当系数 c' 不显著时（即 $H_0: c'=0$ 的假设被接受），称为完全中介过程，否则称为部分中介过程。

在双重中介变量的情形下，上述条件变为：①系数 c 显著（即 $H_0: c=0$ 的假设被拒绝）；②对于中介变量 M_1 的中介效应，要求系数 a_1 显著（即 $H_0: a_1=0$ 的假设被拒绝），且系数 b_1 显著（即 $H_0: b_1=0$ 的假设被拒绝），依次检验方程式（4-12）的系数 a_1 和式（3-16）的系数 b_1，而对于中介变量 M_2 的中介效应，要求系数 a_2 显著（即 $H_0: a_2=0$ 的假设被拒绝），且系数 b_2 显著（即 $H_0: b_2=0$ 的假设被拒绝），依次检验方程式（3-15）的系数 a_2 和式（3-16）的系数 b_2；③当系数 c' 不显著时（即 $H_0: c'=0$ 的假设被接受），称为完全中介过程，否则称为部分中介过程。

但是近些年来逐步法受到了广大学者的质疑（Edwards 和 Lambert, 2007），也有学者认为应该采用 Bootstrap 法直接检验系数乘积的显著性（Zhao et al., 2010）。本章将依据温忠麟和叶宝娟（2014）提出的中介效应检验流程进行中介效应检验，如图 3-3 所示。

同时给出单中介效应模型的检验步骤：

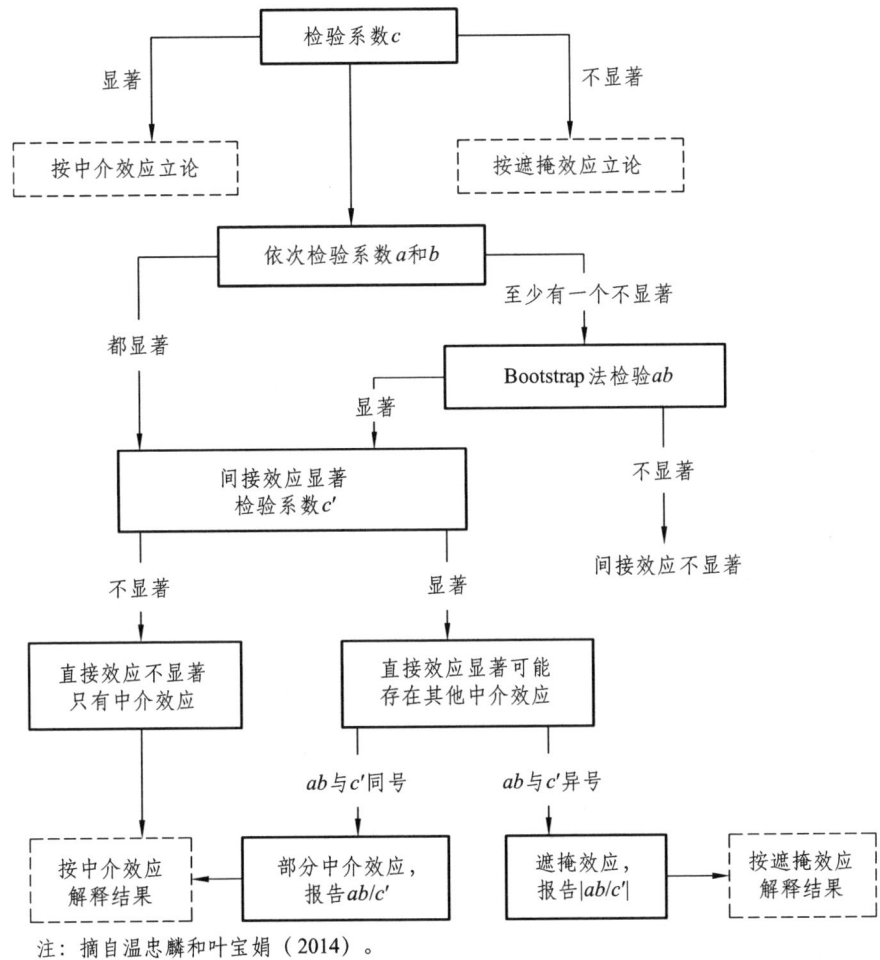

图 3-3 单中介效应检验流程图

第一步，检验方程式（3-10）的系数为 c，如果显著，按中介效应立论，否则按遮掩效应立论。但无论是否显著，都进行后续检验。

第二步，依次检验方程式（3-11）的系数 a 和方程式（3-12）的系数 b，如果两个都显著，则间接效应显著，转到第四步；如果至少有一个不显著，进行第三步。

第三步，用 Bootstrap 法直接检验 $H_0: ab = 0$。如果显著，则间接效应显著，进行第四步；否则间接效应不显著，停止分析。

第四步，检验方程式（3-12）的系数 c'，如果不显著，即直接效应不显著，说明只有中介效应；如果显著，即直接效应显著，进行第五步。

第五步，比较 ab 和 c' 的符号，如果同号，属于部分中介效应，报告中介效应占总效应的比例 ab/c'。如果异号，属于遮掩效应，报告间接效应与直接效应的比例的绝对值 $|ab/c'|$。

当存在两个潜变量时，只需在第三步分别检验两个潜变量对应的间接效应的显著性。如果间接效应显著，则该潜变量为中介变量，称该变量的间接效应显著，则接着进行第四步。若间接效应不显著，则称该变量的间接效应不显著，则停止分析该变量。

（三）资本结构在 PE/VC 对其持股公司财务风险影响的中介回归模型

本节旨在分析资本结构在 PE/VC 对其持股公司财务风险影响的中介效应，因此不考虑模型的内生性问题，重点分析中介效应、间接效应、遮掩效应和部分中介效应的显著性，再结合前面的单中介效应模型和双重并行中介效应模型，带入对应的被解释变量和直接解释变量，得到本章简单的中介效应模型：

回归一：

$$\text{Z-score} = c\text{PEVCdummy} + \gamma^T D + e_1 \quad (3\text{-}17)$$

回归二：

$$M_i = a\text{PEVCdummy} + \eta^T D + e_{i2} \quad (3\text{-}18)$$

回归三：

$$\text{Zscore} = c'\text{PEVCdummy} + b\sum_{i=1}^{n} M_i + \lambda^T D + e_3 \quad (3\text{-}19)$$

其中，潜变量 M_i 依据后面的分析而添加对应的代理变量，n 表示并行潜变量的个数，当该中介变量模型为单中介变量时，$n=1$，当该中介变量模型为双中介变量时，$n=2$。

基于式（3-17）至式（3-19），分别带入对应的潜变量，将得到不同的中介效应检验结果，具体见本章第五节和第六节。

第三节 资本结构及其波动在 PE/VC 对其持股公司财务风险的中介影响

本节旨在分析资本结构及其波动在 PE/VC 影响其持股公司财务风险过程中的中介效应,并将其分为两大部分:第一部分为分析 PE/VC 对其持股公司资本结构及其波动的影响;第二部分则在第一部分基础上进一步分析其中介效应。

一、PE/VC 对其持股公司资本结构及波动影响的检验

在第二节变量定义与模型选择的基础上,依据不同的变量选择对应的回归模型,主要从静态和动态视角,分析 PE/VC 对其持股公司资本结构和资本结构波动两方面的影响。

(一) PE/VC 对其持股公司资本结构的静态影响检验

首先,本节先分析 PE/VC 对其持股公司资本结构的静态影响,在式(2-14)的基础上,建立公司是否有 PE/VC 持股和公司财务层面变量对公司资产负债率影响的多元线性回归模型,得到回归模型 3-1。考虑到除了公司本身财务层面因素外,还存在很多其他因素会影响公司资本结构的变化,接着将公司股权层面的因素、公司自然属性层面的因素以及整个金融市场层面的因素依次逐步添加到模型 3-1 中,分别得到模型 3-2 至模型 3-4。由此可观察在控制变量逐渐增加的情况下,PE/VC 对上市公司资本结构的静态影响是否仍然显著。因本书的数据为非平衡的面板数据,各个回归主体的指标在时间及行业层面很可能会受到影响,所以在回归的模型中均对年份和上市公司行业进行了控制,部分回归结果如表 3-3 所示。

表 3-3　PE/VC 是否持股对公司资产负债率影响的线性回归

解释变量/ 被解释变量	模型 3-1 Debttoasset	模型 3-2 Debttoasset	模型 3-3 Debttoasset	模型 3-4 Debttoasset
PEVC dummy	0.575 2* (1.94)	0.483 9* (1.65)	0.540 5* (1.84)	0.540 5* (1.84)
R^2	0.434 3	0.452 5	0.455 7	0.455 7

由表 3-3 的回归结果，可以得到以下结论：

（1）在模型 3-1 至模型 3-4 的回归结果中，在 10%的水平下，变量 PEVC dummy 与被解释变量 Debttoasset 存在显著的正相关关系。这说明，PE/VC 的介入会提高公司资产负债率，且与没有 PE/VC 持股的公司相比，有 PE/VC 持股的公司资产负债率更高。

（2）依据模型 3-1 至模型 3-4 回归结果中的 R^2 值发现，随着控制变量的增加，模型 R^2 值也随之增大。这说明随着控制变量的增加，模型中的变量对公司资产负债率（Debttoasset）的解释力度随之增加。

（二）PE/VC 对其持股公司资本结构波动的动态影响检验

接着，分析 PE/VC 对其持股公司资本结构波动的动态影响。在式（2-14）的基础上，建立公司是否有 PE/VC 持股和公司财务层面对公司三年期的资产负债率波动影响的多元线性回归，得到回归模型 3-5。同理，在模型 3-5 中逐步添加公司股权层面、公司自然属性层面以及整个金融市场层面的因素，分别得到模型 3-6 至模型 3-8。同样地，在模型 3-5 至模型 3-8 中均对会计年份和公司行业进行控制，部分结果如表 3-4 所示。

表 3-4　PE/VC 是否持股对公司资本结构波动影响的线性回归

解释变量/被解释变量	模型 3-5 DTAsigma	模型 3-6 DTAsigma	模型 3-7 DTAsigma	模型 3-8 DTAsigma
PEVC dummy	0.271 2*** (2.69)	0.269 6*** (2.68)	0.343 1*** (3.37)	0.343 1*** (3.37)
R^2	0.105 5	0.115 2	0.123 9	0.123 9

由表 3-4 的回归结果，可以得到以下结论：

（1）在模型 3-5 至模型 3-8 的回归结果中，在 1%的水平下，变量 PEVC dummy 与被解释变量 DTAsigma 存在正相关关系。这说明，PE/VC 的介入会加剧其持股公司资本负债率的变动，且与没有 PE/VC 持股的公司相比，有 PE/VC 持股的公司资产负债率波动使公司的资本结构更不稳定。

（2）依据模型 3-5 至模型 3-8 回归结果中的 R^2 值发现，随着控制变量的增多，模型 R^2 值也随之增加。这说明随着控制变量的增加，模型中的变量对资产负债率波动的解释力度也随之增强。

二、基于两阶段工具变量法的内生性检验

（一）PE/VC 对其持股公司资本结构静态影响的内生性检验

虽然前面的线性回归分析已发现：PE/VC 的介入会提高公司资产负债率，且与没有 PE/VC 持股的公司相比，有 PE/VC 持股的公司资产负债率更高。然而，我们无法判断公司高的资产负债率是受 PE/VC 进入后的影响，还是 PE/VC 进入前投资选择所导致的结果。因此，为了尽可能减少模型中的内生性问题，本节利用第二章中给出的工具变量，针对模型 3-1 至模型 3-4，采用工具变量法 2SLS 两阶段回归，得到模型 IV3-1 至模型 IV3-4，部分回归结果如表 3-5 所示。

表 3-5　PE/VC 是否持股对公司资本结构静态影响的变量工具法 2SLS 两阶段回归

模型	模型 IV3-1		模型 IV3-2	
回归阶段	第一阶段回归 Linear regression	第二阶段回归 Linear regression	第一阶段回归 Linear regression	第二阶段回归 Linear regression
解释变量/被解释变量	PEVC dummy	Debttoasset	PEVC dummy	Debttoasset
PEVC dummy		9.228 1 （1.11）		-6.826 2 （-0.90）
Area	-0.054 0*** （-4.12）		-0.048 2*** （-3.58）	
PEVC numpro			-0.000 03* （-1.70）	

续表

模型	模型 IV3-3		模型 IV3-4	
回归阶段	第一阶段回归 Linear regression	第二阶段回归 Linear regression	第一阶段回归 Linear regression	第二阶段回归 Linear regression
解释变量/被解释变量	PEVC dummy	Debttoasset	PEVC dummy	Debttoasset
PEVC dummy		-8.642 8 (-1.25)		-8.642 8 (-1.25)
Area	-0.059 5*** (-4.41)		-0.059 5*** (-4.41)	
PEVC numpro	-0.000 02 (-0.94)		-0.000 02 (-0.94)	

由表 3-5 的回归结果，可得到以下几点结论：

（1）在四个模型的第一阶段回归结果中，在 10% 的水平下，工具变量 Area 和 PEVC numpro 与核心解释变量 PEVC dummy 存在高度的相关关系。这说明，公司总部所在省份是否为政治中心或经济中心和公司总部所在省份已注册的 PE/VC 公司数会影响 PE/VC 的持股决策。

（2）在四个模型的第二阶段回归结果中，被解释变量 Debttoasset 与核心解释变量 PEVC dummy 不存在显著的相关关系。这说明 PE/VC 的介入不会影响公司的资本结构。此结论与表 3-3 线性回归得到的结论不一致，需依据后面的内生性检验来判断哪一个回归结果更可信。

PE/VC 对其持股公司资本结构静态影响的线性回归结果与工具变量法 2SLS 两阶段回归结果不一致，因此，需接着检验模型 3-1 至模型 3-4 是否存在内生性问题。将模型 3-1 至模型 3-4 的线性回归与模型 IV3-1 至模型 IV3-4 的工具变量法 2SLS 两阶段回归进行 Hausman 检验和 DWH 检验，检验结果如表 3-6 和表 3-7 所示。

表 3-6　线性回归与工具变量法 2SLS 两阶段回归结果的 Hausman 检验

线性模型	模型 3-1	模型 3-2	模型 3-3	模型 3-4
2SLS 模型	模型 IV3-1	模型 IV3-2	模型 IV3-3	模型 IV3-4
chi2（1）	1.21	1.00	1.90	1.90
P 值	0.749 7	0.801 9	0.593 4	0.593 4

由表 3-6 的 Hausman 检验结果可发现，四个模型 Hausman 检验的 P 值均远远大于 0.1，则接受原假设："不存在内生性。"这说明，在样本同方差的情形下，模型 3-1 至模型 3-4 在 1% 的水平下均不存在内生性问题。

表 3-7 线性回归与工具变量法 2SLS 两阶段回归结果的 DWH 检验

线性模型	模型 3-1	模型 3-2	模型 3-3	模型 3-4
2SLS 模型	模型 IV3-1	模型 IV3-2	模型 IV3-3	模型 IV3-4
Robust score chi2 (1)	1.18	0.97	1.89	1.89
P 值	0.277 2	0.324 7	0.169 6	0.169 6
$F(1, N-n)$	1.18	0.97	1.88	1.88
P 值	0.277 8	0.325 6	0.170 5	0.170 5

注：$F(1, N-n)$ 中的 N 为样本的个数，n 为第二阶段回归的解释变量个数（包括常数项），即模型 3-1 至模型 3-4 分别为 $F(1, 10\,762)$、$F(1, 10\,714)$、$F(1, 10\,711)$ 和 $F(1, 10\,711)$。

由表 3-7 的 DWH 检验结果可发现，四个模型 DWH 检验中得到的 chi2(1) 和 F 统计量的 P 值均远远大于 0.1，即接受原假设。这说明，在样本异方差的情形下，模型 3-1 至模型 3-4 在 1% 的水平下均不存在内生性问题。

然后分析模型 IV3-1 至模型 IV3-4 工具变量选取的适当性，讨论工具变量是否存在过度识别、工具变量与内生变量的相关性以及是否存在弱工具变量的问题。为了分析这三个性质，我们分别进行了过度识别检验和 F 检验，检验结果如表 3-8 所示。

表 3-8 工具变量过度识别、相关性及弱工具变量的检验结果

模型	模型 IV3-1	模型 IV3-2	模型 IV3-3	模型 IV3-4
过度识别检验				
Score chi2 (1)		3.394 6	3.021 4	3.021 4
P 值		0.065 4	0.082 2	0.082 2
F 检验				
F 统计量	16.995 7	9.415 4	11.472 7	11.472 7
P 值	0.000 0	0.000 1	0.000 0	0.000 0

由表 3-8 的工具变量检验结果发现：

（1）由模型 IV3-2 至模型 IV3-4 的工具变量过度识别检验的结果可以发现，chi2（1）统计量的 P 值均大于 0.05。这说明，在 5%的水平下，接受原假设。此时两个工具变量与扰动项不相关，可以同时添加两个工具变量。

（2）由模型 IV3-1 至模型 IV3-4 的 F 检验结果可发现，F 统计量的 P 值均远远小于 0.01。这说明，在 1%的水平下，可强烈拒绝原假设，即这些工具变量均与内生变量相关。这就验证了工具变量满足其选择的第一个要求，此时不存在弱工具变量。

综上所述，无论是样本同方差还是样本异方差，模型 3-1 至模型 3-4 在 1%的水平下均不存在内生性问题。因此，本节可依据表 3-3 中的线性回归结果，即 PE/VC 的介入会提高其持股公司资产负债率，对资本结构存在显著的影响。

（二）PE/VC 对其持股公司资本结构波动动态影响的内生性检验

类似地，由表 3-4 的回归结果发现：PE/VC 会加剧其持股公司资本结构的变动。然而，我们仍无法判断资本结构的变动是源于 PE/VC 的介入，还是源于 PE/VC 介入前选择所导致的结果。因此，本节利用第二章中的工具变量（Area 和 PEVC numpro），采用工具变量法 2SLS 两阶段回归对模型 3-5 至模型 3-8 进行分析，且发现仅工具变量 Area 与内生变量 PEVC dummy 存在显著相关关系，因此此处仅保留工具变量 Area 并进行回归，得到模型 IV3-5 至模型 IV3-8，部分回归结果如表 3-9 所示。

由表 3-9 的回归结果，可得到以下几点结论：

（1）在表 3-9 第一阶段回归结果中，在 1%的水平下，变量 Area 与核心解释变量 PEVC dummy 存在显著的负相关关系。这说明，工具变量 Area 满足选择工具变量的第一要求。

（2）在表 3-9 的第二阶段回归结果中，被解释变量公司三年资产负债率波动（DTAsigma）与核心解释变量公司是否存在 PE/VC 持股（PEVC dummy）不存在显著的相关关系，即 PE/VC 的介入不会显著影响公司资本结构的变动。此结论与表 3-4 线性回归得到的结论不一致，需依据后面的内生性检验来判断哪一个回归结论更可信。

表 3-9　PE/VC 是否持股对公司资本结构波动影响的工具变量法 2SLS 两阶段回归

模型	模型 IV3-5		模型 IV3-6	
回归阶段	第一阶段回归 Linear regression	第二阶段回归 Linear regression	第一阶段回归 Linear regression	第二阶段回归 Linear regression
解释变量/被解释变量	PEVC dummy	DTAsigma	PEVC dummy	DTAsigma
PEVC dummy		3.469 9 (1.15)		1.158 9 (0.38)
Area	-0.053 9*** (-4.12)		-0.052 4*** (-3.97)	
模型	模型 IV3-7		模型 IV3-8	
回归阶段	第一阶段回归 Linear regression	第二阶段回归 Linear regression	第一阶段回归 Linear regression	第二阶段回归 Linear regression
解释变量/被解释变量	PEVC dummy	DTAsigma	PEVC dummy	DTAsigma
PEVC dummy		-1.0260 (-0.43)		-1.026 0 (-0.43)
Area	-0.061 9*** (-4.68)		-0.061 9*** (-4.68)	

PE/VC 对其持股公司资本结构波动动态影响的线性回归结果与工具变量法 2SLS 两阶段回归结果不一致，因此，需进一步检验模型 2-5 至模型 2-8 的内生性问题。将模型 2-5 至模型 2-8 的线性回归与模型 IV3-5 至模型 IV3-8 的工具变量法 2SLS 两阶段回归进行 Hausman 检验和 DWH 检验，结果如表 3-10 和表 3-11 所示。

表 3-10　线性回归与工具变量 2SLS 两阶段回归结果的 Hausman 检验

线性模型	模型 3-5	模型 3-6	模型 3-7	模型 3-8
2SLS 模型	模型 IV3-5	模型 IV3-6	模型 IV3-7	模型 IV3-8
chi2（1）	1.22	0.09	0.29	0.29
P 值	0.747 5	0.993 1	0.961 2	0.961 2

由表 3-10 的 Hausman 检验结果发现，四个模型 Hausman 检验的 P 值均远远大于 0.1，则接受原假设："不存在内生性。"这说明，在样本同方差的情形下，模型 2-5 至模型 2-8 在 1%的水平下均不存在内生性问题。

表 3-11　线性回归与工具变量法 2SLS 两阶段回归结果的 DWH 检验

线性模型	模型 3-1	模型 3-2	模型 3-3	模型 3-4
2SLS 模型	模型 IV3-1	模型 IV3-2	模型 IV3-3	模型 IV3-4
Robust score chi2(1)	1.22	0.09	0.34	0.34
P 值	0.269 7	0.768 2	0.558 9	0.558 9
$F(1, N-n)$	1.21	0.09	0.34	0.34
P 值	0.270 4	0.768 6	0.559 5	0.559 5

注：$F(1, N-n)$ 中的 N 为样本的个数，n 为第二阶段回归的解释变量个数（包括常数项），即模型 3-5 至模型 3-8 分别为 $F(1, 10\ 761)$、$F(1, 10\ 713)$、$F(1, 10\ 710)$ 和 $F(1, 10\ 710)$。

由表 3-11 的 DWH 检验结果可发现，四个模型 DWH 检验中得到 chi2(1) 和 F 统计量的 P 值均远远大于 0.1，即接受原假设。这说明，在样本异方差的情形下，模型 2-5 至模型 2-8 在 1%的水平下均不存在内生性问题。

然后，分析模型 IV3-5 至模型 IV3-10 工具变量选取的适当性。因只有一个工具变量，所以讨论工具变量与内生变量的相关性和是否存在弱工具变量的问题。为分析这两个性质，本节进行了 F 检验，结果如表 3-12 所示。

表 3-12　相关性和弱工具变量的检验结果

模型	模型 IV3-5	模型 IV3-6	模型 IV3-7	模型 IV3-8
F 检验				
F 统计量	16.973 2	15.73 1	21.91	21.91
P 值	0.000 0	0.000 1	0.000 0	0.000 0

由表 3-13 的工具变量检验结果发现：

由模型 IV3-5 至模型 IV3-8 的 F 检验结果可发现，F 统计量的 P 值均远远小于 0.01，这说明在 1%的水平下，可强烈拒绝原假设。换而言之，这些工具变量均与内生变量相关，这就验证了工具变量满足其选择的第一个要求，此时不存在弱工具变量。

综上所述，无论是样本同方差还是样本异方差，模型 3-5 至模型 3-8 在 1% 的水平下均不存在内生性问题。因此，本节研究可依据表 3-4 中的线性回归结果，即 PE/VC 的介入会加剧其持股公司资产负债率波动，对资本结构波动存在显著的影响。

三、稳健性分析

（一）PE/VC 对其持股公司资本结构静态影响的稳健性检验

前面的分析已得到：PE/VC 的介入会提高其持股公司资产负债率。为了检验该结论的稳健性，本节用 PE/VC 在前十大股东中的席位数（PEVC num）替代模型 3-1 至模型 3-4 中的核心解释变量 PEVC dummy，然后进行线性回归，得到模型 S3-1 至模型 S3-4，部分回归结果如表 3-13 所示。

表 3-13 PE/VC 在前十大股东中的席位数对公司资本结构静态影响的线性回归

解释变量/被解释变量	模型 S3-1	模型 S3-2	模型 S3-3	模型 S3-4
	Debttoasset	Debttoasset	Debttoasset	Debttoasset
PEVC num	0.326 4*	0.232 9	0.246 2	0.246 2
	(1.81)	(1.31)	(1.38)	(1.38)

由表 3-13 的回归结果发现：在模型 S3-1 中，变量 PEVC num 与被解释变量 Debttoasset 在 10% 的水平下存在显著的正相关关系，但在模型 S3-2 至模型 S3-4 中它们之间不存在显著的相关关系。这说明，PE/VC 在前十大股东中的席位数对其持股公司资产负债率的影响不稳健。

综上所述，虽然 PE/VC 在前十大股东中的席位数对其持股公司资产负债率的影响不显著，但是 PE/VC 的介入却会显著提高公司的资产负债率。因此，就讨论 PE/VC 是否进入公司持股而言，PE/VC 的介入对其持股公司的资产结构会存在显著影响。

(二) PE/VC 对其持股公司资本结构波动动态影响的稳健性检验

前面的分析已得到：PE/VC 的介入会加剧其持股公司资产负债率的波动。为了检验该结论的稳健性，本节将从三个方面来验证。

第一，将模型 3-5 至模型 3-8 中的被解释变量 DTAsigma 替换为五年内资产负债率波动（DTAsigma2），得到模型 Y3-5 至模型 Y3-8，部分回归结果如表 3-14 所示。

表 3-14　PE/VC 是否持股对公司资本结构波动影响的稳健性检验

解释变量/被解释变量	模型 Y3-5	模型 Y3-6	模型 Y3-7	模型 Y3-8
	DTAsigma2	DTAsigma2	DTAsigma2	DTAsigma2
PEVC dummy	0.329 0*** (2.94)	0.330 9*** (2.96)	0.416 5*** (3.68)	0.416 5*** (3.68)

由表 3-14 的回归结果发现：在模型 Y3-5 至模型 Y3-8 中，核心解释变量 PEVC dummy 与被解释变量 DTAsigma2 在 1% 的水平下存在显著的正相关关系。这说明，PE/VC 的介入会加剧其持股公司资本结构的变动。该结论与表 3-4 的回归结果得到的结论一致。

第二，在模型 2-5 至模型 2-8 的基础上，将核心解释变量 PEVC dummy 替换为 PE/VC 在前十大股东所占席位数（PEVC num），然后进行线性回归，得到模型 X3-5 至模型 X3-8，部分回归结果如表 3-15 所示。

表 3-15　PE/VC 在前十大股东所占席位数对资本结构波动影响的稳健性检验一

解释变量/被解释变量	模型 X3-5	模型 X3-6	模型 X3-7	模型 X3-8
	DTAsigma	DTAsigma	DTAsigma	DTAsigma
PEVC num	0.246 9*** (3.66)	0.239 2*** (3.60)	0.279 9*** (4.20)	0.279 9*** (4.20)

由表 3-15 的回归结果发现：在模型 X3-5 至模型 X3-8 中，解释变量 PEVC num 与被解释变量 DTAsigma 在 1% 的水平下存在显著的正相关关系。这说明，PE/VC 在前十大股东中占的席位数越多，其持股公司三年内资产负债率的波动越大，即 PE/VC 在前十大股东中占的席位数的增加会使持股公司三年内资产负债率波动增加。换而言之，PE/VC

的介入会加剧其持股公司资本结构的变动。该结论与表 3-4 的回归结果得到的结论一致。

第三，将模型 3-5 至模型 3-8 的被解释变量 DTAsigma 替换为 DTAsigma2，同时将核心解释变量 PEVC dummy 替换为 PEVC num。采用线性回归，得到模型 B3-5 至模型 B3-8，部分回归结果如表 3-16 所示。

表 3-16 PE/VC 在前十大股东所占席位数对资本结构波动影响的稳健性检验二

解释变量/被解释变量	模型 B3-5	模型 B3-6	模型 B3-7	模型 B3-8
	DTAsigma2	DTAsigma2	DTAsigma2	DTAsigma2
PEVC num	0.292 6*** (4.30)	0.287 7*** (4.29)	0.335 3*** (5.01)	0.335 3*** (5.01)

由表 3-16 的回归结果发现：在模型 B3-5 至模型 B3-8 中，解释变量 PEVC num 与被解释变量 DTAsigma2 在 1% 的水平下存在显著的正相关关系。这说明，PE/VC 在前十大股东中所占的席位数越多，则其持股公司五年内资产负债率波动越大，即 PE/VC 的介入会加剧其持股公司资本结构的变动。该结论与表 3-4 的回归结果得到的结论一致。

综合以上稳健性分析，可得到结论：PE/VC 的介入会提高其持股公司的资产负债率，并加剧其持股公司资产负债率的波动，即 PE/VC 对其持股公司资本结构存在显著的影响。

四、PE/VC 对其持股公司资本结构影响的板块差异

我国不同上市板块市场上，对公司的制度管理也不同。为了进一步分析在我国不同上市板块上，PE/VC 对其持股公司资本结构影响的差异，本节将样本依据板块划分后再进行研究讨论。

（一）不同板块的公司资本结构描述性统计分析

首先针对不同的上市板块，给出其公司资产负债率及其三年和五年内资产负债率波动的描述性统计表，如表 3-17 所示。

表 3-17 不同板块公司资本结构的描述性统计表

变量	上市板块	样本量	均值	中值	最大值	最小值	标准差	下四分位点
Debttoasset	主板	3956	47.2011	44.5380	170.4460	2.8070	23.1970	28.5752
	创业板	4258	28.4724	25.6990	168.6880	1.1034	17.3026	14.4219
	中小板	7837	37.5281	35.8070	454.2890	0.7521	19.9309	21.8992
DTAsigma	主板	3883	4.3787	3.0300	66.5370	0.0023	4.6580	1.3455
	创业板	4224	5.5806	4.2023	73.4160	0.0002	4.9841	2.0260
	中小板	7813	5.3816	4.0021	251.6570	0.0023	6.1096	2.0408
DTAsigma2	主板	3890	5.4369	4.3365	66.5368	0.0261	4.8854	2.1512
	创业板	4228	7.0752	6.0084	59.1436	0.0681	5.1598	3.2053
	中小板	7818	6.7199	5.5261	234.7560	0.0802	6.3067	3.1808

由表 3-17 发现：公司资产负债率的均值由大到小依次排序为主板、中小板和创业板，而公司资产负债率波动由大到小依次排序则为创业板、中小板和主板，且这些公司在不同板块间的资本结构相差较大。由此发现，我国主板、创业板与中小板的公司资本结构存在较为明显的差异。

然后为进一步分析在不同上市板块市场上，有 PE/VC 持股的公司与没有 PE/VC 持股的公司在资本结构层面的区别，依据上市板块和公司在会计年度是否有 PE/VC 持股（PEVC dummy）指标，将数据进行划分，并对两组数据对应指标分别进行 t 检验和 Wilcoxon 符号秩检验，检验结果如表 3-18 所示。

由表 3-18 的结果发现：

（1）在主板、创业板和中小板市场上，没有 PE/VC 持股的公司其资产负债率的均值（中值）分别为 44.80（41.96）、27.55（24.66）和 36.42（34.77），而有 PE/VC 持股的公司其资产负债率的均值（中值）分别为 50.62（48.76）、29.97（26.91）和 39.35（37.79），其后者更大。同时，在主板、创业板和中小板市场上，没有 PE/VC 持股的公司资产负债率与有 PE/VC 持股的公司资产负债率在 1% 的水平下存在显著差异。这说明，在不同板块上，PE/VC 的介入对其持股公司资产负债率均存在显著的影响。

表 3-18　不同板块公司资本结构的 t 检验和 Wilcoxon 检验

变量	上市板块	PEVC dummy =1			t 检验	Wilcoxon 符号秩检验	PEVC dummy =0		
		样本量	均值	中值			样本量	均值	中值
Debttoasset	主板	163 1	50.62	48.76	(−7.82)***	(−7.35)***	232 5	44.80	41.96
	创业板	161 6	29.97	26.91	(−4.41)***	(−4.29)***	264 2	27.55	24.66
	中小板	296 3	39.35	37.79	(−6.31)***	(−6.18)***	487 4	36.42	34.77
DTAsigma	主板	160 8	4.02	2.76	(4.02)***	(5.32)***	227 5	4.63	3.30
	创业板	160 3	5.65	4.32	(−0.74)	(−1.59)	262 1	5.54	4.09
	中小板	295 1	5.68	4.21	(−3.36)***	(−4.03)***	486 2	5.20	3.90
DTAsigma2	主板	161 1	5.06	4.02	(4.07)***	(4.85)***	227 9	5.70	4.53
	创业板	160 4	7.21	6.21	(−1.31)	(−1.92)*	262 4	6.99	5.91
	中小板	295 2	7.04	5.80	(−3.52)***	(−3.89)***	486 6	6.52	5.35

注：同表 3-2。

（2）在主板市场上，没有 PE/VC 持股的公司三年内和五年内资产负债率波动（DTAsigma 和 DTAsigma2）的均值（中值）分别为 4.63（3.30）、5.70（4.53），而有 PE/VC 持股的公司三年内和五年内资产负债率波动（DTAsigma 和 DTAsigma2）的均值（中值）分别为 4.02（2.76）、5.06（4.02）。同时，在 1%的水平下，前者显著大于后者，且五年内资产负债率波动均比三年内资产负债率波动大。这说明在主板市场上，PE/VC 的介入会长期显著影响其持股公司资本结构的变动。

（3）在中小板市场上，没有 PE/VC 持股的公司三年内和五年内资产负债率波动（DTAsigma 和 DTAsigma2）的均值（中值）分别为 5.20（3.90）、6.52（5.35），而有 PE/VC 持股的公司三年内和五年内资产负债率波动（DTAsigma 和 DTAsigma2）的均值（中值）分别为 5.68（4.21）、7.04（5.80）。同时，在 1%的水平下，后者显著大于前者，且五年内资产负债率波动比三年内资产负债率波动大。这说明，在中小板市场上，PE/VC 的介入会长期显著影响其持股公司资本结构的变动，且该变动与主板市场存在差异。

（二）PE/VC 对其持股公司资本结构影响的板块特征检验

由表 3-18 的分析可知，在不同板块市场上，PE/VC 对其持股公司资本结构的影响也不同，因此，为了详细分析 PE/VC 对其持股公司资本结构影响的板块特征，本节分别从主板、创业板与中小板市场分析了 PE/VC 的介入对其持股公司资本结构影响的差异。

1. 主板市场 PE/VC 对其持股公司资本结构的影响实证分析

本节在模型 3-4 和模型 3-8 的基础上，筛选出属于主板市场的公司数据，进行回归得到模型 3-9 和模型 3-10，然后再分别将被解释变量替换为 DTAsigma 或 DTAsigma2，又得到回归模型 3-11 至模型 3-14，部分回归结果如表 3-19 所示。

表 3-19　主板市场上 PE/VC 对其持股公司资本结构影响的回归

模型	模型 3-9	模型 3-10	模型 3-11	模型 3-12	模型 3-13	模型 3-14
解释变量/被解释变量	Debttoasset	Debttoasset	DTAsigma	DTAsigma	DTAsigma2	DTAsigma2
PEVC dummy	-0.871 4 (-1.38)		0.184 4 (0.91)		0.440 0** (2.18)	
PEVC num		-0.689 2* (-1.84)		0.122 4 (1.10)		0.272 5** (2.37)

由表 3-19 的回归结果发现：

（1）在模型 3-9 的回归结果中，解释变量 PEVC dummy 与被解释变量 Debttoasset 不存在显著的相关关系，但在模型 3-10 的回归结果中，解释变量 PEVC num 与被解释变量 Debttoasset 在 10% 的水平下却存在显著的负相关关系。这说明，在主板市场上，PE/VC 的介入对其持股公司资产负债率影响的显著性不稳健。

（2）在模型 3-11 和模型 3-12 的回归结果中，解释变量 PEVC dummy 或 PEVC num 与被解释变量 DTAsigma 均不存在显著的相关关系，而在模型 3-13 至模型 3-14 的回归结果中，解释变量 PEVC dummy 或 PEVC num 与被解释变量 DTAsigma2 在 5% 的水平下却存在显著的正相关关系。这说明，在主板市场上，PE/VC 的介入对其持股公司资产负债率波动影响的显著性不稳健。

综上所述，在主板市场，PE/VC 的介入对其持股公司资产负债率及其变动的影响的显著性不稳健。换而言之，在主板市场上，PE/VC 对其持股公司资本结构不存在显著性影响。

2. 创业板市场 PE/VC 对其持股公司资本结构的影响实证分析

类似地，本节在模型 3-4 和模型 3-8 的基础上，筛选出属于创业板市场的公司数据，进行回归得到模型 3-15 和模型 3-16，然后再分别将被解释变量替换为 DTAsigma 或 DTAsigma2，又得到回归模型 3-17 至模型 3-20，部分回归结果如表 3-20 所示。

表 3-20 创业板市场上 PE/VC 对其持股公司资本结构影响的回归

模型	模型 3-15	模型 3-16	模型 3-17	模型 3-18	模型 3-19	模型 3-20
解释变量/被解释变量	Debttoasset	Debttoasset	DTAsigma	DTAsigma	DTAsigma2	DTAsigma2
PEVC dummy	0.070 7 (0.12)		-0.032 4 (-0.17)		-0.029 3 (-0.15)	
PEVC num		-0.066 0 (-0.17)		0.003 2 (0.02)		0.091 2 (0.70)

由表 3-20 模型 3-15 至模型 3-20 的回归结果发现：解释变量 PEVC dummy 与被解释变量 Debttoasset、DTAsigma 或 DTAsigma2 均不存在显著的相关关系，同时解释变量 PEVC num 与被解释变量 Debttoasset、DTAsigma 或 DTAsigma2 也均不存在显著的相关关系。这说明，在创业板市场上，PE/VC 对其持股公司资产负债率或资产负债率波动均不存在显著影响。换而言之，在创业板市场上，PE/VC 对其持股公司资本结构不存在显著性影响。

3. 中小板市场 PE/VC 对其持股公司资本结构的影响实证分析

最后在模型 3-4 和模型 3-8 的基础上，筛选出属于中小板市场的公司数据，进行回归得到模型 3-21 和模型 3-22，然后再分别将被解释变量替换为 DTAsigma 或 DTAsigma2，得到回归模型 3-23 至模型 3-26，部分回归结果如表 3-21 所示。

表 3-21 中小板市场上 PE/VC 对其持股公司资本结构影响的回归

模型	模型 3-21	模型 3-22	模型 3-23	模型 3-24	模型 3-25	模型 3-26
解释变量/被解释变量	Debttoasset	Debttoasset	DTAsigma	DTAsigma	DTAsigma2	DTAsigma2
PEVC dummy	0.843 4** (2.19)		0.500 3*** (3.75)		0.541 9*** (3.44)	
PEVC num		0.476 8** (2.02)		0.400 9*** (4.55)		0.407 2*** (4.54)

由表 3-21 的回归结果发现：

（1）由模型 3-21 和模型 3-22 的回归结果发现，在 5%的水平下，解释变量 PEVC dummy 与被解释变量 Debttoasset 存在显著的正相关关系，且解释变量 PEVC num 与被解释变量 Debttoasset 也存在显著的正相关关系。这说明，在中小板市场上，PE/VC 对其持股公司资产负债率存在显著的正向影响，即 PE/VC 的介入会提高其持股公司的资产负债率。

（2）由模型 3-23 至模型 3-26 的回归结果发现，在 1%的水平下，解释变量 PEVC dummy 与被解释变量 DTAsigma 或 DTAsigma2 均存在显著的正相关关系，且解释变量 PEVC num 与被解释变量 DTAsigma 或 DTAsigma2 也均存在显著的正相关关系。这说明，在中小板市场上，PE/VC 对其持股公司资产负债率波动会存在显著的正向影响，即 PE/VC 的介入会加剧其持股公司资产负债率的波动。

综上所述，在中小板市场上，PE/VC 的介入对其持股公司资产负债率或变动均存在显著的正向影响，即 PE/VC 的介入会提高其持股公司的资产负债率，加剧其持股公司资产负债率的波动。

五、资本结构及其波动在 PE/VC 对其持股公司财务风险的中介影响

前面已证实：PE/VC 的介入会提高其持股公司资产负债率，并加剧其持股公司资产负债率的波动，即 PE/VC 对其持股公司资本结构存在显

著的影响。而资本结构的调整会进一步影响公司的财务状况，进而影响公司的财务风险。因此，本节主要在前面研究的基础上，研究资本结构在PE/VC对其持股公司财务风险影响过程中的中介作用。本节的研究主要分为三个部分：第一部分分析资本结构的中介传导作用；第二部分探讨资本结构波动的中介传导作用；第三部分则共同分析资本结构及其波动的双重中介传导作用。

（一）资本结构的中介传导作用

本节先分析PE/VC通过资产负债率对其持股公司财务风险影响的情况，将公司资产负债率（Debttoasset）作为公司资本结构潜变量的代理变量，公司Z值（Z-score）作为公司财务风险被解释变量的代理变量，PE/VC是否持股（PEVC dummy）作为PE/VC持股的代理变量，同时从公司财务、公司资本结构、公司股权、公司自然属性和整个金融市场五个层面进行控制。将对应的代理变量分别带入式（3-15）至式（3-17）中，得到的回归方程、标准误和 t 值如表3-22所示。

表3-22 资本结构的中介效应检验（N=10 747）

中介效应	回归方程	标准误	Z 值
回归一	Z-score=-0.461 3PEVC dummy	0.249	-1.85*
回归二	Debttoasset=0.540 5PEVC dummy	0.300	1.80*
回归三	Z-score=-0.344 5PEVC dummy	0.241	-1.43
	-0.216 1Debttoasset	0.008	-27.96***

注：回归方程中省略了回归结果中所有的常数项和控制变量的回归项，仅列出被解释变量 Z-score、直接解释变量 PEVC dummy 和潜变量 Debttoasset 的回归系数，同时三个回归中的控制变量均排除变量 Debttoasset 和 Longdebttoasset。*，**，*** 分别表示在10%、5%、1%水平下显著。

由表3-22的回归结果发现：

（1）在回归一中，变量 PEVC dummy 的回归系数 c 在10%的水平下负显著，同时，在回归二中变量 PEVC dummy 的回归系数 a 在10%水平下正显著,在回归三中变量 Debttoasset 的回归系数 b 在 1%水平下负显著。这说明,变量 Debttoasset 的间接效应显著,即变量 Debttoasset 存在显著的中介效应。同时,PE/VC 通过提高其持股公司资产负债率,进而降低其公司 Z 值,增加公司财务风险。

(2)在回归三中,变量 PEVC dummy 的回归系数 c' 并不显著。这说明,在控制了其他变量的前提下,变量 PEVC dummy 对变量 Z-score 的直接效应不显著,即 PE/VC 对其持股公司财务风险的直接效应不显著。

基于以上回归结果及分析,再用 delta 方法对回归系数 ab 的显著性进行检验,待估系数记为 Debttoasset_ab,检验结果如表 3-23 所示。

表 3-23 资本结构中介效应的 delta 方法检验

待估计系数	点估计	标准误	Z 值
Debttoasset_ab	−0.116 8	0.065 0	−1.80*

由表 3-23 的 delta 方法检验结果发现,资本结构在 PE/VC 对其持股公司财务风险影响中的总体间接效应为−0.1168,且在 10%的水平下,该影响显著为负。因此,在样本服从正态分布假设的前提下,资产负债率在 10%的水平下存在显著为负的总体间接效应。

前面结论是基于样本服从正态分布的假设前提下,可现实中许多数据并未完全服从正态分布。因此,本节接着采用 Bootstrap 运算方法对表 3-22 中的回归模型进行 1 000 次重复,待估系数记为 Bootstrap_Debttoasset_ab,得到的置信区间如表 3-24 所示。

表 3-24 资本结构中介效应的 Bootstrap 检验(N=10 747)

待估计系数/置信区间类型	P95%置信区间	BC95%置信区间	BCa95%置信区间
Bootstrap_Debttoasset_ab	[−0.237 3, 0.000 9]	[−0.238 7, −0.003 1]	[−0.238 7, −0.003 1]

注:P 指的是百分位 percentile,BC 指的是偏差修正 bias corrected,BCa 指的是加速偏差修正 bias corrected and accelerated。

由表 3-24 的 Bootstrap 检验结果发现,BC 和 BCa 类型得到的置信区间一致,它们均小于 0 且不包含 0。这说明,在样本服从非正态分布假设的前提下，资产负债率在5%水平下存在显著为负的总体间接效应。

综上所述，我国PE/VC通过其持股公司资产负债率对其财务风险存在显著的负向间接效应。然而，PE/VC对其持股公司财务风险的直接影响不显著，这可能是因PE/VC与其持股公司财务风险线性回归模型存在内生性问题。因此，总的来说，PE/VC通过资产负债率对其持股公司财务风险的影响存在显著的中介效应。同时，在满足正态分布时，资产负债率中介变量在10%的水平下显著为负，总体间接效应为-0.116 8。换而言之，PE/VC通过提高其持股公司的资产负债率，降低公司Z值，进而增加公司的财务风险。

（二）资本结构波动的中介传导作用

本节再分析PE/VC通过资本结构波动对其持股公司财务风险影响的情况。将公司三年内资本结构波动（DTAsigma）作为公司资本结构波动潜变量的代理变量，公司Z值（Z-score）作为公司财务风险被解释变量的代理变量，PE/VC是否持股（PEVC dummy）作为PE/VC持股的代理变量，同时从公司财务、公司资本结构、公司股权、公司自然属性和整个金融市场五个层面进行控制。将对应的代理变量分别带入式（3-15）至式（3-17）中，得到的回归方程、标准误和t值如表3-25所示。

表3-25 资本结构波动的中介效应检验（N=10 282）

中介效应	回归方程	标准误	Z值
回归一	Z-score=-0.345 0PEVC dummy	0.217	-1.59
回归二	DTAsigma=0 .336 0PEVC dummy	0.105	3.19***
回归三	Z-score=-0.304 5PEVC dummy	0.216	-1.41
	-0.124 4DTAsigma	0.020	-6.16***

注：回归方程中省略了回归结果中所有的常数项和控制变量的回归项，仅列出被解释变量Z-score、直接解释变量PEVC dummy和潜变量DTAsigma的回归系数。*，**，***分别表示在10%、5%、1%水平下显著。

由表3-25的回归结果发现：

（1）在回归一中，变量 PEVC dummy 的回归系数 c 在 10%的水平下不显著，而在回归二中变量 PEVC dummy 的回归系数 a 在 1%水平下正显著，在回归三中变量 DTAsigma 的回归系数 b 在 10%水平下负显著。这说明，变量 DTAsigma 存在遮掩效应，且其间接效应也显著，即 PE/VC 通过加剧其持股公司资本结构波动，进而降低公司 Z 值。

（2）在回归三中，变量 PEVC dummy 的回归系数 c' 并不显著。这说明，在控制了其他变量的前提下，变量 PEVC dummy 的直接效应不显著，即 PE/VC 对其持股公司财务风险的直接效应不显著。

基于以上回归结果及分析，再用 delta 方法对回归系数 ab 的显著性进行检验，待估计系数记为 DTAsigma_ab，检验结果如表 3-26 所示。

表 3-26 资本结构波动中介效应的 delta 方法检验

待估计系数	点估计	标准误	Z 值
DTAsigma_ab	-0.041 8	0.014 8	-2.83***

由表 3-26 的 delta 方法检验结果发现，资本结构波动在 PE/VC 对其持股公司财务风险影响中的总体间接效应为-0.041 8，且在 1%的水平下显著为负。因此，在样本服从正态分布假设的前提下，资本结构波动在 1%的水平下总体间接效应显著为负。

同样地，接着采用 Bootstrap 运算方法对表 3-25 的回归模型进行了 1 000 次重复，待估计系数记为 Bootstrap_EVsigma_ab，得到的置信区间如表 3-27 所示。

表 3-27 资本结构波动中介效应的 Bootstrap 方法检验（N=10 282）

待估计系数/置信区间类型	P95%置信区间	BC95%置信区间	BCa95%置信区间
Bootstrap_DTAsigma_ab	[-0.070 2, -0.014 3]	[-0.074 3, -0.017 7]	[-0.074 3, -0.017 7]

注：同表 3-24。

由表 3-27 的 Bootstrap 检验结果可发现，三种类型的置信区间中均小于 0 且不包含 0。这说明，在样本服从非正态分布假设的前提下，资本结构波动在 5%水平下的总体间接效应显著为负。

综上所述，我国 PE/VC 通过其持股公司资本结构波动对其财务风险存在显著的负向间接效应，即资本结构波动在 PE/VC 对其持股公司财务风险影响的过程中起到了显著的中介作用。同时，在样本服从正态分布时，变量 DTAsigma 在 1%的水平下显著为负，总体间接效应为-0.041 8。换而言之，PE/VC 通过加剧其持股公司资产负债率的波动，降低公司 Z 值，进而增加公司的财务风险。

（三）资本结构及其波动的双重中介传导作用

前面研究发现：资产负债率及其三年内的变动在 PE/VC 对其公司财务风险影响的过程中均存在显著的间接效应。资产负债率与资产负债率波动哪一个的中介作用更显著呢？本节对此进行了讨论。将公司资产负债率（Debttoasset）及其三年内的变动（DTAsigma）分别作为公司资本结构和资本结构波动的代理变量，公司 Z 值（Z-score）作为公司财务风险被解释变量的代理变量，PE/VC 是否持股（PEVC dummy）作为 PE/VC 持股的代理变量，同时从公司财务、公司资本结构、公司股权、公司自然属性和整个金融市场五个层面进行控制，然后将代理变量分别带入式（3-15）至式（3-17）中，得到的回归方程、标准误和 t 值如表 3-28 所示。

表 3-28 资本结构及其波动的中介效应检验（N=10 746）

中介效应	回归方程	标准误	Z 值
回归一	Z-score=-0.461 3PEVC dummy	0.249	-1.85[*]
回归二	Debttoasset=0.523 3PEVC dummy	0.300	1.75[*]
	DTAsigma=0.343 1PEVC dummy	0.111	3.08[***]
回归三	Z-score=-0.322 2PEVC dummy	0.240	-1.34
	-0.208 2Debttoasset	0.008	-25.94[***]
	-0.080 2DTAsigma	0.022	-3.71[***]

注：同表 3-22。

由表 3-28 的回归结果发现：回归一中变量 PEVC dummy 的回归系数

c 在10%的水平下显著为负,回归二的两个回归模型中变量 PEVC dummy 的回归系数在 10%水平下均显著为正,在回归三中变量 Debttoasset 和变量 DTAsigma 的回归系数在 1%水平下均显著为负。这说明,变量 Debttoasset 和变量 DTAsigma 在 PE/VC 对其持股公司财务风险的影响中均存在显著的中介效应。

基于以上回归结果及分析,再用 delta 方法对回归系数 ab 的显著性进行检验,检验结果如表 3-29 所示。

表 3-29 资本结构及其波动中介效应的 delta 方法检验

待估计系数	点估计	标准误	Z 值
Debttoasset_ab	−0.109 0	0.062 6	−1.74*
DTAsigma_ab	−0.027 5	0.011 6	−2.37**
Total	−0.136 5	0.065 8	−2.07**

由表 3-29 的 delta 方法检验结果发现,变量 Debttoasset 在 PE/VC 对其持股公司财务风险影响中的间接效应为-0.109 0,变量 DTAsigma 在 PE/VC 对其持股公司财务风险影响中的间接效应为-0.027 5,它们的总体间接效应为-0.136 5,且变量 DTAsigma 的中介作用比变量 Debttoasset 的中介作用更显著。

同样地,再采用 Bootstrap 运算方法对表 3-28 中的回归模型进行了 1 000 次重复,得到的置信区间如表 3-30 所示。

表 3-30 资本结构及其波动中介效应的 Bootstrap 方法检验(N=10 746)

待估计系数/置信区间类型	P95%置信区间	BC95%置信区间	BCa95%置信区间
Bootstrap_DTAsigma_ab	[−0.061 2, −0.005 7]	[−0.064 6, −0.007 1]	[−0.060 8, −0.005 7]
Bootstrap_Debttoasset_ab	[−0.228 2, 0.005 6]	[−0.233 3, 0.001 4]	[−0.233 3, 0.001 4]
Bootstrap_Total	[−0.258 6, −0.014 7]	[−0.258 1, −0.013 7]	[−0.258 1, −0.013 1]

注:同表 3-24。

由表 3-30 的 Bootstrap 检验结果发现，变量 Debttoasset 的三种类型置信区间中均包含 0，而变量 DTAsigma 的 BC 和 BCa 置信区间满足均小于 0 且不包含 0。这说明，在样本服从非正态分布假设的前提下，资产负债率波动比资产负债率在 5%水平下存在更为显著的间接效应。

综上所述，在资本结构方面，资产负债率与资产负债率波动在 PE/VC 对其持股公司财务风险影响的过程中均存在显著的中介效应，且后者的间接效应更显著。因此，在后面讨论资本结构在 PE/VC 对其持股公司财务风险影响中介作用的上市板块特征时，将同时选用资产负债率和资产负债率波动作为资本结构及其波动的代理变量，共同分析它们在不同上市板块中的中介作用的差异。

第四节 资本结构及其波动在不同上市板块中介效应的差异

为进一步讨论资本结构及其波动在 PE/VC 对其持股公司财务风险影响中的中介作用，本节将从主板、创业板与中小板市场，分别讨论资本结构及其波动的中介作用。

一、主板市场资本结构及其波动的中介作用

先分析主板市场资本结构及其波动在 PE/VC 对其持股公司财务风险影响中的中介作用。将公司资产负债率（Debttoasset）及其三年内的变动（DTAsigma）分别作为公司资本结构和资本结构波动的代理变量，公司 Z 值（Z-score）作为公司财务风险被解释变量的代理变量，PE/VC 是否持股（PEVC dummy）作为 PE/VC 持股的代理变量，同时从公司财务、公司资本结构、公司股权、公司自然属性和整个金融市场五个层面进行控制，筛选出主板市场的样本，将代理变量分别带入式（3-15）至式（3-17）中，得到的回归方程、标准误和 t 值如表 3-31 所示。

表3-31 主板市场资本结构及其波动的中介效应检验（$N=2\,183$）

中介效应	回归方程	标准误	Z值
回归一	Z-score=0.024 2PEVC dummy	0.177	0.14
回归二	Debttoasset=-0.950 5PEVC dummy	0.667	-1.43
	DTAsigma=0.184 4PEVC dummy	0.210	0.88
回归三	Z-score=-0.028 4PEVC dummy	0.168	-0.17
	-0.070 9Debttoasset	0.005	-12.93***
	-0.048 4DTAsigma	0.017	-2.78***

注：同表3-22。

由表3-31的回归结果发现：回归一中变量PEVC dummy的回归系数不显著，回归二的两个回归模型中变量PEVC dummy的回归系数均不显著，回归三中变量Debttoasset和变量DTAsigma的回归系数在1%水平下均显著为负。此时无法判断出变量Debttoasset和变量DTAsigma在PE/VC对其持股公司财务风险影响中的中介效应的显著性，需依据Bootstrap检验结果来判断。

因此，本节接着采用Bootstrap运算方法对表3-30中的回归模型进行了1 000次重复，得到的置信区间如表3-32所示。

表3-32 主板市场资本结构及其波动中介效应的Bootstrap方法检验

待估计系数/置信区间类型	P95%置信区间	BC95%置信区间
Bootstrap_Debttoasset_ab	[-0.017 54, 0.167 7]	[-0.014 1, 0.172 2]
Bootstrap_DTAsigma_ab	[-0.036 4, 0.011 1]	[-0.043 5, 0.007 8]
Bootstrap_Total	[-0.031 6, 0.165 0]	[-0.034 6, 0.158 6]

注：$N=2\,183$，P指的是百分位percentile，BC指的是偏差修正bias corrected。

由表3-32的Bootstrap检验结果发现，变量Debttoasset和变量DTAsigma的两种类型置信区间中均包含0。这说明，在样本服从非正态分布假设的前提下，主板市场上资本结构及其波动在PE/VC对其持股公司财务风险影响中的中介效应不显著。

二、创业板市场资本结构及其波动的中介作用

接着分析创业板市场资本结构及其波动在PE/VC对其持股公司财务风险影响中的中介作用。将公司资产负债率（Debttoasset）及其三年内的变动（DTAsigma）分别作为公司资本结构和资本结构波动的代理变量，公司Z值（Z-score）作为公司财务风险被解释变量的代理变量，PE/VC是否持股（PEVC dummy）作为PE/VC持股的代理变量，同时从公司财务、公司资本结构、公司股权、公司自然属性和整个金融市场五个层面进行控制，然后筛选出创业板市场的样本，将代理变量分别带入式（3-15）至式（3-17）中，得到的回归方程、标准误和t值如表3-33所示。

表3-33　创业板市场资本结构及其波动的中介效应检验（N=2 632）

中介效应	回归方程	标准误	Z值
回归一	Z-score=-0.276 0PEVC dummy	0.549	-0.05
回归二	Debttoasset=0.070 7PEVC dummy	0.586	0.12
	DTAsigma=-0.032 4PEVC dummy	0.198	-0.16
回归三	Z-score=-0.258 3PEVC dummy	0.514	-0.50
	-0.301 2Debttoasset	0.018	-16.86***
	-0.110 6DTAsigma	0.053	-2.09**

注：同表3-22。

由表3-33的回归结果发现：回归一中变量PEVC dummy的回归系数不显著，回归二的两个回归模型中变量PEVC dummy的回归系数均不显著，回归三中变量Debttoasset和变量DTAsigma的回归系数在1%水平下均显著为负。此时也无法判断出变量Debttoasset和变量DTAsigma在PE/VC对其持股公司财务风险影响中的中介效应显著性，需进行Bootstrap检验。

因此，本节接着采用Bootstrap运算方法对表3-33中的回归模型进行了1 000次重复，得到的置信区间如表3-34所示。

由表3-34的Bootstrap检验结果发现，变量Debttoasset和变量DTAsigma的两种类型置信区间中均包含0。这说明，在样本服从非正态

分布假设的前提下，创业板市场上资本结构及其波动在 PE/VC 对其持股公司财务风险影响中的中介效应不显著。

表 3-34　创业板市场资本结构及其波动的中介效应 Bootstrap 方法检验

待估计系数/置信区间类型	P95%置信区间	BC 95%置信区间
Bootstrap_Debttoasset_ab	[−0.363 8, 0.324 3]	[−0.343 4, 0.339 0]
Bootstrap_DTAsigma_ab	[−0.046 1, 0.064 3]	[−0.037 0, 0.075 5]
Bootstrap_Total	[−0.368 0, 0.329 3]	[−0.351 0, 0.356 1]

注：$N=2\,632$，其他同表 3-32。

三、中小板市场资本结构及其波动的中介作用

然后分析中小板市场资本结构及其波动在 PE/VC 对其持股公司财务风险影响中的中介作用。将公司资产负债率（Debttoasset）及其三年内的变动（DTAsigma）分别作为公司资本结构和资本结构波动的代理变量，公司 Z 值（Zscore）作为公司财务风险被解释变量的代理变量，PE/VC 是否持股（PEVC dummy）作为 PE/VC 持股的代理变量，同时从公司财务、公司资本结构、公司股权、公司自然属性和整个金融市场五个层面进行控制，然后筛选出中小板市场的样本，将代理变量分别带入式（3-15）至式（3-17）中，得到的回归方程、标准误和 t 值如表 3-35 所示。

表 3-35　中小板市场资本结构及其波动的中介效应检验（$N=5\,931$）

中介效应	回归方程	标准误	Z 值
回归一	Z-score=−0.233 4PEVC dummy	0.364	−0.64
回归二	Debttoasset=0.843 4PEVC dummy	0.401 2	2.10**
	DTAsigma=0.500 3PEVC dummy	0.161	3.10***
回归三	Z-score=−0.032 0PEVC dummy	0.352	−0.09
	−0.214 4Debttoasset	0.012	−18.09***
	−0.041 2DTAsigma	0.030	−1.40

注：同表 3-22。

由表 3-35 的回归结果发现：回归一中变量 PEVC dummy 的回归系数不显著，回归二的两个回归模型中变量 PEVC dummy 的回归系数在 5% 水平下均显著为正，在回归三中仅变量 Debttoasset 的回归系数在 1% 水平下均显著为负，而变量 DTAsigma 的回归系数不显著。这说明，变量 Debttoasset 在 PE/VC 对其持股公司财务风险的影响中均存在显著的中介效应，但无法判断变量 DTAsigma 中介效应的显著性，需依据 Bootstrap 结果来判断。

用 delta 方法对回归系数 ab 的显著性进行检验，检验结果如表 3-36 所示。

表 3-36　中小板市场资本结构及其波动的中介效应 delta 方法检验

待估计系数	点估计	标准误	Z 值
Debttoasset_ab	-0.180 8	0.086 6	-2.09**
DTAsigma_ab	-0.020 6	0.016 2	-1.27
Total	-0.201 4	0.089 4	-2.25**

由表 3-36 的 delta 方法检验结果发现，变量 Debttoasset 在 PE/VC 对其持股公司财务风险影响中的间接效应为-0.180 8，而变量 DTAsigma 在 PE/VC 对其持股公司财务风险影响中的间接效应不显著，它们的总体间接效应为-0.201 4。

同样对表 3-30 中的回归模型进行 1 000 次重复 Bootstrap 运算，得到的置信区间如表 3-37 所示。

表 3-37　中小板市场资本结构及其波动中介效应的 Bootstrap 方法检验

待估计系数/置信区间类型	P95%置信区间	BC95%置信区间
Bootstrap_Debttoasset_ab	[-0.349 1, -0.018 4]	[-0.343 3, -0.008 3]
Bootstrap_DTAsigma_ab	[-0.083 7, 0.018 0]	[-0.075 4, 0.025 2]
Bootstrap_Total	[-0.392 2, -0.042 0]	[-0.376 7, -0.035 4]

注：N=5 931，其他同表 3-32。

由表 3-37 的 Bootstrap 检验结果发现，变量 Debttoasset 的两种类型置信区间均小于 0 且不包含 0，而变量 DTAsigma 的两种类型置信区间均包含 0。这说明，在样本服从非正态分布假设的前提下，仅资产负债率在 PE/VC 对其持股公司 Z 值影响中存在显著为负的中介效应，而资产负债率波动的中介作用不显著。因为 Z 值越小，公司财务风险则越大，所以在中小板市场，资产负债率在 PE/VC 对其持股公司财务风险影响中的中介效应显著为正。

本章小结

本章旨在研究我国 PE/VC 对其持股公司财务风险影响的资本结构传导路径。一方面，本章利用工具变量法 2SLS 两阶段回归，以及 Hausman 检验、DWH 检验、F 检验和 Wald 检验，发现 PE/VC 对其持股公司资本结构的影响不存在内生性问题，然后基于多元线性回归模型，从静态和动态的视角分别分析了 PE/VC 对其持股公司资本结构的影响及该影响的板块异质性。另一方面，在第一方面研究的基础上，分析资本结构在 PE/VC 对其持股公司财务风险影响过程中的中介作用，并探讨 PE/VC 对其持股公司财务风险影响的资本结构路径的板块差异。本章基于前面的分析，最终得到以下四个结论：

（1）对整个市场而言，PE/VC 在进入公司后，会倾向债务融资，调整公司资本结构，提高公司负债比率，从而增加公司财务风险。同时，PE/VC 的介入还会加剧其持股公司资本结构的变动，从而使公司资本结构不稳定。

（2）对各个板块市场而言，PE/VC 对其持股公司资本结构及其波动的影响存在板块异质性。在中小板市场，PE/VC 的介入会提高其持股公司资产负债率，并加剧资本结构波动，而在主板市场和创业板市场，我国 PE/VC 对其持股公司资本结构的影响并不显著。在中小板市场得到的结论与在整个市场得到的结论相一致，这说明 PE/VC 对其持股公司资本结构的影响主要受到中小板市场的牵制。

（3）对整个市场而言，资本结构及其波动在 PE/VC 对其持股公司财务风险的影响存在显著为正的中介效应。换而言之，PE/VC 的介入会通过提高其持股公司资产负债率，加剧公司资产负债率波动，进而降低公司 Z 值，增加公司财务风险。

（4）对各个板块市场而言，PE/VC 对其持股公司财务风险影响的资本结构传导路径存在板块差异。中小板市场上，资本结构在 PE/VC 对其持股公司财务风险影响中的中介效应显著为正，而在主板市场和创业板市场上，资本结构及其波动在 PE/VC 对其持股公司财务风险影响中的中介效应均不显著。

第四章 我国PE/VC对其持股上市公司财务风险影响的股权结构传导方式

除了公司资本结构外，公司的股权结构是公司治理研究中另一个重点分析的对象，公司的发展需要合理的股权结构来支撑。公司股权分离后，代理人（企业家）、监督者和委托人（其他投资者）三者之间的委托代理矛盾随之逐渐凸显（Grossman 和 Hart，1980）。为了尽可能地避免道德风险的产生，股权集中制开始出现，大型监督者往往具有最有影响力的决策权，他们的出现可有效地规避三者间的道德风险，但是他们的出现也有一些弊端，如过度的股权集中就会容易产生搭便车问题（Admati et al.，1994；Admati 和 Pfleiderer，1994；陆正飞和胡诗阳，2015）。

许多学者对于PE/VC对其投资公司股权结构的影响进行了研究，且多数学者均认为PE/VC对其投资公司找到最优股权结构有促进作用，即我国 PE/VC 可有效改善其持股上市公司的股权结构。陈永庆和王浣尘（2002）通过建立风险公司股权结构与双边激励问题的关系模型，从解决激励风险企业家、风险投资家为风险企业做出努力的双边激励问题出发，确定最优的风险企业股权结构。同时，他们还发现，虽然企业家和PE/VC间存在严重的委托-代理问题，但在PE/VC进入公司后，它们会改善公司的股权结构，减缓企业家和PE/VC间的矛盾，从而有助于激励两者为同一目标而努力。顾宁和孙彦林（2014）通过研究发现，在股权结构优化的可选模式中，通过引进私募股权风险资本，建立多个大股东股权制衡机制最符合我国中小企业的经营特点。

既然我国 PE/VC 能促进其持股公司找到最优的股权结构，那么 PE/VC 的介入可能影响其持股上市公司的股权结构，但是以往的研究主要分析的是有 PE/VC 持股和没有 PE/VC 持股在公司股权结构方面的区别，进而分析其对公司绩效或公司治理水平的影响。而本章旨在研究我国 PE/VC 对其持股公司财务风险影响的股权结构传导方式。一方面，本章从股本结构静态和动态的视角，分析我国 PE/VC 对其持股公司股本结构的影响；另一方面，在第一方面研究的基础上，分析股权结构在 PE/VC 对其持股公司财务风险影响过程中的中介作用。本章的研究主要分四个部分：第一部分为分析我国 PE/VC 对其持股公司股权结构及其波动的影响；第二部分为探析 PE/VC 对其持股公司股权结构影响的板块特征；第三部分则在前文研究基础上分析股权结构及其波动在 PE/VC 对其持股公司财务风险的中介影响；第四部分为进一步探讨股权结构及其波动在不同上市板块中介效应的差异。

第一节 理论分析与研究假设

一、PE/VC 对其持股公司股权结构影响的经济学分析及研究假设

Lener（1997）认为，PE/VC 通常并不局限于只是监督公司经理的想法和决策，它们还可帮助征募经理团队，重塑公司策略和商业模式，建立会计和员工薪酬制度。有学者从解决激励风险企业家、风险投资家为风险企业做出努力的双边激励问题出发，发现虽然风险企业家与 PE/VC 间存在严重的委托-代理问题，但 PE/VC 可改善公司的股权结构，减缓企业家和 PE/VC 间的矛盾，从而有助于激励两者为同一目标而努力，但 PE/VC 的进入后可建立多个大股东股权制衡机制（陈永庆和王浣尘，2002）。也有学者认为，通过引进私募股权风险资本，建立多个大股东股权制衡机制最符合我国中小企业的经营特点（顾宁和孙彦林，2014）。由

此可知，我国 PE/VC 有改善其持股上市公司股权结构的能力及动力。当 PE 为了更有效地调整被投资公司达到最优的股权结构，其会倾向追加投资，增加其对公司的持股比例，使公司股权集中度有所提升，从而增加了我国 PE/VC 对其投资公司的运营决策权力，进而增加其持股公司的股权集中度。由此提出假设 4-1。

假设 4-1 PE/VC 的介入会提高其持股公司前十大股东持股比例。

我国资本市场错综复杂，不同上市板块所面向的企业类型与规模要求也不尽相同，如：主板主要面向大型成熟企业，对发行人的营业期限、股本大小、盈利水平等方面有较高要求；中小板主要面向已进入成熟期，但规模比主板企业小的中小企业，对发行人的要求比主板市场的要求低；而创业板主要面向符合发行条件，但尚未达到其他上市板块标准的成长型、科技型及创新型企业。吴松和郑小朋（2003）认为，我国不同的上市板块市场对上市公司的股权约束不尽相同。不同的股权约束也使公司前十大股东持股比例的要求在各个上市板块上有所差异，因此，PE/VC 对其持股公司股权结构的影响极可能会存在板块差异。由此提出假设 4-2。

假设 4-2 PE/VC 对其持股公司前十大股东持股比例的影响存在板块异质性。

二、股权结构作为中介变量的经济学分析及研究假设

我国 PE/VC 在进入公司后，会参与并影响公司的监管和管理决策的活动，并可改善公司股权结构，而公司股权越集中，PE/VC 作为大股东的公司运营和财务战略选择的决策权也会越大，并且公司股权结构是影响资本结构选择的重要因素。有研究表明，公司股权集中度与债务比例显著正相关，且股权结构的变化对资本结构的动态调整也会产生显著的影响（曹廷求和孙文祥，2004）。因此，在 PE/VC 为追求自身利益最大化过程中，当公司的财务战略决策权越大时，公司选择债务融资的可能性越大，则公司财务风险增加的概率也会增加。由此提出假设 4-3。此外，在我国不同上市板块市场，对 PE/VC 风险偏好的约束也会有所不同，进而

使它们在其持股公司的财务战略决策权也会有所差异。有学者研究表明，我国不同板块间除了存在公司规模差异与对发行人要求不一致外，还存在其他显著的差异。如：公司行业分布不均、公司股权结构对企业绩效影响不同、市场监管措施与会计稳健性不一及每股股利与股利分配率差异化等（陈策和吕长江，2011；蔡伟毅和邓光宏，2014）。由此提出假设 4-4。

假设 4-3 公司股权结构在我国 PE/VC 对其持股公司财务风险的影响中存在显著的中介作用。

假设 4-4 我国 PE/VC 对其持股公司财务风险影响的股权结构传导方式存在板块异质性。

第二节 变量选择与研究设计

一、变量定义

本章旨在研究我国 PE/VC 对其持股公司财务风险影响的股权结构传导方式，先分析我国 PE/VC 对其持股公司股权结构的影响，再分析股权结构在 PE/VC 对其持股公司财务风险影响过程中的中介作用。本书依据不同的研究内容来定义变量。

（一）我国 PE/VC 对其持股公司股权结构的影响

我国 PE/VC 对其持股公司股权结构影响的变量从被解释变量、核心解释变量和控制变量三个方面进行说明。

1. 被解释变量

本章的待被解释因素为上市公司的股权结构，分别从静态和动态的角度来分析我国 PE/VC 对其持股上市公司股权结构的影响，因此，本章将上市公司前十大股东持股比例（Top10）和三年期的前十大股东持股比例波动（Top10sigma）作为核心被解释变量，同时将五年期的前十大股东持股比例波动（Top10sigma2）作为上市公司股权结构动态影响的辅助代理变量。

2. 核心解释变量

为了详细分析我国 PE/VC 对其持股上市公司股权结构的影响，将上市公司在会计年度是否存在 PE/VC 持股（PEVC dummy）的虚拟变量作为核心解释变量，将 PE/VC 在前十大股东中席位数（PEVC num）作为其辅助代理变量。

3. 控制变量

从公司财务、公司资本结构、股本、公司自然属性和整个金融市场五个层面来控制我国 PE/VC 对上市公司股权结构可能造成影响的其他因素。指标的选取除了提出前十大股东持股比例外，其他均与第二章的控制变量指标选取一致。

（二）股权结构在 PE/VC 对其持股公司财务风险影响过程中的中介作用

股权结构在 PE/VC 对其持股公司财务风险影响过程中的中介作用从被解释变量、直接解释变量、潜变量和控制变量四个方面来选择变量。

1. 被解释变量

本章的被解释变量为上市公司财务风险，将上市公司在会计年度发生财务失败或破产的可能性（Zscore）作为被解释变量的代理变量。

2. 直接解释变量

本章将上市公司在会计年度是否存在 PE/VC 持股（PEVC dummy）的虚拟变量作为直接解释变量的代理变量。

3. 潜变量

本章的潜变量主要指公司股权结构，可用前十大股东持股比例

（Top10）和三年内前十大股东持股比例波动（Top10sigma）分别作为股权结构和股权结构波动的代理变量。其中，三年内前十大股东持股比例波动用前十大股东持股比例在三年内的标准差来计量。

4. 控制变量

本章的控制变量依据各自回归的被解释变量从以下五个层面选择来控制我国 PE/VC 对上市公司财务风险影响的传导过程，它们主要是公司财务、公司资本结构、公司股权、公司自然属性和整个金融市场五个层面。这五个层面的指标与第二章一致，同时也对时间和行业进行了控制。

二、数据的统计分析

在对数据异常值进行删除处理后，将本章相关变量的数据进行统计分析，统计表如表 4-1 所示。

表 4-1 数据描述性统计表

变量	样本量	均值	中值	最大值	最小值	标准差	下四分位点
Top10	16 055	64.259 2	65.91	100	2.12	14.669 3	54.54
Top10sigma	15 922	3.416 5	2.287 0	52.648 6	0	3.641 2	0.982 9
Top10sigma2	15 937	4.643 2	3.531 9	54.206 8	0	4.033 7	1.723 1

由表 4-1 发现，变量 Top10 的均值和中值分别为 64.259 2 和 65.91，这说明我国上市公司的前十大股东持股比例平均水平在 65%。另外，变量 Top10sigma 的均值和中值分别为 3.416 5 和 2.287 0，变量 Top10sigma2 的均值和中值分别为 4.643 2 和 3.531 9，满足 4.643 2>3.416 5 和 3.531 9>2.287 0。这说明五年内的公司前十大股东持股比例的波动通常大于三年内的公司前十大股东持股比例的波动，且该变动在 30%左右。

然后，为进一步分析有 PE/VC 持股的公司与没有 PE/VC 持股的公司在前十大股东持股比例及其他相关指标方面的区别，依据上市公司在会计年度是否有 PE/VC 持股（PEVC dummy）指标，对数据进行了划分，并对两组数据对应指标分别进行了 t 检验和 Wilcoxon 符号秩检验，得到的检验结果如表 4-2 所示。

表 4-2 对是否有 PE/VC 持股两类样本的 t 检验和 Wilcoxon 符号秩检验

变量	PEVC dummy =1			t 检验	Wilcoxon 符号秩检验	PEVC dummy =0		
	样本量	均值	中值			样本量	均值	中值
Top10	6 210	64.55	65.94	(−1.67)*	(−1.30)	9 845	64.22	65.96
Top10sigma	6 162	3.53	2.43	(−3.11)***	(−5.32)***	9 760	3.34	2.20
Top10sigma2	6 167	4.79	3.68	(−3.76)***	(−5.18)***	9 770	4.55	3.42

注：t 检验一栏括号内为 t 值，而 Wilcoxon 符号秩检验一栏括号内为 Z 值，括号外右上角的符号***、**、*分别表示 1%、5%、10%的显著性水平（双尾）。

由表 4-2 的 t 检验和 Wilcoxon 符号秩检验结果发现以下两个结论：

（1）在 10%的水平下，处理组 PEVC dummy =1 变量 Top10 的均值（均值为 64.55）显著大于控制组 PEVC dummy =0 变量 Top10 的均值（均值为 64.22）。这说明与没有 PE/VC 持股的公司相比，有 PE/VC 持股的公司其前十大股东持股比例更大。

（2）在 1%的水平下，处理组 PEVC dummy =1 变量 Top10sigma 的均值和中值（均值为 3.53，中值为 2.43）显著大于控制组 PEVC dummy =0 变量 Top10sigma 的均值和中值（均值为 3.34，中值为 2.20）。同时，在 1%的水平下，处理组 PEVC dummy=1 变量 Top10sigma2 的均值和中值（均值为 4.79，中值为 3.68）显著大于控制组 PEVC dummy=0 变量 Top10sigma2 的均值和中值（均值为 4.55，中值为 3.42）。这说明与没有 PE/VC 持股的公司相比，有 PE/VC 持股的公司其前十大股东持股比例波动幅度更大。

三、研究设计及模型选择

（一）我国 PE/VC 对其持股公司股权结构影响的研究设计及模型选择

在分析我国 PE/VC 对其持股公司股权结构的影响时，本章主要基于式（2-14）、式（2-17）和式（2-18），分别带入对应的被解释变量和解释变量，并得到不同的回归结果，具体见本章第三节和第四节。

（二）股权结构在 PE/VC 对其持股公司财务风险影响中介效应的检验

研究股权结构在 PE/VC 对其持股公司财务风险影响的中介效应时，主要依据第四章由忠麟和叶宝娟（2014）提出的中介效应检验流程基于式（3-15）至式（3-17）的中介效应模型，对股权结构及其波动的中介作用进行检验，具体见本章第五节和第六节。

第三节　股权结构及其波动在 PE/VC 对其持股公司财务风险影响的中介作用

本节主要从 PE/VC 对其持股公司股权结构及其波动影响检验和股权结构及其波动在该影响过程中的中介作用两部分进行分析。

一、PE/VC 对其持股公司股权结构及其波动影响的检验

本节在变量定义与模型选择的基础上，依据不同的变量来选择对应的回归模型，从静态和动态视角分析 PE/VC 对其持股公司股权结构和股权结构波动两方面的影响。

（一）PE/VC 对其持股公司股权结构静态影响的检验

首先本节分析 PE/VC 对其持股公司股权结构的静态影响，在式（2-14）的基础上建立公司前十大股东持股比例与公司是否有 PE/VC 持股和公司财务层面变量的多元线性回归模型，得到回归模型 4-1。考虑到除了公司本身财务层面因素外，接着将公司资本结构层面、公司自然属性层面以及整个金融市场层面的变量依次逐步添加到模型 4-1 中，由此得

到模型 4-2 至模型 4-4。同时,本章还控制了会计年份和公司行业,主要回归结果如表 4-3 所示。

表 4-3　PE/VC 是否持股对公司前十大股东持股比例影响的线性回归

解释变量/被解释变量	模型 4-1	模型 4-2	模型 4-3	模型 4-4
	Top10	Top10	Top10	Top10
PEVC dummy	−0.275 8	−0.239 0	−0.405 6*	−0.405 6*
	(−1.08)	(−0.95)	(−1.71)	(−1.71)
R^2	0.157 5	0.201 9	0.301 3	0.301 3

由表 4-3 的回归结果,可以得到以下结论:

(1)虽然在模型 4-1 和模型 4-2 的回归结果中,变量 PEVC dummy 与变量 Top10 不存在显著的相关关系,但在增加了公司自然属性层面和整个金融市场层面的控制变量后,在模型 4-3 和模型 4-4 的回归结果中,变量 PEVC dummy 与变量 Top10 在 5% 的水平下呈现了显著的负相关关系。这说明,有 PE/VC 持股整体趋势上会降低公司前十大股东的持股比例。

(2)依据模型 4-1 至模型 4-4 回归结果中的 R^2 值发现,随着控制变量的增多,模型 R^2 值也随之增大。这说明,随着控制变量的增加,模型中变量对被解释变量公司前十大股东持股比例(Top10)的解释力度也越来越强。

(二)PE/VC 对其持股公司股权结构动态影响的检验

接着本节分析我国 PE/VC 对其持股公司股权结构波动的动态影响。在式(2-14)的基础上,建立公司三年内前十大股东持股比例波动(Top10sigma)与公司是否有 PE/VC 持股和公司财务层面变量的多元线性回归模型,得到回归模型 4-5。同理,依次在模型 4-5 的基础上添加公司股权层面、公司自然属性层面以及整个金融市场层面的控制变量,得到模型 4-6 至模型 4-8。同样地,在模型 4-5 至模型 4-8 中均对会计年份和上市公司行业进行了控制,部分回归结果如表 4-4 所示。

表 4-4 PE/VC 是否持股对三年内前十大股东持股比例波动的线性回归结果

解释变量/被解释变量	模型 4-5 Top10sigma	模型 4-6 Top10sigma	模型 4-7 Top10sigma	模型 4-8 Top10sigma
PEVC dummy	0.369 4*** (6.28)	0.370 0*** (6.23)	0.400 7*** (6.73)	0.400 7*** (6.73)
R^2	0.128 8	0.140 3	0.145 2	0.145 2

由表 4-4 的回归结果，可得到以下结论：

（1）在模型 4-5 和模型 4-8 的回归结果中，在 1% 的水平下变量 PEVC dummy 与被解释变量 Top10sigma 存在显著的正相关关系。这说明，与没有 PE/VC 持股的上市公司相比，有 PE/VC 持股的公司其前十大股东持股比例波动更大，即有 PE/VC 的介入会加剧其持股公司的股权结构波动。

（2）依据模型 4-5 和模型 4-8 回归结果中的 R^2 值发现，随着控制变量的增多，模型 R^2 值也随之增大。这说明随着控制变量的增加，模型中的变量对被解释变量公司三年内前十大股东持股比例波动（Top10sigma）的解释力度也越来越强。

二、基于两阶段工具变量法的内生性检验

（一）PE/VC 对其持股公司股权结构静态影响的内生性检验

虽然前面的线性回归分析已发现：与没有 PE/VC 持股的公司相比，有 PE/VC 持股的公司其前十大股东持股比例更低，但是我们无法判断这是 PE/VC 介入公司后降低了公司前十大股东的持股比例，还是 PE/VC 在投资时提前选择所导致的结果。因此，为了尽可能减少模型中的内生性问题，本节利用第三章中给出的工具变量，针对模型 4-1 至模型 4-4，采用工具变量 2SLS 两阶段进行回归，得到模型 IV4-1 至模型 IV4-4，主要回归结果如表 4-5 所示。

表4-5 PE/VC是否持股对公司股权结构静态影响的工具变量法2SLS两阶段回归

模型	模型 IV4-1		模型 IV4-2	
回归阶段	第一阶段回归 Linear regression	第二阶段回归 Linear regression	第一阶段回归 Linear regression	第二阶段回归 Linear regression
解释变量/被解释变量	PEVC dummy	Top10	PEVC dummy	Top10
PEVC dummy		5.591 5 (0.92)		10.461 3 (1.54)
Area	-0.049 7*** (-3.72)		-0.048 1*** (-3.46)	
PEVC numpro	-0.000 03* (-1.73)		-0.000 03 (-1.50)	

模型	模型 IV4-3		模型 IV4-4	
回归阶段	第一阶段回归 Linear regression	第二阶段回归 Linear regression	第一阶段回归 Linear regression	第二阶段回归 Linear regression
解释变量/被解释变量	PEVC dummy	Top10	PEVC dummy	Top10
PEVC dummy		27.737 8*** (3.41)		27.737 8*** (3.41)
Area	-0.058 8*** (-4.23)		-0.058 8*** (-4.23)	
PEVC numpro	-0.000 01 (-0.74)		-0.000 01 (-0.74)	

由表4-5的回归结果，可以得到以下几点结论：

（1）在表4-4所有的第一阶段回归结果中，由变量Area和变量PEVC numpro的回归系数发现，工具变量Area和PEVC numpro至少有一个与内生变量PEVC dummy在10%的水平下存在显著的负相关关系。这说明，这两个工具变量至少有一个变量与内生变量高度相关。

（2）从表4-4所有的第二阶段回归结果中看，虽然模型IV4-1和模型IV4-2中核心解释变量PEVC dummy与被解释变量Top10不存在显著的相关关系，但是增加控制变量后，得到的模型IV4-3和模型IV4-4中，核心解释变量PEVC dummy与被解释变量Top10在1%的水平下存在显著的正相关关系。这说明，PE/VC整体趋势上会对其持股公司前十大股东持股比例产生正向影响。这与表 4-3 中的线性回归得到的结论不一致，需依据内生性分析和工具变量检验来判断哪一个回归结论更可靠。

PE/VC 对其持股公司股权本结构静态影响的线性回归结果与工具变量 2SLS 两阶段回归结果不一致，因此，需接着检验模型 4-1 至模型 4-4 是否存在内生性问题。将模型 4-1 至模型 4-4 的线性回归与模型 IV4-1 至模型 IV4-4 的工具变量法 2SLS 两阶段回归进行了 Hausman 检验和 DWH 检验，结果如表 4-6 和表 4-7 所示。

表 4-6 线性回归与工具变量法 2SLS 两阶段回归结果的 Hausman 检验

线性模型	模型 4-1	模型 4-2	模型 4-3	模型 4-4
2SLS 模型	模型 IV4-1	模型 IV4-2	模型 IV4-3	模型 IV4-4
chi2 (1)	0.95	2.81	26.69	26.69
P 值	0.813 2	0.421 4	0.000 0	0.000 0

由表 4-6 的 Hausman 检验结果可以发现，模型 4-3 和模型 4-4 得到的 Hausman 检验 P 值均远远小于 0.01，则拒绝原假设，即存在内生性。这说明，在样本服从同方差的情形下，模型 4-3 和模型 4-4 在 1%的水平下均存在内生性问题。此时，与线性回归结论相比，工具变量法 2SLS 得到的回归结论更可靠。

表 4-7 线性回归与工具变量法 2SLS 两阶段回归结果的 DWH 检验

线性模型	模型 4-1	模型 4-2	模型 4-3	模型 4-4
2SLS 模型	模型 IV4-1	模型 IV4-2	模型 IV4-3	模型 IV4-4
Robust score chi2 (1)	0.96	2.86	27.25	27.25
P 值	0.327 4	0.090 9	0.000 0	0.000 0
$F(1, N-n)$	0.96	2.85	27.25	27.25
P 值	0.328 1	0.091 3	0.000 0	0.000 0

注：$F(1, N-n)$ 中的 N 为样本的个数，n 为第二阶段回归的解释变量个数（包括常数项），即模型 4-1 至模型 4-4 分别为 $F(1, 10762)$、$F(1, 10249)$、$F(1, 10246)$ 和 $F(1, 10246)$。

由表 4-7 的 DWH 检验结果同样可发现，模型 4-3 和模型 4-4 的 DWH

检验中得到 chi2（1）和 F 统计量 P 值均远远小于 0.01，即拒绝原假设。这说明，在样本服从异方差情形下，模型 4-3 和模型 4-4 在 1% 的水平下均存在显著内生性问题。

接着分析模型 IV4-1 至模型 IV4-4 的工具变量选取适当性，即分析工具变量是否存在过度识别、工具变量与内生变量的相关性以及是否存在弱工具变量的问题。为分析这三个性质，进行了过度识别检验和 F 检验，结果如表 4-8 所示。

表 4-8 工具变量过度识别、相关性及弱工具变量的检验结果

模型	模型 IV4-1	模型 IV4-2	模型 IV4-3	模型 IV4-4
过度识别检验				
Score chi2（1）	0.018 6	0.401 8	0.952 0	0.952 0
P 值	0.891 4	0.526 2	0.329 2	0.329 2
F 检验				
F 统计量	10.083 6	8.447 5	10.288 6	10.288 6
P 值	0.000 0	0.000 2	0.000 0	0.000 0

由表 4-8 的工具变量检验结果可得到以下结论：

（1）由模型 IV4-1 至模型 IV4-4 的工具变量过度识别检验的结果发现，chi2（1）统计量的 P 值均大于 0.05。这说明，在 5% 的水平下，接受原假设，即工具变量 Area 和 PEVC numpro 与扰动项不相关，可同时添加两个工具变量。

（2）由模型 IV4-1 至模型 IV4-4 的 F 检验结果叮发现，F 统计量的 P 值均远远小于 0.01，这说明在 1% 的水平下，可以强烈拒绝原假设。这说明，工具变量 Area 和 PEVC numpro 均与内生变量相关，这就验证了工具变量满足其选择的第一个要求。

（3）由模型 IV4-1 至模型 IV4-4 的 Wald 检验结果发现，Wald 统计量的 P 值也均远远小于 0.01。这说明，在 1% 的水平下，也可以强烈拒绝原假设，即工具变量 Area 和 PEVC numpro 不存在为弱工具变量的情况。

综上所述，可得以下结论：①无论样本服从同方差还是服从异方差，

模型 4-3 和模型 4-4 均存在内生性问题；②我国 PE/VC 的介入会提高其持股公司前十大股东的持股比例。

（二）PE/VC 对其持股公司股权结构波动动态影响的内生性检验

类似地，由表 4-4 的回归结果发现：PE/VC 的介入会加剧其持股公司股权结构的波动。但同样我们不禁会思考，公司股权结构波动到底是 PE/VC 介入公司后带来的影响，还是 PE/VC 介入公司前选择的结果？因此，本节采用前文中的工具变量（Area 和 PEVC numpro）对模型 4-5 至模型 4-8 进行了工具变量 2SLS 两阶段回归，得到模型 IV4-5 至模型 IV4-8，部分回归结果如表 4-9 所示。

表 4-9　PE/VC 是否持股对公司股权结构波动静态影响的工具变量法 2SLS 两阶段回归

模型	模型 IV4-5		模型 IV4-6	
回归阶段	第一阶段回归	第二阶段回归	第一阶段回归	第二阶段回归
解释变量/被解释变量	Linear regression	Linear regression	Linear regression	Linear regression
	PEVC dummy	Top10sigma	PEVC dummy	Top10sigma
PEVC dummy		2.101 7 (1.47)		1.925 0 (1.27)
Area	-0.049 7*** (-3.72)		-0.048 0*** (-3.46)	
PEVC numpro	-0.000 03* (-1.73)		-0.000 03 (-1.49)	
模型	模型 IV4-7		模型 IV4-8	
回归阶段	第一阶段回归	第二阶段回归	第一阶段回归	第二阶段回归
解释变量/被解释变量	Linear regression	Linear regression	Linear regression	Linear regression
	PEVC dummy	Top10sigma	PEVC dummy	Top10sigma
PEVC dummy		0.832 9 (0.64)		0.832 9 (0.64)
Area	-0.058 8*** (-4.23)		-0.058 8*** (-4.23)	
PEVC numpro	-0.000 01 (-0.73)		-0.000 01 (-0.73)	

由表 4-9 的回归结果，可以得到以下几点结论：

（1）在表 4-9 所有的第一阶段回归结果中，在 10%的水平下，工具变量 Area 和 PEVC numpro 至少有一个与内生变量 PEVC dummy 存在显著的负相关关系。这说明，工具变量 Area 和 PEVC numpro 中至少有一个与内生变量 PEVC dummy 高度相关。

（2）从表 4-9 所有的第二阶段回归结果看，变量 PEVC dummy 与被解释变量 Top10sigma 不存在显著的相关关系。这与表 4-4 的线性回归得到的结论不一致，需依据内生性分析和工具变量检验结论来判断哪一个回归的结论更可靠。

PE/VC 对其持股公司股权结构波动动态影响的线性回归结果与工具变量 2SLS 两阶段回归结果不一致，因此，需检验模型 4-5 至模型 4-8 是否存在内生性问题。将模型 4-5 至模型 4-8 的线性回归与模型 IV4-5 至模型 IV4-8 的工具变量 2SLS 两阶段回归进行 Hausman 检验和 DWH 检验，结果如表 4-10 和表 4-11 所示。

表 4-10　线性回归与工具变量法 2SLS 两阶段回归结果的 Hausman 检验

线性模型	模型 4-5	模型 4-6	模型 4-7	模型 4-8
2SLS 模型	模型 IV4-5	模型 IV4-6	模型 IV4-7	模型 IV4-8
chi2（1）	0.43	0.14	0.00	0.00
P 值	0.934 0	0.986 7	0.999 9	0.999 9

由表 4-10 的 Hausman 检验结果可发现，四个模型 Hausman 检验的 P 值均远远大于 0.1，则接受原假设："H_0：不存在内生性"。这说明，在样本服从同方差的情形下，模型 4-5 至模型 4-8 均不存在内生性问题。

由表 4-11 的 DWH 检验结果同样可发现，四个模型 DWH 检验中得到 chi2（1）和 F 统计量的 P 值均远远大于 0.1，即接受原假设。这说明，在样本服从异方差的情形下，模型 4-5 至模型 4-8 均不存在显著的内生性问题。

接着分析模型 IV4-5 至模型 IV4-8 的工具变量选取适当性。因只有一个工具变量，所以在此还需分析工具变量是否存在过度识别、工具变量与内生变量是否高度相关和是否存在弱工具变量的问题。我们分别进行了过度识别检验和 F 检验，结果如表 4-12 所示。

表 4-11　线性回归与工具变量法 2SLS 两阶段回归结果的 DWH 检验

线性模型	模型 4-5	模型 4-6	模型 4-7	模型 4-8
2SLS 模型	模型 IV4-5	模型 IV4-6	模型 IV4-7	模型 IV4-8
Robust score chi2 (1)	1.57	1.12	0.11	0.11
P 值	0.209 9	0.289 1	0.737 9	0.737 9
$F(1, N\text{-}n)$	1.57	1.12	0.11	0.11
P 值	0.210 6	0.289 9	0.738 4	0.738 4

注：$F(1, N\text{-}n)$ 中的 N 为样本的个数，n 为第二阶段回归的解释变量个数（包括常数项），即模型 4-5 至模型 4-8 分别为 $F(1, 10\ 761)$、$F(1, 10\ 248)$、$F(1, 10\ 710)$ 和 $F(1, 10\ 710)$。

表 4-12　过度识别检验、相关性和弱工具变量的检验结果

模型	模型 IV4-5	模型 IV4-6	模型 IV4-7	模型 IV4-8
过度识别检验				
Score chi2（1）	1.521 0	2.526 9	5.276 3	5.276 3
P 值	0.217 5	0.111 9	0.021 6	0.021 6
F 检验				
F 统计量	10.062 4	8.421 2	10.267 9	10.267 9
P 值	0.000 0	0.000 1	0.000 0	0.000 0

由表 4-12 的工具变量检验结果发现：

（1）由模型 IV4-5 至模型 IV4-8 的过度识别检验结果发现，所有的 P 值均大于 0.01。这说明在 10%的水平下，会接受原假设，即不存在过度识别的工具变量。

（2）由模型 IV4-5 至模型 IV4-8 的 F 检验结果发现，F 统计量的 P

值均远远小于0.01。这说明，在1%的水平下，可强烈拒绝原假设，即这些工具变量均与内生变量相关，这就验证了工具变量满足其选择的第一个要求。此时，不存在弱工具变量。

综上所述，可得到以下两个结论：①无论样本是服从同方差还是服从异方差，模型4-5至模型4-8在均不存在内生性问题；②PE/VC的介入会加剧其持股公司股权结构的波动。

三、稳健性检验

（一）PE/VC对其持股公司股权结构静态影响的稳健性检验

前面的分析已经得到两点结论：①模型4-1至模型4-4均存在内生性；②在进行内生性偏差修正后，发现PE/VC的介入会提高其持股公司前十大股东的持股比例。为了检验结论的稳健性，我们将PE/VC在前十大股东中席位数（PEVC num）替换模型4-1至模型4-4中的核心解释变量PEVC dummy，得到的线性回归模型分别记为模型S4-1至模型S4-4（回归结果此处省略），同时，又将PE/VC在前十大股东中席位数（PEVC num）替换模型IV4-1至模型IV4-4中的核心解释变量PEVC dummy，得到模型IVS4-1至模型IVS4-4，主要回归结果如表4-13所示。

由表4-13的回归结果发现：在模型IVS4-1和模型IVS4-2中，变量PEVC num与被解释变量Top10不存在显著的相关关系，但在添加了更多控制变量后，在模型IVS4-3和模型IVS4-4中，变量PEVC num与被解释变量Top10在1%的水平下存在显著的正相关关系。由此说明，整体而言，PE/VC在前十大股东中席位数越多，则其持股公司前十大股东持股比例越大。这与前面模型IV4-1至模型IV4-4得到的结论一致。

在前面回归的基础上，为分析模型S4-1至模型S4-4的内生性问题，我们将模型S4-1至模型S4-4的线性回归与模型IVS4-1至模型IVS4-4的工具变量2SLS两阶段回归进行了Hausman检验和DWH检验，结果如表4-14和表4-15所示。

表 4-13　PE/VC 在前十大股东中的席位数对公司股权结构静态影响的工具变量法 2SLS 两阶段回归

模型	模型 IVS4-1		模型 IVS4-2	
回归阶段	第一阶段回归 Linear regression	第二阶段回归 Linear regression	第一阶段回归 Linear regression	第二阶段回归 Linear regression
解释变量/被解释变量	PEVC num	Top10	PEVC num	Top10
PEVC num		2.943 7 (0.93)		5.019 4 (1.47)
Area	−0.088 2*** (−4.27)		−0.083 5*** (−3.86)	
PEVC numpro	−0.000 07*** (−2.69)		−0.000 07*** (−2.55)	
模型	模型 IVS4-3		模型 IVS4-4	
回归阶段	第一阶段回归 Linear regression	第二阶段回归 Linear regression	第一阶段回归 Linear regression	第二阶段回归 Linear regression
解释变量/被解释变量	PEVC num	Top10	PEVC num	Top10
PEVC num		14.203 6*** (3.51)		14.203 6*** (3.51)
Area	−0.096 7*** (−4.48)		−0.096 7*** (−4.48)	
PEVC numpro	−0.000 05* (−1.82)		−0.000 05* (−1.82)	

表 4-14　线性回归与工具变量法 2SLS 两阶段回归结果的 Hausman 检验

线性模型	模型 S4-1	模型 S4-2	模型 S4-3	模型 S4-4
2SLS 模型	模型 IVS4-1	模型 IVS4-2	模型 IVS4-3	模型 IVS4-4
chi2（1）	1.01	2.48	22.75	22.75
P 值	0.799 2	0.479 6	0.000 0	0.000 0

由表 4-14 的 Hausman 检验结果发现，模型 S4-3 和模型 S4-4 得到的 Hausman 检验 P 值均远远小于 0.01，则拒绝原假设，即存在内生性。这说明，在样本服从同方差的情形下，模型 S3-3 和模型 S3-4 在 1%的水平

下均存在内生性问题。此时，与线性回归结论相比，工具变量法 2SLS 两阶段回归得到的回归结论更为可靠。

表 4-15　线性回归与工具变量法 2SLS 两阶段回归结果的 DWH 检验

线性模型	模型 S4-1	模型 S4-2	模型 S4-3	模型 S4-4
2SLS 模型	模型 IVS4-1	模型 IVS4-2	模型 IVS4-3	模型 IVS4-4
Robust score chi2 (1)	1.01	2.50	23.09	23.09
P 值	0.315 0	0.114 0	0.000 0	0.000 0
$F(1, N-n)$	1.01	2.49	23.19	23.19
P 值	0.315 6	0.114 5	0.000 0	0.000 0

注：$F(1, N-n)$ 中的 N 为样本的个数，n 为第二阶段回归的解释变量个数（包括常数项），即模型 S4-1 至模型 S4-4 分别为 $F(1, 10\,762)$、$F(1, 10\,249)$、$F(1, 10\,246)$ 和 $F(1, 10\,246)$。

由表 4-15 的 DWH 检验结果同样发现，模型 S4-3 和模型 S4-4 的 DWH 检验中得到的 chi2(1) 和 F 统计量 P 值均远远小于 0.01，即也拒绝原假设。这说明，在样本服从异方差的情形下，模型 S4-3 和模型 S4-4 在 1% 的水平下均存在显著的内生性问题。

接着分析模型 IVS4-1 至模型 IVS4-4 的工具变量选取适当性，即分析工具变量是否存在过度识别、工具变量与内生变量的相关性以及是否存在弱工具变量的问题。我们分别进行了过度识别检验和 F 检验，结果如表 4-16 所示。

表 4-16　工具变量过度识别、相关性及弱工具变量的检验结果

模型	模型 IVS4-1	模型 IVS4-2	模型 IVS4-3	模型 IVS4-4
过度识别检验				
Score chi2（1）	0.002 0	0.754 3	3.142 4	3.142 4
P 值	0.964 3	0.385 1	0.076 3	0.076 3
F 检验				
F 统计量	15.211 4	12.845 7	13.698 0	13.698 0
P 值	0.000 0	0.000 0	0.000 0	0.000 0

由表 4-16 的工具变量检验结果发现：

（1）由模型 IVS4-1 至模型 IVS4-4 的工具变量过度识别检验的结果发现，chi2（1）统计量的 P 值均大于 0.05。这说明，在 5%的水平下，接受原假设。此时工具变量 Area 和 PEVC numpro 与扰动项不相关，可以同时添加两个工具变量。

（2）由模型 IVS4-1 至模型 IVS4-4 的 F 检验结果发现，F 统计量的 P 值均远远小于 0.01。这说明，在 1%的水平下，可强烈拒绝原假设，即工具变量 Area 和 PEVC numpro 与内生变量高度相关，这就验证了工具变量满足其选择的第一个要求，且不存在弱工具变量。

综上所述，发现以下结论仍然稳健：①无论样本是服从同方差还是服从异方差，模型 S4-3 和模型 S4-4 在 1%的水平下均存在内生性问题；②PE/VC 的介入会提高其持股公司前十大股东的持股比例。

（二）PE/VC 对其持股公司股权结构动态影响的稳健性检验

前面的分析已得到：①PE/VC 对其持股公司股权结构波动的影响不存在内生性问题；②PE/VC 的介入会加剧其持股公司股权结构的波动。为检验第二个结论的稳健性，我们将从三个方面来验证。因考虑不存在内生性，所以以下稳健性回归均采用线性回归进行分析。

（1）将模型 4-5 至模型 4-8 中的被解释变量 Top10sigma 替换为五年内的资产负债率波动（Top10sigma2），然后进行线性回归，得到模型 Y4-5 至模型 Y4-8，并对回归结果进行对比分析，主要结果如表 4-17 所示。

表 4-17　PE/VC 是否持股对公司股权结构波动影响的稳健性检验

解释变量/被解释变量	模型 Y4-5 Top10sigma2	模型 Y4-6 Top10sigma2	模型 Y4-7 Top10sigma2	模型 Y4-8 Top10sigma2
PEVC dummy	0.415 5*** (6.47)	0.420 4*** (6.51)	0.467 7*** (7.27)	0.467 7*** (7.27)

由表 4-17 的回归结果发现：在模型 Y4-5 至模型 Y4-8 中，核心解释变量 PEVC dummy 与被解释变量 Top10sigma2 在 1%的水平下存在显著

的正相关关系。这说明，PE/VC 的介入会加剧其持股公司五年内前十大股东持股比例的波动。

（2）在模型 4-5 至模型 4-8 的基础上，将核心解释变量 PEVE dummy 替换为 PE/VC 在前十大股东所占席位数（PEVC num），然后进行线性回归，得到模型 X4-5 至模型 X4-8，主要回归结果如表 4-18 所示。

表 4-18　PE/VC 在前十大股东中所占席位数对股权结构波动影响的稳健性检验一

解释变量/被解释变量	模型 X4-5	模型 X4-6	模型 X4-7	模型 X4-8
	Top10sigma	Top10sigma	Top10sigma	Top10sigma
PEVC num	0.263 4*** (6.88)	0.259 9*** (6.76)	0.277 5** (7.19)	0.277 5** (7.19)

由表 4-18 的回归结果发现：在模型 X4-5 至模型 X4-8 中，解释变量 PEVC num 与被解释变量 Top10sigma 在 1%的水平下存在显著的正相关关系。这说明，PE/VC 在前十大股东中席位数越多，其持股公司三年内前十大股东持股比例波动越大，即股权结构越不稳定。

（3）在模型 4-5 至模型 4-8 的基础上，将被解释变量替换为变量 Top10sigma2，并将核心解释变量替换为变量 PEVC num，然后进行线性回归，得到模型 B4-5 至模型 B4-8，主要回归结果如表 4-19 所示。

表 4-19　PE/VC 在前十大股东中所占席位数对资本结构波动影响的稳健性检验二

解释变量/被解释变量	模型 B4-5	模型 B4-6	模型 B4-7	模型 B4-8
	Top10sigma2	Top10sigma2	Top10sigma2	Top10sigma2
PEVC num	0.297 1*** (7.20)	0.297 1*** (7.20)	0.325 3*** (7.88)	0.325 3*** (7.88)

由表 4-19 的回归结果发现：在模型 B3-5 至模型 B3-8 中，解释变量 PEVC num 与被解释变量 Top10sigma2 在 1%的水平下存在显著的正相关关系。这说明，PE/VC 在前十大股东中席位数越多，则其持股公司五年内前十大股东持股比例波动越大，其持股公司的股权结构越不稳定。

因此，发现以下结论稳健：PE/VC 的介入会加剧其持股公司股权结构的波动。

四、PE/VC 对其持股公司股权结构影响的板块特征

我国不同上市板市场上，对公司的制度管理也不同。为了进一步分析在我国不同上市板块上，PE/VC 对其持股公司股权结构影响的差异，我们依据上市板块市场进行划分后，再进行分析和讨论。

（一）不同板块的上市公司股权结构的描述性统计分析

首先针对不同的上市板块，给出公司前十大股东持股比例及其三年和五年内变动的描述性统计表，如表 4-20 所示。

表 4-20 不同板块上市公司股权结构的描述性统计表

变量	上市板块	样本量	均值	中值	最大值	最小值	标准差	下四分位点
Top10	主板	3 958	68.311 0	70.810	100	2.12	16.334 3	57.89
	创业板	4 258	63.326 5	64.975	100	9.150 0	13.339 9	54.68
	中小板	7 839	62.720 1	64.37	100	15.44	14.080 9	52.960 0
Top10sigma	主板	3 883	2.937 6	1.605 1	52.648 6	0	3.856 5	0.608 1
	创业板	4 224	3.749 6	2.627 1	28.767 4	0	3.689 9	1.229 8
	中小板	7 815	3.474 5	2.446 6	251.657 0	0	3.477 1	1.106 0
Top10sigma2	主板	3 890	3.950 6	2.468 1	54.206 8	0	4.368 2	1.089 7
	创业板	4 228	5.179 3	4.127 8	34.219 5	0	4.137 6	2.124 8
	中小板	7 819	4.698 0	3.704 1	234.756 0	0	3.744 5	1.967 7

由表 4-20 发现：我国上市公司前十大股东持股比例的均值由大到小依次排序为主板、中小板和创业板，而我国上市公司三年内和五年内前十大股东持股比例波动由大到小依次排序则为创业板、中小板和主板。由此发现，我国主板、创业板与中小板的公司股权结构存在较为明显的差异。

为进一步分析在不同上市板块市场上，有 PE/VC 持股的公司与没有 PE/VC 持股的公司在股权结构层面的区别，依据上市板块和公司在会计

年度是否有 PE/VC 持股（PEVC dummy）指标，对数据进行划分，并对两组数据对应指标分别进行了 t 检验和 Wilcoxon 符号秩检验，检验结果如表 4-21 所示。

表 4-21 不同板块上市公司股权结构的 t 检验表和 Wilcoxon 检验表

变量	上市板块	PEVC dummy =1			t 检验	Wilcoxon 符号秩检验	PEVC dummy =0		
		样本量	均值	中值			样本量	均值	中值
Top10	主板	1 631	70.08	72.55	(−5.72)***	(−6.19)***	2 327	67.07	41.96
	创业板	1 616	63.36	64.76	(−0.11)	(0.11)	2 642	63.31	65.13
	中小板	2 963	62.06	63.1	(3.25)***	(3.84)***	4 876	63.12	65.12
Top10sigma	主板	1 608	2.87	1.63	(0.97)	(−0.57)	2 275	2.99	3.30
	创业板	1 603	3.94	2.81	(−2.63)***	(−3.26)***	2 621	3.63	2.54
	中小板	2 951	3.67	2.66	(−3.83)***	(−5.83)***	4 864	3.36	2.32
Top10sigma2	主板	1 611	3.84	2.47	(1.39)	(0.65)	2 279	4.03	4.53
	创业板	1 604	5.43	4.41	(−3.03)***	(−3.45)***	2 624	5.03	3.97
	中小板	2 952	4.97	4.06	(−5.09)***	(−6.61)***	4 867	4.53	3.53

注：同表 4-2。

由表 4-21 的结果发现：

（1）在主板和中小板市场上，没有 PE/VC 持股的公司前十大股东持股比例的均值（中值）分别为 67.07（41.96）和 63.12（65.12），而有 PE/VC 持股的公司前十大股东持股比例的均值（中值）分别为 70.08（72.55）和 62.06（63.1）。同时，在 1%的水平下，在主板市场有 PE/VC 持股的公司其前十大股东持股比例的均值及中值更高，而在中小板市场没有 PE/VC 持股的公司其前十大股东持股比例的均值或中值更高。这说明，在主板和中小板市场上，PE/VC 的介入会对其持股公司的前十大股东持股比例存在显著的影响。

（2）在创业板市场上，没有 PE/VC 持股的公司三年内和五年内前十大股东持股比例波动（Top10sigma 和 Top10sigma2）的均值（中值）分别为 3.63（2.54）和 5.03（3.97），而有 PE/VC 持股的公司三年内和五年内前十大股东持股比例的波动（Top10sigma 和 Top10sigma2）的均值（中值）分别为 3.94（2.81）和 5.43（4.41）。同时，在 1%的水平下，有 PE/VC 持股的公司其三年内和五年内前十大股东持股比例的波动均更大，且五年内前十大股东持股比例的波动比三年内前十大股东持股比例的波动大。这说明，在创业板市场上，PE/VC 可能长期影响其持股公司的股权结构波动。

（3）在中小板市场上，没有 PE/VC 持股的公司三年内和五年内前十大股东持股比例的波动（Top10sigma 和 Top10sigma2）的均值（中值）分别为 3.36（2.32）和 4.53（3.53），而有 PE/VC 持股的公司三年内和五年内前十大股东持股比例的波动（Top10sigma 和 Top10sigma2）的均值（中值）分别为 3.67（2.66）和 4.97（4.06）。同时，在 1%的水平下，有 PE/VC 持股的公司其三年内和五年内前十大股东持股比例的波动均更大，且五年内前十大股东持股比例的波动比三年内前十大股东持股比例的波动大。这说明，在中小板市场上，PE/VC 也可能长期影响其持股公司的股权结构波动。

（二）不同板块特征的实证检验

依据表 4-21 的统计检验结果，在不同板块市场上，PE/VC 对其持股公司股权结构的影响也不同。为了详细分析 PE/VC 对其持股公司股权结构影响的板块特征，本节分别从主板、创业板与中小板市场分析了 PE/VC 的介入对其持股公司股权结构影响的差异。

1. 主板市场 PE/VC 对其持股公司股权结构影响的实证分析

一方面，本节基于模型 4-4 和模型 IV4-4，筛选出主板市场的公司数据，分别选取核心解释变量为 PEVC dummy 和 PEVC num，依次进行线性回归和工具变量 2SLS 两阶段回归。工具变量选取变量 Area 和 PEVC numpro，得到模型 4-9、模型 4-10、模型 IV4-9 与模型 IV4-10，主要回归结果如表 4-22 所示。

表 4-22　主板市场 PE/VC 对其持股公司股权结构静态影响的回归

模型	模型 IV4-9	模型 IV4-10	模型 4-9	模型 4-10
解释变量/被解释变量	Top10	Top10	Top10	Top10
	第二阶段回归	第二阶段回归		
PEVC dummy	8.244 1 (0.62)		0.269 8 (0.50)	
PEVC num		−0.683 5 (−0.10)		0.164 0 (0.51)

由表 4-22 的回归结果发现：在模型 4-9 和模型 4-10 的回归结果中，解释变量 PEVC dummy 或 PEVC num 与被解释变量 Top10 不存在显著的相关关系。同时模型 4-9 和模型 4-10 均不存在内生性。因此，在主板市场上，PE/VC 对其持股公司股权结构的影响不显著性。

另外，为了分析在主板市场上 PE/VC 对其持股公司股权结构波动的影响，基于模型 4-8，筛选出主板市场的公司数据，分别选取被解释变量为 Top10sigma 和 Top10sigma2，依次选取核心解释变量为 PEVC dummy 和 PEVC num，得到模型 Z4-11 至模型 Z4-14，主要回归结果如表 4-23 所示。

表 4-23　主板市场 PE/VC 对其持股公司股权结构动态影响的回归

模型	模型 Z4-11	模型 Z4-12	模型 Z4-13	模型 Z4-14
解释变量/被解释变量	Top10sigma	Top10sigma	Top10sigma2	Top10sigma2
PEVC dummy	0.411 5*** (3.21)		0.452 8*** (3.19)	
PEVC num		0.301 9*** (3.54)		0.363 5*** (3.93)

由表 4-23 的回归结果发现，在 1% 的水平下，变量 PEVC dummy 与变量 Top10sigma、变量 PEVC dummy 与变量 Top10sigma2、变量 PEVC num 与变量 Top10sigma、变量 PEVC num 与变量 Top10sigma2 均存在显著的正相关关系。由此说明，在主板市场上，PE/VC 的介入会加剧其持股公司股权结构波动。

2. 创业板市场 PE/VC 对其持股公司股权结构影响的实证分析

类似地,一方面,本节基于模型 IV4-4,筛选出创业板市场的公司数据,分别选取核心解释变量为 PEVC dummy 和 PEVC num,工具变量为 Area 和 PEVC numpro,依次得到模型 IV4-11 和模型 IV4-12。然后又基于模型 4-4,筛选出创业板市场的公司数据,分别选取核心解释变量为 PEVC dummy 或 PEVC num,进行线性回归,得到模型 4-11 和模型 4-12,主要回归结果如表 4-24 所示。

表 4-24 创业板市场 PE/VC 对其持股公司股权结构静态影响的回归

模型	模型 IV4-11	模型 IV4-12	模型 4-11	模型 4-12
解释变量/被解释变量	Top10 第二阶段回归	Top10 第二阶段回归	Top10	Top10
PEVC dummy	16.262 0*** (2.73)		0.105 7 (0.25)	
PEVC num		7.811 6** (2.48)		−0.070 1 (−0.25)

由表 4-24 的回归结果发现:在模型 IV4-11 和模型 IV4-12 的回归结果中,解释变量 PEVC dummy 或 PEVC num 与被解释变量 Top10 之间在 5% 的水平下存在显著的正相关关系。这说明,在进行选择性偏差修正后,创业板市场 PE/VC 的介入会提高其持股公司前十大股东的持股比例。

另一方面,为了分析在创业板市场上,PE/VC 对其持股公司股权结构波动的影响,同样基于模型 4-8,筛选出创业板市场的公司数据,分别选取被解释变量为 Top10sigma 和 Top10sigma2,同时又依次选取核心解释变量为 PEVC dummy 或 PEVC num,由此得到模型 C4-11 至模型 C4-14,主要回归结果如表 4-25 所示。

由表 4-25 的回归结果发现,在 1% 的水平下,变量 PEVC dummy 与变量 Top10sigma、变量 PEVC dummy 与变量 Top10sigma2、变量 PEVC num 与变量 Top10sigma 以及变量 PEVC num 与变量 Top10sigma2 之间均存在显著的正相关关系。由此可以说明,在创业板市场上,PE/VC 的介入会加剧其持股公司股权结构的波动。

表 4-25　创业板市场 PE/VC 对其持股公司股权结构动态影响的回归

模型	模型 C4-11	模型 C4-12	模型 C4-13	模型 C4-14
解释变量/被解释变量	Top10sigma	Top10sigma	Top10sigma2	Top10sigma2
PEVC dummy	0.339 0*** (2.96)		0.365 6*** (2.96)	
PEVC num		0.235 0*** (2.98)		0.276 6*** (3.30)

3. 中小板市场 PE/VC 对其持股公司股权结构影响的实证分析

一方面，基于模型 4-4 和模型 IV4-4，筛选出中小板市场的公司数据，分别选取核心解释变量为 PEVC dummy 和 PEVC num，依次进行线性回归和工具变量法 2SLS 两阶段回归，工具变量选取变量 Area 和 PEVC numpro，得到模型 4-13、模型 4-14、模型 IV4-13 与模型 IV4-14，主要回归结果如表 4-26 所示。

表 4-26　中小板市场 PE/VC 对其持股公司股权结构静态影响的回归

模型	模型 IV4-13	模型 IV4-14	模型 4-13	模型 4-14
解释变量/被解释变量	Top10 第二阶段回归	Top10 第二阶段回归	Top10	Top10
PEVC dummy	8 474 8 (1.42)		-0.742 6** (-2.31)	
PEVC num		5.087 7 (1.30)		-0.331 7* (-1.68)

由表 4-26 的回归结果发现：在模型 4-13 和模型 4-14 的回归结果中，解释变量 PEVC dummy 或 PEVC num 与被解释变量 Top10 之间在 10%的水平下存在显著的负相关关系。同时，模型 4-13 和模型 4-14 均不存在内生性。因此，在中小板市场，PE/VC 的介入会降低其持股公司前十大股东的持股比例。

另一方面，为分析在中小板市场上 PE/VC 对其持股公司股权结构波动的影响。同样基于模型 4-8，筛选出中小板市场的公司数据，分别选取被解释变量为 Top10sigma 和 Top10sigma2，同时又依次选取核心解释变量为 PEVC dummy 或 PEVC num，得到模型 X4-11 至模型 X4-14，主要回归结果如表 4-27 所示。

表 4-27　主板市场 PE/VC 对其持股公司股权结构动态影响的回归

模型	模型 X4-11	模型 X4-12	模型 X4-13	模型 X4-14
解释变量/被解释变量	Top10sigma	Top10sigma	Top10sigma2	Top10sigma2
PEVC dummy	0.450 0*** （5.37）		0.549 2*** （6.18）	
PEVC num		0.295 3*** （5.68）		0.342 5*** （6.24）

由表 4-27 的回归结果发现，在 1%的水平下，变量 PEVC dummy 与变量 Top10sigma、变量 PEVC dummy 与变量 Top10sigma2、变量 PEVC num 与变量 Top10sigma 以及变量 PEVC num 与变量 Top10sigma2 之间均呈现出显著的正相关关系。由此可以说明，在中小板市场上，PE/VC 的介入会加剧其持股公司股权结构的波动。

五、股权结构及其波动在 PE/VC 对其持股公司财务风险影响的中介作用

前面已证实：PE/VC 的介入会提高其持股公司前十大股东持股比例，并加剧其持股公司前十大股东持股比例的波动，即 PE/VC 对其持股公司股权结构存在显著影响。而股权结构的波动会影响 PE/VC 作为大股东在公司中参与公司管理与财务战略决策的权力，进而影响公司财务风险。因此，本节主要在前面研究的基础上，研究股权结构在 PE/VC 对其持股公司财务风险影响过程中的中介作用。本节的研究主要分为三个部分：

第一部分分析股权结构的中介传导作用；第二部分探讨股权结构波动的中介传导作用；第三部分则共同分析股权结构及其波动的双重中介传导作用。

（一）股权结构的中介传导作用

本节先分析PE/VC通过前十大股东持股比例对其持股公司财务风险影响的情况。将公司前十大股东持股比例（Top10）作为公司股权结构的代理变量，公司Z值（Zscore）作为公司财务风险被解释变量的代理变量，PE/VC是否持股（PEVC dummy）作为PE/VC持股的代理变量，同时从公司财务、公司资本结构、公司股权、公司自然属性和整个金融市场五个层面进行控制。最后将对应的代理变量分别带入式（3-15）至式（3-17）中，得到的回归方程、标准误和 t 值如表4-28所示。

表4-28 股权结构中介效应的检验（N=10 283）

中介效应	回归方程	标准误	Z值
回归一	Z-score=−0.359 7PEVC dummy	0.217	−1.66*
回归二	Top10=−0.405 6PEVC dummy	0.238	−1.71*
回归三	Z-score=−0.345 0PEVC dummy	0.216	−1.59
	+0.036 4Top10	0.009	4.06***

注：回归方程中省略了回归结果中所有的常数项和控制变量的回归项，仅列出被解释变量 Z-score、直接解释变量 PEVC dummy 和潜变量 Top10 之间的回归系数，同时三个回归中的控制变量均排除变量 Top10。*，**，***分别表示为在10%、5%、1%水平下显著。

由表4-28的回归结果发现：

（1）回归一中变量 PEVC dummy 的回归系数 c 在10%的水平下显著为负，同时回归二中变量 PEVC dummy 的回归系数 a 在10%水平下也显著为负，而在回归三中变量 Top10 的回归系数 b 在1%水平下显著为正，这说明变量 Top10 存在显著的中介效应。

（2）回归三中变量 PEVC dummy 的回归系数 c' 不显著，这说明在控制了其他变量的前提下，变量 PEVC dummy 不存在直接效应。

基于以上回归结果及分析，再用 delta 方法对回归系数 ab 的显著性进行检验，待估系数记为 Top10_ab，检验结果如表 4-29 所示。

表 4-29 股权结构中介效应的 delta 方法检验

待估计系数	点估计	标准误	Z 值
Top10_ab	−0.014 8	0.009 4	−1.57

由表 4-29 的 delta 方法检验结果发现，在正态分布假设的前提下，变量 Top10 的总体间接效应不显著。

同样地，为分析样本服从非正态分布下的情形，接着采用 Bootstrap 检验方法对表 4-28 中的回归模型进行了 1 000 次重复，待估系数记为 Bootstrap_Top10_ab，得到的置信区间如表 4-30 所示。

表 4-30 股权结构中介效应的 Bootstrap 方法检验（N=10 283）

待估计系数/置信区间类型	P95%置信区间	BC95%置信区间	BCa95%置信区间
Bootstrap_Top10_ab	[−0.036 2, 0.002 6]	[−0.036 9, 0.002 2]	[−0.036 9, 0.002 2]

注：P 指的是百分位 percentile，BC 指的是偏差修正 bias corrected，BCa 指的是加速偏差修正 bias corrected and accelerated。

由表 4-30 的 Bootstrap 检验结果发现，变量 Top10 的三种类型置信区间中均包含了 0，这说明在非正态分布假设的前提下，股权结构的总体中介效应不显著。

综上所述，无论是在正态分布假设的前提下，还是在非正态分布假设的前提下，PE/VC 通过其持股公司前十大股东持股比例对公司财务风险的影响均不显著。

（二）股权结构波动的中介传导作用

接着再分析 PE/VC 通过股权结构波动对其持股上市公司财务风险影响的情况。将上市公司三年内股权结构波动（Top10sigma）作为上市公司股权结构波动的代理变量，公司 Z 值（Z-score）作为公司财务风险被解释变量的代理变量，PE/VC 是否持股（PEVC dummy）作为 PE/VC 持股的代理变量，同时从公司财务、公司资本结构、公司股权、公司自然属性和整个金融市场五个层面进行控制。最后将对应的代理变量分别带入式（3-15）至式（3-17）中，得到的回归方程、标准误和 t 值如表 4-31 所示。

表 4-31　股权结构波动中介效应的检验（N=10 282）

中介效应	回归方程	标准误	Z 值
回归一	Z-score=−0.345 0PEVC dummy	0.217	−1.59
回归二	Top10sigma=0.391 2PEVC dummy	0.059	6.64***
回归三	Z-score=−0.388 7PEVC dummy	0.216	−1.79*
	+0.108 5Top10sigma	0.036	3.00***

注：同表 4-28。

由表 4-31 的回归结果发现：

（1）回归一中变量 PEVC dummy 的回归系数 c 不显著，在回归二中变量 PEVC dummy 的回归系数 a 在 1%水平下显著为正，且在回归三中变量 Top10sigma 的回归系数 b 在 10%水平下也显著为正。这说明，变量 Top10sigma 存在显著的遮掩效应和间接效应。换而言之，股权结构波动在 PE/VC 对其持股公司财务风险影响中存在显著的中介效应。

（2）回归三中变量 PEVC dummy 的回归系数 c' 在 10%的水平下显著为负。这说明在控制了其他变量的前提下，变量 PEVC dummy 的直接效应显著，此时可能存在其他中介变量。同时，ab 与 c' 的符号互异，且间接效应与直接效应比值的绝对值为 0.109 2，间接效应占总效应比值的绝对值又为 0.098 4。这说明，我国 PE/VC 可能直接影响其持股公司财务风险，也可能通过其持股公司股权结构波动来影响其财务风险，而后者与前者的影响大小比为 10.92%，即间接效应比直接效应要小很多。

基于以上回归结果及分析，再用 delta 方法对回归系数 ab 的显著性进行检验，待估系数记为 Top10sigma_ab，检验结果如表 4-32 所示。

由表 4-32 的 delta 方法检验结果发现，总体间接效应为 0.042 5，且在 1%的水平下显著为正。因此，在样本服从正态分布假设的前提下，股权结构波动在 1%的水平下的间接效应正显著。

表 4-32　股权结构波动中介效应的 delta 方法检验

待估计系数	点估计	标准误	Z 值
Top10sigma_ab	0.042 5	0.015 5	2.73***

同样地,接着采用 Bootstrap 计算方法对表 4-31 中的回归模型进行了 1 000 次重复,待估系数记为 Bootstrap_Top10sigma_ab,得到的置信区间如表 4-33 所示。

表 4-33　股权结构波动中介效应的 Bootstrap 方法检验（N=10 282）

待估计系数/置信区间类型	P95%置信区间	BC95%置信区间	BCa95%置信区间
Bootstrap_Top10sigma_ab	[0.109 7, 0.814 8]	[0.126 4, 0.084 0]	[0.013 4, 0.085 0]

注：同表 4-30。

由表 4-33 的 Bootstrap 检验结果发现,变量 Top10sigma 的三种类型置信区间均大于 0。这说明,在非正态分布假设的前提下,股权结构波动在 5%水平下的总体间接效应显著为正。

综上所述,股权结构波动在 PE/VC 对其持股公司财务风险影响中存在显著的正向间接效应,且 PE/VC 对其持股公司财务风险的直接影响显著为负。这说明,PE/VC 对其持股公司财务风险影响的股权结构传导方式存在显著的遮掩效应。

（三）股权结构及其波动的双重中介传导作用

前面的研究发现：股权结构波动在 PE/VC 对其公司财务风险影响的过程中存在显著的间接效应,而股权结构在此过程中的中介效应不显著。因此,本节结合公司前十大股东持股比例（Top10）及其三年内的变动（Top10sigma）,将它们分别作为公司股权结构及其波动的代理变量,公司 Z 值（Z-score）作为公司财务风险被解释变量的代理变量,PE/VC 是否持股（PEVC dummy）作为 PE/VC 持股的代理变量,同时从公司财务、公司资本结构、公司股权、公司自然属性和整个金融市场五个层面进行控制,然后将代理变量分别带入式（3-15）至式（3-17）中,得到的回归方程、标准误和 t 值如表 4-34 所示。

表 4-34 股权结构及其波动中介效应的检验（N=10 282）

中介效应	回归方程	标准误	Z 值
回归一	Z-score=-0.359 7PEVC dummy	0.217	-1.66[*]
回归二	Top10=-0.403 1PEVC dummy	0.238	-1.70[*]
	Top10sigma=0.400 7PEVC dummy	0.592	6.77[***]
回归三	Z-score=-0.388 7PEVC dummy	0.216	-1.79[*]
	+0.039 0Top10	0.009	4.33[***]
	+0.108 5Top10sigma	0.036	3.00[***]

注：同表 4-28。

由表 4-34 的回归结果可以发现：

（1）回归一中变量 PEVC dummy 的回归系数 c 在 10%的水平下显著为负，回归二的两个回归方程中变量 PEVC dummy 的回归系数在 10%水平下分别表现为负显著和正显著，而在回归三中变量 Top10 和变量 Top10sigma 的回归系数在 1%水平下均表现为正显著。这说明，变量 Top10 和变量 Top10sigma 均存在显著的遮掩效应和间接效应。

（2）回归三中变量 PEVC dummy 的回归系数 c' 在 10%的水平下显著为负。这说明在控制了其他变量的前提下，变量 PEVC dummy 的直接效应显著，此时可能存在其他中介变量。

基于以上的回归结果及分析，再用 delta 方法对回归系数 ab 的显著性进行检验，检验结果如表 4-35 所示。

表 4-35 股权结构及其波动中介效应的 delta 方法检验

待估计系数	点估计	标准误	Z 值
Top10_ab	-0.015 7	0.010 0	-1.58
Top10sigma_ab	0.043 5	0.015 9	2.74[***]
Total	0.027 8	0.018 2	1.53

由表 4-35 的 delta 方法检验结果发现，变量 Top10 的间接效应为 -0.015 7，变量 Top10sigma 的间接效应为 0.043 5，它们的总体间接效应为 0.027 8。但是只有变量 Top10sigma 的间接效应在 1%的水平下显著为

正，其他均不显著。这说明，在样本服从正态分布假设的前提下，股权结构波动在1%的水平下的间接效应正显著，而股权结构本身的间接效应并不显著。

同样地，接着采用Bootstrap方法对表4-34中的回归进行了1 000次重复，得到的置信区间如表4-36所示。

表4-36　股权结构及其波动中介效应的Bootstrap方法检验（N=10 282）

待估计系数/置信区间类型	P95%置信区间	BC95%置信区间	BCa95%置信区间
Bootstrap_Top10_ab	[-0.037 3, 0.001 7]	[-0.037 0, 0.002 0]	[-0.037 0, 0.002 0]
Bootstrap_Top10sigma_ab	[0.125 8, 0.080 1]	[0.014 6, 0.082 0]	[0.014 9, 0.085 0]
Bootstrap_Total	[-0.007 4, 0.068 6]	[-0.005 0, 0.070 8]	[-0.003 9, 0.072 5]

注：同表4-30。

由表4-36的Bootstrap检验结果发现，变量Top10的三种类型置信区间中均包含了0，而变量Top10sigma的三种类型置信区间取值均大于0。这说明，在非正态分布假设的前提下，股权结构波动在5%水平下的间接效应显著为正，而股权结构本身的间接效应不显著。

综上所述，无论是正态分布还是非正态分布，股权结构波动在PE/VC对其持股公司财务风险的影响中存在显著的中介效应，但股权结构在该影响中的中介效应不显著。

第四节　股权结构及其波动在不同上市板块中介效应的差异

为进一步讨论股权结构及其波动在PE/VC对其持股公司财务风险影响的中介作用，本节将从主板、创业板与中小板市场，分别讨论股权结构及其波动的中介作用。

一、主板市场股权结构及其波动的中介作用

首先分析主板市场股权结构及其波动在 PE/VC 对其持股公司财务风险影响的中介作用,将公司前十大股东持股比例(Top10)及其三年内的变动(Top10sigma)分别作为公司股权结构和股权结构波动的代理变量,公司 Z 值(Z-score)作为公司财务风险被解释变量的代理变量,PE/VC 是否持股(PEVC dummy)作为 PE/VC 持股的代理变量,同时从公司财务、公司资本结构、公司股权、公司自然属性和整个金融市场五个层面进行控制。然后筛选出主板市场的样本,将代理变量分别带入式(3-15)至式(3-17)中,得到的回归方程、标准误和 t 值如表 4-37 所示。

表 4-37 主板市场股权结构及其波动中介效应的检验(N=2 104)

中介效应	回归方程	标准误	Z 值
回归一	Z-score=-0.164 9PEVC dummy	0.161	-1.02
回归二	Top10=0.285 3PEVC dummy	0.523	0.55
	Top10sigma=0.411 5PEVC dummy	0.126	3.28***
回归三	Z-score=-0.191 8PEVC dummy	0.160	-1.20
	+0.021 1Top10	0.028	3.16***
	+0.052 5Top10sigma	0.007	1.89***

注:同表 4-28。

由表 4-37 的回归结果发现:回归一中变量 PEVC dummy 的回归系数不显著。回归二中,仅变量 Top10sigma 作为潜变量时,变量 PEVC dummy 的回归系数在 1%的水平下显著为正,而变量 Top10 作为潜变量时,变量 PEVC dummy 的回归系数不显著。在回归三中变量 Top10 和变量 Top10sigma 的回归系数在 1%水平下均显著为负。这说明,变量 Top10sigma 在 PE/VC 对其持股公司财务风险影响的中介效应显著,但变量 Top10 在该影响中的中介效应不显著,需依据 Bootstrap 检验结果来进一步判断。

基于以上回归结果及分析,再用 delta 方法对回归系数 ab 的显著性进行检验,检验结果如表 4-38 所示。

表 4-38　主板市场股权结构及其波动中介效应的 delta 方法检验

待估计系数	点估计	标准误	Z 值
Top10_ab	0.006 0	0.011 2	0.54
Top10sigma_ab	0.021 6	0.013 2	1.63
Total	0.027 6	0.017 0	1.62

由表 4-38 的 delta 方法检验结果可发现，在样本服从正态分布假设的前提下，变量 Top10 和变量 Top10sigma 的中介效应均不显著。

接着采用 Bootstrap 运算方法对表 4-37 中的回归模型进行了 1 000 次重复，得到的置信区间如表 4-39 所示。

表 4-39　主板市场股权结构及其波动中介效应的 Bootstrap 方法检验

待估计系数/置信区间类型	P95%置信区间	BC95%置信区间
Bootstrap_ Top10_ab	[-0.015 9, 0.031 6]	[-0.015 7, 0.031 7]
Bootstrap_ Top10sigma_ab	[0.004 5, 0.053 0]	[0.002 9, 0.048 1]
Bootstrap_Total	[-0.004 3, 0.062 6]	[-0.003 3, 0.064 2]

注：$N=2\,183$，P 指的是百分位 percentile，BC 指的是偏差修正 bias corrected。

由表 4-39 的 Bootstrap 检验结果发现，变量 Top10 的两种类型置信区间中均包含 0，而变量 Top10sigma 的两种类型置信区间取值均大于 0。这说明，在样本服从非正态分布假设的前提下，主板市场上股权结构波动在 PE/VC 对其持股公司财务风险影响中的中介效应显著，而股权结构在该影响中的中介效应不显著。

二、创业板市场股权结构及其波动的中介作用

接着分析创业板市场股权结构及其波动在 PE/VC 对其持股公司财务风险影响的中介作用。将公司前十大股东持股比例（Top10）及其三年内的变动（Top10sigma）分别作为公司股权结构和股权结构波动的代理变量，公司 Z 值（Z-score）作为公司财务风险被解释变量的代理变量，PE/VC 是否持股（PEVC dummy）作为 PE/VC 持股的代理变量，同时从公司财

务、公司资本结构、公司股权、公司自然属性和整个金融市场五个层面进行控制。然后筛选出创业板市场的样本,将代理变量分别带入式(3-15)至式(3-17)中,得到的回归方程、标准误和 t 值如表4-40所示。

表4-40　创业板市场股权结构及其波动中介效应的检验(N=2 545)

中介效应	回归方程	标准误	Z 值
回归一	Z-score=0.077 9PEVC dummy	0.487	0.16
回归二	Top10=0.105 7PEVC dummy	0.423	0.25
	Top10sigma=0.339 0PEVC dummy	0.111	3.04[***]
回归三	Z-score=0.074 0PEVC dummy +0.093 3Top10 -0.017 5Top10sigma	0.484 0.023 0.087	0.15 4.09[***] -0.20

注:同表4-28。

由表4-40的回归结果发现:回归一中变量 PEVC dummy 的回归系数不显著。回归二中,仅变量 Top10sigma 作为潜变量时,变量 PEVC dummy 的回归系数在1%的水平下显著为正,而变量 Top10 作为潜变量时,变量 PEVC dummy 的回归系数不显著。在回归三中,仅变量 Top10 的回归系数在1%水平下均显著为正,而变量 Top10sigma 的回归系数不显著。此时,无法判断变量 Top10 和变量 Top10sigma 在 PE/VC 对其持股公司财务风险影响的中介效应的显著性,需依据 Bootstrap 检验结果来进一步判断。

因此接着采用 Bootstrap 运算方法对表4-40中的回归模型进行了1 000次重复,得到的置信区间如表4-41所示。

表4-41　创业板市场股权结构及其波动中介效应的 Bootstrap 方法检验

待估计系数/置信区间类型	P95%置信区间	BC95%置信区间
Bootstrap_Top10_ab	[-0.075 5, 0.083 1]	[-0.061 6, 0.092 9]
Bootstrap_Top10sigma_ab	[-0.070 7, 0.060 5]	[-0.071 7, 0.060 0]
Bootstrap_Total	[-0.100 2, 0.105 7]	[-0.098 6, 0.108 1]

注:N=2 545,其他同表4-39。

由表4-41的 Bootstrap 检验结果发现,变量 Top10 和变量 Top10sigma 的两种类型置信区间中均包含0。这说明,在样本服从非正态分布假设的前提下，创业板市场上股权结构及其波动在 PE/VC 对其持股公司财务风险影响的中介效应均不显著。

三、中小板市场股权结构及其波动的中介作用

然后分析中小板市场股权结构及其波动在 PE/VC 对其持股公司财务风险影响的中介作用，将公司前十大股东持股比例（Top10）及其三年内的变动（Top10sigma）分别作为公司股权结构和股权结构波动的代理变量，公司 Z 值（Z-score）作为公司财务风险被解释变量的代理变量，PE/VC 是否持股（PEVC dummy）作为 PE/VC 持股的代理变量，同时从公司财务、公司资本结构、公司股权、公司自然属性和整个金融市场五个层面进行控制。然后筛选出中小板市场的样本，将代理变量分别带入式（3-15）至式（3-17）中，得到的回归方程、标准误和 t 值如表 4-42 所示。

表 4-42 中小板市场股权结构及其波动中介效应的检验（N=5 633）

中介效应	回归方程	标准误	Z 值
回归一	Z-score=−0.151 9PEVC dummy	0.310	−0.49
回归二	Top10=−0.742 6PEVC dummy	0.323	−2.30[**]
	Top10sigma=0.450 0PEVC dummy	0.083	5.41[***]
回归三	Z-score=−0.210 5PEVC dummy	0.310	−0.68
	+0.024 4Top10	0.013	1.90[*]
	+0.170 4Top10sigma	0.050	3.43[***]

注：同表 4-28。

由表 4-42 的回归结果发现：回归一中变量 PEVC dummy 的回归系数不显著。回归二中，变量 Top10sigma 作为潜变量时，变量 PEVC dummy 的回归系数在 1% 的水平下显著为正，而变量 Top10 作为潜变量时，变量 PEVC dummy 的回归系数在 5% 的水平下显著为负。在回归三中，变量 Top10 和变量 Top10sigma 的回归系数在 1% 水平下均显著为正。这说明，变量 Top10 和变量 Top10sigma 在 PE/VC 对其持股公司财务风险影响的中

介效应均具有显著性。

基于以上回归结果及分析，再用 delta 方法对回归系数 ab 的显著性进行检验，检验结果如表 4-43 所示。

表 4-43　主板市场股权结构及其波动中介效应的 delta 方法检验

待估计系数	点估计	标准误	Z 值
Top10_ab	−0.018 1	0.012 3	−1.47
Top10sigma_ab	0.076 7	0.026 5	2.89***
Total	0.058 6	0.028 2	2.08**

由表 4-43 的 delta 方法检验结果发现，在样本服从正态分布假设的前提下，变量 Top10sigma 在 PE/VC 对其持股公司 Z 值影响中存在显著为正的中介效应，即变量 Top10sigma 在 PE/VC 对其持股公司财务风险影响中存在显著为负的中介效应，而变量 Top10 在此影响中的中介效应不显著。

接着采用 Bootstrap 运算方法对表 4-42 中的回归模型进行了 1 000 次重复，得到的置信区间如表 4-44 所示。

表 4-44　中小板市场股权结构及其波动中介效应的 Bootstrap 方法检验

待估计系数/置信区间类型	P95%置信区间	BC95%置信区间
Bootstrap_Top10_ab	[−0.043 3, −0.001 1]	[−0.050 2, −0.002 6]
Bootstrap_Top10sigma_ab	[0.025 0, 0.157 4]	[0.300 8, 0.166 8]
Bootstrap_Total	[0.001 3, 0.141 5]	[0.009 0, 0.157 2]

注：$N=5\,633$，其他同表 4-39。

由表 4-44 的 Bootstrap 检验结果发现，变量 Top10 的两种类型置信区间取值均小于 0，而变量 Top10sigma 的两种类型置信区间取值均大于 0。这说明，在样本服从非正态分布假设的前提下，中小板市场上股权结构在 PE/VC 对其持股公司 Z 值影响的中介效应显著为负，即股权结构在 PE/VC 对其持股公司财务风险影响的中介效应显著为正，而股权结构波动在 PE/VC 对其持股公司财务风险影响的中介效应则显著为负。

本章小结

本章旨在研究我国 PE/VC 对其持股公司财务风险影响的股权结构传导方式。一方面，本章利用工具变量法 2SLS 两阶段回归，以及 Hausman 检验、DWH 检验、F 检验和 Wald 检验，发现 PE/VC 对其持股公司股权结构的影响存在内生性问题，但是 PE/VC 对其持股公司股权结构波动的影响却不存在内生性问题。然后从静态和动态的视角，分别采用工具变量 2SLS 两阶段回归和线性回归分析了 PE/VC 对其持股公司股权结构的影响及该影响的板块异质性。另一方面，在第一方面研究的基础上，分析股权结构在 PE/VC 对其持股公司财务风险影响过程中的中介作用，并探讨 PE/VC 对其持股公司财务风险影响的股权结构传导方式的板块差异。本章基于前面的分析，最终得到以下四个结论：

（1）在内生性偏差修正后，发现 PE/VC 的介入会提高其持股公司前十大股东的持股比例，并会加剧其持股公司股权结构的波动。

（2）PE/VC 对其持股公司股权结构的静态影响存在板块异质性。在创业板市场，PE/VC 的介入会提高其持股公司前十大股东的持股比例，但在中小板市场，PE/VC 的介入会降低其持股公司前十大股东的持股比例，而在主板市场，上述现象均不显著。此外，在主板、中小板与创业板市场，PE/VC 的介入均会加剧其持股公司股权结构的波动。

（3）就整个市场而言，股权结构波动在 PE/VC 对其持股公司财务风险的影响中存在显著的中介效应，但股权结构在该影响中的中介效应不显著。

（4）就各板块市场而言，PE/VC 对其持股公司财务风险影响的股权结构传导方式存在板块异质性。主板市场上，股权结构波动在 PE/VC 对其持股公司财务风险影响的中介效应显著为负，而股权结构在该影响中的中介效应不显著；在中小板市场上，股权结构在 PE/VC 对其持股公司财务风险影响的中介效应显著为正，而股权结构波动在 PE/VC 对其持股公司财务风险影响的中介效应则显著为负；而在创业板市场上，股权结构及其波动在 PE/VC 对其持股公司财务风险影响的中介效应均不显著。

第五章 我国PE/VC对其持股上市公司财务风险影响的市场价值传导模式

公司市场价值为其内在价值的外在表现。在理性人和有效市场的假设前提下，传统的金融理论认为公司市场价值可以及时并有效地反映其真实价值。但是至20世纪80年代中期以来，金融市场上出现了许多无法用传统金融理论给出合理解释的现象，如"羊群效应""股权风险溢价之谜""偏好翻转"等。为了解释这一系列异象问题，Statman（1999）推翻了投资者行为完全理性的假设，认为投资者行为是有限理性的，并且投资者的信念、偏好以及与决策相关的感情心理学、认知心理学和社会心理学对金融市场会产生重要的影响，由此推动了行为金融学理论的发展。

关于我国上市公司市场价值影响因素的研究文献繁多，学者们主要从两个方面对其进行了讨论，得到了许多有参考价值的研究成果。一方面，研究者们主要从公司内部治理结构来讨论，他们认为公司的治理水平会直接影响公司价值，从而引起公司市场价值的变动。张倩倩等（2017）研究发现：研发支出资本化处理会降低当期公司价值，但从未来来看，当资本化研发支出向市场传递了研发"成功"的信号，研发支出资本化程度越高，研发支出未来一期的价值增值能力越强。米增渝和林雅婷（2018）利用2015年中国新三板市场的创新层公司数据，研究发现：公司治理对股票流动性存在负向作用，而股票流动性又对公司价值有显著的正向影响，并且公司治理中的机构持股与股票流动性互为负相关，股票流动性与公司价值互为正相关。赵国宇和禹薇（2019）研究发现：与非股权激励的上市公司相比，股权激励公司的过度投资行为得到抑制，投资水平更加合理，公司的市场价值得到提高。另一方面，研究者们主要从公司外部因素通过对公司治理结构产生影响，进而影响了上市公司市场价值的视角出发。李常安等（2016）认为外部分析师的监督可以有效促进公司价值和公司治理水平的提升。贾凡胜和张一林（2019）研究发现，在官员被查处的消息公布后，落马官员任职地区上市公司的股价有显著为正的市场反应，这说明廉政建设对公司价值有显著的正向影响。

  上述文献中提到机构投资者对公司市值会产生显著的影响，而PE/VC作为一类风险投资机构，其在投资后也会参与并影响公司治理和财务战略选择决策，从而影响其持股公司的市场价值和财务风险。然而，针对我国PE/VC对其持股公司市场价值影响及PE/VC对其持股公司财务风险影响的市场价值传导模式的相关研究仍属空白。因此，本章旨在研究我国PE/VC对其持股公司财务风险影响的市场价值传导模式。一方面，本章从引入PE/VC持股行为的外部因素，分析我国PE/VC对其持股公司市场价值及其波动的影响。另一方面，在第一方面研究的基础上，分析市场价值及其波动在PE/VC对其持股公司财务风险影响过程中的中介作用。本章的研究主要分四个部分：第一部分分析我国PE/VC对其持股公司市场价值及其波动的影响；第二部分探析PE/VC对其持股公司市场价值及其波动影响的板块特征；第三部分则在前文研究基础上分析市场价值及其波动在PE/VC对其持股公司财务风险的中介影响；第四部分进一步探讨市场价值及其波动在不同上市板块中介效应的差异。

第一节 理论分析与研究假设

一、PE/VC对其持股公司市场价值影响的经济学分析及研究假设

  一方面，当从上市公司治理结构的视角来分析时，发现随着PE/VC对投资市场的选择，PE/VC发现对高科技产业进行投资获得的业绩最高，

因此 PE/VC 更偏向于对高科技产业进行投资（Lerner 和 Hardymon，2000；Strömberg，2008）。同时，本书的第四章和第五章的研究发现：PE/VC 的介入会提高公司资本负债率和前十大股东的持股比例，即 PE/VC 对其持股公司的资本结构和股权结构的影响均显著。那么，当 PE/VC 进入公司后，会倾向提高公司负债比率，追加投资，增加公司前十大股东的持股比例，进而充分参与公司的内部治理与管理决策。理论上，PE/VC 为达到自身利益最大化的目的，它们可通过提高公司价值，再以高价转让出公司股权，以此获得高额收益。然而，在现实生活中，公司内在价值的提高通常需要较长时间，而当 PE/VC 刚进入公司时，对公司价值的影响却很小。因此，在短期内，PE/VC 的介入并不会对其持股公司的内在价值产生较大的影响。另一方面，当从投资者的投资行为视角来分析时，发现投资者在进行投资时多数情况下是有限理性的，并且投资者们对于信息的理解存在差异，比起成功时获得的收益，他们会更心痛失败时所导致的损失。虽然我国 PE/VC 也有促进公司创新能力提升等利好的消息，但是我国仍存在 PE/VC "突击入股""代人持股""业绩变脸"等 PE/VC 投资乱象。当投资者为风险规避者，且其投资行为有限理性时，更易受到信息传递的影响，如：公司研发指出信号、机构持股信息及腐败官员落马信息等（张倩倩等，2017；米增渝和林雅婷，2018）。若 PE/VC 存在负面的投资新闻，那投资者会主观地将该 PE/VC 的持股投资行为视为消极信号，他们通常会选择不购买该公司的股票或不断低价卖出该公司的股票，进而使公司市场价值下降。综合以上两方面的分析发现，在短期内，PE/VC 的介入会降低其持股公司的市场价值。基于以上分析，提出假设 5-1。

假设 5-1 PE/VC 的介入会降低对其持股公司市场价值。

我国资本市场较为复杂，不同的上市板块对上市公司的规模有不同的要求。主板主要面向大型成熟企业，对发行人的营业期限、股本大小、盈利水平等方面有较高要求，主要针对的是国有公司，要求公司至少三年盈利，且盈利累计超过 3 000 万元。中小板上市主要面向已进入成熟期，但规模比主板企业小的中小企业，对发行人的要求比主板市场的要求低，主要针对各行业的龙头公司,要求公司在上市时近三年的累计盈利不低于5 000万元。而创业板主要面向符合发行条件,但尚未达到其他上市板块标准的成长型、科技型及创新型企业,主要针对新型公司,如科技公司、文化公司等,要求公司连续两年盈利,且净利润不得少于1 000万元。由此说明,不同的上市板块对公司产权属性、行业、规模等都会有所区别。当投资者通过PE/VC持股信号识别做出对应的反应时,也会依据不同的上市板块市场做出不一样的反应。因此,PE/VC的介入对其持股公司市场价值及其波动的影响极可能存在上市板块间的差异。由此,提出假设5-2。

假设 5-2 PE/VC的介入对其持股公司市场价值及其波动的影响存在板块异质性。

二、市场价值及其波动作为中介变量的经济学分析及研究假设

我国PE/VC在进入公司后,它们会参与并影响公司的监管和管理决策的活动。理论上,PE/VC为追求自身利益最大化,它们可通过提高公司价值,再以高价转让出公司股权,以此获得高额收益。但现实中,短期内PE/VC对其持股公司内在价值的影响却较小。因此,PE/VC对其持股公司市场价值更多的是受到了外部投资者情绪的影响。而公司市场价值的变动会引起公司财务状况的改变,进而影响公司财务风险。我们不排除可能存在这样的情况:当PE/VC成为公司大股东后,资本市场对此持股信号迅速做出反应,直接引起市场价值的波动,进而加剧公司财务风险。因此,我们认为有必要提出假设5-3。此外,在我国不同上市板块市场,对公司产权属性、行业、规模以及PE/VC风险偏好的约束也会有所不同,进而使其持股公司的财务战略决策权也会有所差异,如:与其他两个市场的公司相比,主板市场对公司的上市要求更严格,对公司股价波动风险的监测要求更高,其上市公司的管理更健全,风险管控也更完善。此时PE/VC自身风险偏好直接对公司财务风险的可能性就会降低,且PE/VC持股信号对投资者投资情绪及公司市场价值波动的影响也会随之弱化。由此,提出假设5-4。

假设 5-3 公司市场价值在 PE/VC 对其持股公司财务风险的影响中存在显著的中介作用。

假设 5-4 PE/VC 对其持股公司财务风险影响的市场价值传导模式存在板块异质性。

第二节 变量选择与研究设计

一、变量定义

本章旨在研究我国 PE/VC 对其持股公司财务风险影响的市场价值传导模式，先分析我国 PE/VC 对其持股公司市场价值的影响，再分析市场价值在 PE/VC 对其持股公司财务风险影响过程中的中介作用。本书依据不同的研究内容来定义变量。

(一) 我国 PE/VC 对其持股公司市场价值的影响

研究我国 PE/VC 对其持股公司市场价值及其波动的影响主要从被解释变量、核心解释变量和控制变量三个方面进行说明。

1. 被解释变量

本章的待被解释的因素为上市公司的市场价值及其波动，可以分别通过 EV 和 EVsigma 来分析上市公司的市场价值和市场价值波动风险，因此，本章将上市公司在会计年度的市场价值 (EV) 和市场价值波动 (EVsigma 和 EVsigma2) 作为被解释变量的代理变量。此外，考虑公司年度财务报表公布存在时间滞后性，为进一步分析上市公司市场价值的滞后效应，还选择了上市公司在会计年度第二年的市场价值 (FEV) 为被解释变量。

2. 核心解释变量

为了详细分析我国 PE/VC 对其持股上市公司市场价值和市场价值波

动风险的影响，将上市公司在会计年度是否存在 PE/VC 持股（PEVC dummy）的虚拟变量作为核心解释变量，将 PE/VC 在前十大股东中席位数（PEVC num）作为其辅助代理变量。

3. 控制变量

从公司财务、公司资本结构、公司股权、公司自然属性和整个金融市场五个层面来控制我国 PE/VC 对上市公司市场价值可能造成影响的其他因素。这五个层面指标的选取与第二章一致。

（二）市场价值在 PE/VC 对其持股公司财务风险影响过程中的中介作用

市场价值及其波动在 PE/VC 对其持股公司财务风险影响过程中的中介作用从被解释变量、直接解释变量、潜变量和控制变量四个方面来选择变量。

1. 被解释变量

本章的被解释变量为上市公司财务风险，将上市公司在会计年度发生财务失败或破产的可能性（Z-score）作为被解释变量的代理变量。

2. 直接解释变量

本章将上市公司在会计年度是否存在 PE/VC 持股（PEVC dummy）的虚拟变量作为直接解释变量的代理变量。

3. 潜变量

本章的潜变量主要指公司市场价值，可用公司市场价值（EV）和三年内公司市场价值波动（EVsigma）作为市场价值及其波动的代理变量。其中，三年内公司市场价值波动用公司市场价值在三年内的标准差来计量。

4. 控制变量

本章的控制变量依据各自回归的被解释变量从以下五个层面选择来

控制我国 PE/VC 对上市公司财务风险影响的传导过程。指标的选取与第二章控制变量一致，并且对时间和行业进行了控制。

二、数据的统计分析

在对数据异常值和缺失值进行删除处理后，将本章相关变量的数据进行统计分析，统计表如表 5-1 所示。

表 5-1　数据描述性统计表

变量	样本量	均值	中值	最大值	最小值	标准差	下四分位点
EV	11 034	19.242 2	5.255 2	3 849.313	0.345 2	106.854	3.209 2
FEV	11 026	19.229 6	5.255 8	3 849.313	0.345 2	106.887	3.21
EVsigma	10 802	3.838 8	1.127 6	1 388.18	1.68e-07	22.973 8	0.518 1
EVsigma2	12 417	4.430 6	1.304 6	1 388.18	0.000 38	25.835 9	0.645 8

由表 5-1 可以发现，变量 EV 的均值和中值分别为 19.242 2 和 5.255 2，可见公司市场价值平均值与中值相差较大，前者将近为后者的 4 倍。这表明，我国上市公司市场价值两极分化严重。另外，变量 Top10sigma 的均值和中值分别为 3.838 8 和 1.127 6，变量 Top10sigma2 的均值和中值分别为 4.430 6 和 1.304 6，且满足 4.430 6>3.838 8 和 1.304 6>1.127 6。这说明，五年内上市公司市场价值波动通常比三年内上市公司市场价值波动大。

为进一步分析有 PE/VC 持股的公司与没有 PE/VC 持股的公司在公司市场价值及其他相关指标方面的区别，依据上市公司在会计年度是否有 PE/VC 持股（PEVC dummy）指标，对数据进行了划分，并对两组数据对应的指标分别进行了 t 检验和 Wilcoxon 符号秩检验，检验结果如表 5-2 所示。

由表 5-2 的 t 检验和 Wilcoxon 符号秩检验结果得出以下两个结论：

（1）处理组 PEVC dummy =1 变量 EV 的取值（均值为 31.64，中值为 5.68）在 1%的水平下显著大于控制组 PEVC dummy =0 变量 EV 的取值（均值为 11.31，中值为 5.02）。这说明，与没有 PE/VC 持股的公司相比，有 PE/VC 持股的公司其公司市场价值更高。

表 5-2 对是否有 PE/VC 持股两类样本的 t 检验和 Wilcoxon 符号秩检验

变量	PEVC dummy =1			t 检验	Wilcoxon 符号秩检验	PEVC dummy =0		
	样本量	均值	中值			样本量	均值	中值
EV	4 304	31.64	5.68	(−9.80)***	(−9.49)***	6 730	11.31	5.02
FEV	4 271	30.99	5.65	(−9.22)***	(−8.64)***	6 755	11.80	5.06
EVsigma	4 229	5.85	1.17	(−7.31)***	(−4.16)***	6 573	2.55	1.10
EVsigma2	4 839	6.50	1.35	(−7.14)***	(−4.96)***	7 578	3.11	1.27

注：t 检验一栏括号内为 t 值，而 Wilcoxon 符号秩检验一栏括号内为 Z 值，括号外右上角的符号***、**、*分别表示 1%、5%、10% 的显著性水平（双尾）。

（2）在 1% 的水平下，处理组 PEVC dummy =1 变量 EVsigma 的均值和中值（均值为 5.85，中值为 1.17），显著大于控制组 PEVC dummy =0 变量 EVsigma 的均值和中值（均值为 2.55，中值为 1.10）。同时，在 1% 的水平下，处理组 PEVC dummy =1 变量 EVsigma2 的均值和中值（均值为 6.50，中值为 1.35），显著大于控制组 PEVC dummy =0 变量 EVsigma2 的均值和中值（均值为 3.11，中值为 1.27）。这说明，与没有 PE/VC 持股的公司相比，有 PE/VC 持股的公司的市场价值波动更大。

三、研究设计及模型选择

(一) 我国 PE/VC 对其持股公司市场价值的影响研究设计及模型选择

在分析 PE/VC 的介入对其持股公司市场价值及其波动的影响时，本章主要基于式（2-14）、式（2-17）和式（2-18），分别带入对应的被解释变量和解释变量，并得到不同的回归结果，具体见本章第三节和第四节。

(二) 市场价值在 PE/VC 对其持股公司财务风险影响的中介效应检验

在研究市场价值在 PE/VC 对其持股公司财务风险影响的中介效应时，主要依据第四章中由忠麟和叶宝娟（2014）提出的中介效应检验流程，基于式（3-15）至式（3-17）的中介效应模型，对市场价值及其波动的中介作用进行检验，具体见本章第五节和第六节。

第三节　市场价值及波动对 PE/VC 影响其持股公司财务风险的中介作用

为分析市场价值及其波动对 PE/VC 影响其持股公司财务风险的中介作用，本节先分析 PE/VC 介入对其持股公司市场价值及其波动的影响，然后在此基础上再进一步分析市场价值及其波动在该过程中的中介作用。

一、PE/VC 对其持股公司市场价值及其波动影响的检验

（一）PE/VC 对其持股公司市场价值影响的检验

本节先初步分析 PE/VC 对其持股公司市场价值的影响，在式（2-14）的基础上，建立公司市场价值与公司是否有 PE/VC 持股和公司财务层面变量的多元线性回归模型，得到回归模型 5-1。考虑到除了公司本身财务层面因素外，公司资本结构层面、公司自然属性层面以及整个金融市场层面的因素对公司财务风险也会产生影响，因此，接着依次将这些变量加入模型 5-1 中，得到模型 5-2 至模型 5-5，主要回归结果如表 5-3 所示。

表 5-3　PE/VC 是否持股对公司市场价值的线性回归

解释变量/被解释变量	模型 5-1 EV	模型 5-2 EV	模型 5-3 EV	模型 5-4 EV	模型 5-5 EV
PEVC dummy	0.559 4 (0.47)	1.047 1 (0.83)	1.874 4 (1.44)	2.128 4* (1.74)	2.128 4* (1.74)
R^2	0.156 1	0.175 5	0.299 5	0.301 4	0.303 1

由表 5-3 的回归结果，可以得到以下结论：

（1）在模型 5-4 和模型 5-5 的回归结果中，变量 PEVC dummy 与被解释变量 EV 在 10%的水平下存在显著的正相关关系。这说明，PE/VC

的介入会提高其持股公司的市场价值,且与没有 PE/VC 持股的公司相比,有 PE/VC 持股的公司的市场价值更高。

(2)由模型 5-1 至模型 5-5 回归结果中的 R^2 值发现,随着控制变量的增多,模型的 R^2 值也随之增大。这说明随着控制变量的增加,模型中的变量对被解释变量上市公司市场价值(EV)的解释力度也越来越大。

(二)PE/VC 对其持股公司市场价值波动影响的检验

接着本节分析我国 PE/VC 对其持股公司市场价值波动的影响,在式(2-14)的基础上,建立公司市场价值波动(EVsigma)与公司是否有 PE/VC 持股和公司财务层面变量的多元线性回归模型,得到回归模型 5-6。同理,依次在模型 5-6 的基础上添加公司股权层面、公司自然属性层面以及整个金融市场层面的控制变量,得到模型 5-7 至模型 5-10,主要回归结果如表 5-4 所示。

表 5-4　PE/VC 是否持股对公司市场价值波动的线性回归

解释变量/被解释变量	模型 5-6	模型 5-7	模型 5-8	模型 5-9	模型 5-10
	EVsigma	EVsigma	EVsigma	EVsigma	EVsigma
PEVC dummy	0.620 8* (1.71)	0.735 6* (1.85)	0.934 2** (2.09)	0.942 9** (2.24)	0.942 9** (2.24)
R^2	0.087 7	0.098 2	0.165 9	0.167 0	0.167 0

由表 5-4 的回归结果,可以得到以下结论:

(1)在模型 5-6 和模型 5-10 的回归结果中,变量 PEVC dummy 与被解释变量上市公司市场价值波动(EVsigma)在 10%的水平下存在显著的正相关关系。这说明,PE/VC 的介入会加剧对其持股公司市场价值波动,且与没有 PE/VC 持股的公司相比,有 PE/VC 持股的公司其市场价值波动更大。

(2)由模型 5-6 至模型 5-10 回归结果中的 R^2 值发现,随着控制变量的增多,模型的 R^2 值也随之增大。这说明,随着控制变量的增加,模型中的变量对被解释变量上市公司市场价值波动(EVsigma)的解释力度也越来越大。

二、基于两阶段工具变量法的内生性检验

（一）PE/VC 对其持股公司股权结构静态影响的内生性检验

虽然前面的实证分析已经发现：PE/VC 的介入会提高其持股公司的市场价值，且与没有 PE/VC 持股的公司相比，有 PE/VC 持股的公司的市场价值更高。但我们无法判断公司高的市场价值是受到 PE/VC 投资进入公司后的影响，还是 PE/VC 投资进入公司前选择的结果。因此，为了尽可能减少模型中的内生性问题，本节利用第三章中给出的工具变量，针对模型 5-1 至模型 5-5，采用工具变量 2SLS 两阶段，得到模型 IV5-1 至模型 IV5-5，主要回归结果如表 5-5 所示。

表 5-5 PE/VC 是否持股对公司市场价值影响的工具变量法 2SLS 两阶段回归

模型	模型 IV5-1		模型 IV5-2		模型 IV5-3
回归阶段	第一阶段回归 Linear regression	第二阶段回归 Linear regression	第一阶段回归 Linear regression	第二阶段回归 Linear regression	第一阶段回归 Linear regression
解释变量/被解释变量	PEVC dummy	EV	PEVC dummy	EV	PEVC dummy
PEVC dummy		-241.486 9*** (-3.74)		-242.654*** (-3.54)	
Area	-0.053 0*** (-4.00)		-0.050 8*** (-3.70)		-0.048 6*** (-3.51)
PEVC numpro	-0.000 03* (-1.84)		-0.000 03 (-1.59)		-0.000 03 (-1.52)

模型	模型 IV5-3	模型 IV5-4		模型 IV5-5	
回归阶段	第二阶段回归 Linear regression	第一阶段回归 Linear regression	第二阶段回归 Linear regression	第一阶段回归 Linear regression	第二阶段回归 Linear regression
解释变量/被解释变量	EV	PEVC dummy	EV	PEVC dummy	EV
PEVC dummy	-104.383 8*** (-3.35)		-79.887 4*** (-3.37)		-79.887 4*** (-3.37)
Area		-0.060 1*** (-4.33)		-0.060 1*** (-4.33)	
PEVC numpro		-0.000 01 (-0.72)		-0.000 01 (-0.72)	

由表 5-5 的回归结果，可以得到以下几点结论：

（1）在表 5-5 所有的第一阶段回归结果中，工具变量 Area 和 PEVC numpro 至少有一个与内生变量 PEVC dummy 在 10%的水平下存在显著的负相关关系。这说明，工具变量 Area 和 PEVC numpro 至少有一个变量与内生变量 PEVC dummy 高度相关，这从实证的角度正印证了这两个变量满足了选择工具变量的第一个要求。同时考虑到公司总部所在省份已注册的 PE/VC 公司数（PEVC numpro）为省份变量，且公司总部所在省份是否为政治中心或经济中心（Area）为地理区域的虚拟变量，而公司的市场价值（EV）却是公司层面的变量，因此，它们之间没有直接的关系，这从理论上满足了选择工具变量的第二个要求。

（2）再依据表 5-5 的第一阶段回归变量 Area 的回归系数发现，工具变量（Area）与内生变量 PEVC dummy 在 1%的水平下存在显著的负相关关系。这说明，与公司总部不在北京或上海的公司相比，那些公司总部在北京或上海的公司受 PE/VC 投资的可能性更小，即我国 PE/VC 投资存在逆向投资的现象。

（3）从表 5-5 所有的第二阶段回归结果中变量 PEVC dummy 的回归系数可发现，被解释变量 EV 与核心解释变量 PEVC dummy 在 1%的水平下存在显著的负相关关系。这说明，PE/VC 的持股会降低其持股公司市场价值。该结论与表 5-3 的线性回归得到的结论正好相反，需依据后面内生性分析来判断哪一个回归结论更为可靠。

（4）从表 5-5 所有的第二阶段回归结果中变量 PEVC dummy 的回归系数的绝对值大小来看，该回归系数绝对值的大小会随着控制变量的增加而逐渐变小。这一点与表 5-3 的线性回归的结果一致。但是，工具变量 2SLS 两阶段回归得到变量 PEVC dummy 回归系数绝对值明显比线性回归得到变量 PEVC dummy 回归系数绝对值要大两到三个精度。这说明，在进行了内生性偏差修正后，更凸显了 PE/VC 持股对其持股公司市场价值的影响。

PE/VC 对其持股公司市场价值影响的线性回归结果与工具变量 2SLS 两阶段回归结果不一致，因此，需检验模型 5-1 至模型 5-5 是否存在内生性问题。将模型 5-1 至模型 5-5 的线性回归与模型 IV5-1 至模型 IV5-5 的工具变量 2SLS 两阶段回归进行了 Hausman 检验和 DWH 检验，结果如表 5-6 和表 5-7 所示。

表 5-6　线性回归与工具变量法 2SLS 两阶段回归结果的 Hausman 检验

线性模型	模型 5-1	模型 5-2	模型 5-3	模型 5-4	模型 5-5
2SLS 模型	模型 IV5-1	模型 IV5-2	模型 IV5-3	模型 IV5-4	模型 IV5-5
chi2 (1)	84.22	69.96	14.04	10.19	10.19
P 值	0.000 0	0.000 0	0.002 9	0.017 0	0.017 0

由表 5-6 的 Hausman 检验结果发现，五个模型 Hausman 检验的 P 值均远远小于 0.05，强烈拒绝原假设。这说明，在样本服从同方差的情形下，模型 5-1 至模型 5-5 在 5%的水平下均存在内生性问题，即需使用工具变量来替换内生变量。

表 5-7　线性回归与工具变量法 2SLS 两阶段回归结果的 DWH 检验

线性模型	模型 5-1	模型 5-2	模型 5-3	模型 5-4	模型 5-5
2SLS 模型	模型 IV5-1	模型 IV5-2	模型 IV5-3	模型 IV5-4	模型 IV5-5
Robust score chi2 (1)	35.31	35.98	31.46	24.27	24.26
P 值	0.000 0	0.000 0	0.000 0	0.000 0	0.000 1
$F(1, N-n)$	35.27	35.80	31.32	24.24	24.24
P 值	0.000 0	0.000 0	0.000 0	0.000 0	0.000 1

注：$F(1, N-n)$ 中的 N 为样本的个数，n 为第二阶段回归的解释变量个数，即模型 5-1 至模型 5-5 分别为 $F(1, 10\ 763)$、$F(1, 10\ 288)$、$F(1, 10\ 249)$、$F(1, 10\ 246)$ 和 $F(1, 10\ 246)$。

由表 5-7 的 DWH 检验结果同样发现，五个模型 DWH 检验中得到 chi2 (1) 和 F 统计量的 P 值均远远小于 0.05，强烈拒绝原假设。这说明，在样本服从异方差的情形下，模型 5-1 至模型 5-5 在 5%的水平下均存在显著的内生性问题，需要使用工具变量来替换内生变量。

既然模型 5-1 至模型 5-5 在 5%的水平下均存在内生性问题，则这几个模型得到的结论不具参考意义，而需要参考在进行了工具变量 2SLS 两阶段回归模型的结论。

接着分析模型 IV5-1 至模型 IV5-5 的工具变量选取适当性，即分析工具变量是否存在过度识别、工具变量与内生变量的相关性以及是否存在弱工具变量的问题，检验结果如表 5-8 所示。

表 5-8　工具变量过度识别、相关性及弱工具变量的检验结果

模型	模型 IV5-1	模型 IV5-2	模型 IV5-3	模型 IV5-4	模型 IV5-5
过度识别检验					
Score chi2（1）	0.744 2	0.277 8	0.141 0	0.475 8	0.475 8
P 值	0.388 3	0.598 2	0.707 3	0.490 3	0.490 3
F 检验					
F 统计量	11.735 6	9.737 7	8.758 0	10.749 7	10.749 7
P 值	0.000 0	0.000 1	0.000 2	0.000 0	0.000 2

由表 5-8 的工具变量检验结果可以发现：

（1）由模型 IV5-1 至模型 IV5-5 的工具变量过度识别检验的结果发现，chi2（1）统计量的 P 值均大于 0.1。这说明，在 1% 的水平下，接受原假设，此时工具变量与扰动项不相关，可以同时添加两个工具变量。

（2）由模型 IV5-1 至模型 IV5-5 的 F 检验结果发现，F 统计量的 P 值均远远小于 0.01。这说明，在 1% 的水平下，可强烈拒绝原假设，即两个工具变量均与内生变量相关，这就再次验证了工具变量满足其选择的第一个要求。

（3）由模型 IV5-1 至模型 IV5-5 的 Wald 检验结果发现，Wald 统计量的 P 值也均远远小于 0.01。这说明，在 1% 的水平下，可强烈拒绝原假设，即两个工具变量不存在为弱工具变量的情况。

综上所述，可得出结论：①无论样本是服从同方差还是服从异方差，模型 5-1 至模型 5-5 均存在内生性；②内生性偏差修正后，PE/VC 的介入会降低其持股公司的市场价值。

（二）PE/VC 对其持股公司市场价值波动影响的内生性检验

前面已发现：PE/VC 的介入会加剧对其持股公司市场价值波动，且

与没有 PE/VC 持股的公司相比，有 PE/VC 持股的公司其市场价值波动更大。但我们同样不禁会思考，公司市场价值波动到底是 PE/VC 介入公司后带来的影响，还是 PE/VC 介入公司前选择的结果？因此，在本节采用前文中的工具变量（Area 和 PEVC numpro）对模型 5-6 至模型 5-10 进行了工具变量 2SLS 两阶段回归，得到模型 IV5-6 至模型 IV5-10，主要回归结果如表 5-9 所示。

表 5-9 PE/VC 是否持股对公司市场价值波动的工具变量法 2SLS 两阶段回归

模型	模型 IV5-6		模型 IV5-7		模型 IV5-8
回归阶段	第一阶段回归 Linear regression	第二阶段回归 Linear regression	第一阶段回归 Linear regression	第二阶段回归 Linear regression	第一阶段回归 Linear regression
解释变量/被解释变量	PEVC dummy	EVsigma	PEVC dummy	EVsigma	PEVC dummy
PEVC dummy		-53.949 1*** (-3.33)		-53.872 3*** (-3.24)	
Area	-0.057 7*** (-4.31)		-0.056 0*** (-4.04)		-0.054 0*** (-3.86)
PEVC numpro	-0.000 03 (-1.62)		-0.000 03 (-1.36)		-0.000 02 (-1.30)

模型	模型 IV5-8	模型 IV5-9		模型 IV5-10	
回归阶段	第二阶段回归 Linear regression	第一阶段回归 Linear regression	第二阶段回归 Linear regression	第一阶段回归 Linear regression	第二阶段回归 Linear regression
解释变量/被解释变量	EVsigma	PEVC dummy	EVsigma	PEVC dummy	EVsigma
PEVC dummy	-27.494 9*** (-3.25)		-21.662 3*** (-3.26)		-21.662 3*** (-3.26)
Area		-0.063 5*** (-4.65)		-0.063 5*** (-4.65)	
PEVC numpro		-0.000 01 (-0.56)		-0.000 01 (-0.56)	

由表 5-9 的回归结果，可以得到以下几点结论：

（1）在表 5-9 所有的第一阶段回归结果中，工具变量 Area 和 PEVC numpro 至少有一个与核心解释变量 PEVC dummy 在 10%的水平下存在显著的负相关关系。这说明，工具变量 Area 和 PEVC numpro 至少有一个变量与核心解释变量 PEVC dummy 高度相关，这从实证的角度印证了这两个变量满足了选择工具变量的第一个要求。

（2）再依据表 5-9 的第一阶段回归变量 Area 的回归系数发现，在 1%的水平下，工具变量 Area 与核心解释变量 PEVC dummy 存在显著的负相关关系。这说明，与公司总部不在北京或上海的公司相比，那些公司总部在北京或上海的公司受 PE/VC 投资的可能性更小，即我国 PE/VC 投资存在逆向投资的现象。

（3）从表 5-9 所有的第二阶段回归结果变量 PEVC dummy 的回归系数发现，在 1%的水平下，被解释变量 EVsigma 与核心解释变量 PEVC dummy 存在显著的负相关关系。这说明，PE/VC 的介入会降低其持股公司市场价值波动风险。该结论与表 5-4 线性回归得到的结果正好相反。此时，需依据后面内生性分析来判断哪一个回归结论更为可靠。

PE/VC 对其持股公司市场价值波动影响的线性回归结果与工具变量 2SLS 两阶段回归结果不一致，因此，需检验模型 5-6 至模型 5-10 是否存在内生性问题。检验结果如表 5-10 和表 5-11 所示。

表 5-10 线性回归与工具变量法 2SLS 两阶段回归结果的 Hausman 检验

线性模型	模型 5-6	模型 5-7	模型 5-8	模型 5-9	模型 5-10
2SLS 模型	模型 IV5-6	模型 IV5-7	模型 IV5-8	模型 IV5-9	模型 IV5-10
chi2（3）	49.47	41.00	10.86	8.47	8.47
P 值	0.000 0	0.000 0	0.012 5	0.037 3	0.037 3

由表 5-10 的 Hausman 检验结果发现，模型 5-6 至模型 5-10 的 Hausman 检验 P 值均小于 0.05，则拒绝原假设。这说明，在样本服从同方差的情形下，模型 5-6 至模型 5-10 在 5%的水平下均存在内生性问题，即需要使用工具变量来替换内生变量。

表 5-11　线性回归与工具变量法 2SLS 两阶段回归结果的 DWH 检验

线性模型	模型 5-6	模型 5-7	模型 5-8	模型 5-9	模型 5-10
2SLS 模型	模型 IV5-6	模型 IV5-7	模型 IV5-8	模型 IV5-9	模型 IV5-10
Robust score chi2 (1)	20.40	21.19	23.24	19.36	19.36
P 值	0.0000	0.0000	0.0000	0.0000	0.0000
$F(2, N-n)$	20.37	21.11	23.16	19.30	19.30
P 值	0.0000	0.0000	0.0000	0.0000	0.0000

注：$F(2, N-n)$ 中的 N 为样本的个数，n 为第二阶段回归的解释变量个数，即模型 IV5-6 至模型 IV5-10 分别为 $F(1, 10\,541)$、$F(1, 10\,075)$、$F(1, 10\,036)$、$F(1, 10\,033)$ 和 $F(1, 10\,033)$。

由表 5-11 的 DWH 检验结果同样发现，五个模型 DWH 检验中得到 chi2（1）和 F 统计量的 P 值均远远小于 0.05，强烈拒绝原假设。这说明，在样本服从异方差的情形下，模型 5-6 至模型 5-10 在 5% 的水平下均存在显著的内生性问题，需使用工具变量来替换内生变量。

接着分析模型 IV5-6 至模型 IV5-10 的工具变量选取适当性，即分析工具变量是否存在过度识别、工具变量与内生变量的相关性以及是否存在弱工具变量的问题，检验结果如表 5-12 所示。

表 5-12　工具变量过度识别、相关性及弱工具变量的检验结果

模型	模型 IV5-6	模型 IV5-7	模型 IV5-8	模型 IV5-9	模型 IV5-10
过度识别检验					
Score chi2（1）	0.1554	0.0046	0.0898	0.9535	0.9535
P 值	0.6934	0.9457	0.7645	0.3288	0.3288
F 检验					
F 统计量	12.6211	10.6991	9.7030	12.0578	12.0578
P 值	0.0000	0.0001	0.0001	0.0000	0.0000

由表 5-12 的工具变量检验结果发现：

（1）由模型 IV5-6 至模型 IV5-10 的工具变量过度识别检验的结果发现，chi2（1）统计量的 P 值均大于 0.1。这说明，在 1% 的水平下，

接受原假设,此时工具变量与扰动项不相关,我们可以同时添加两个工具变量。

(2)由模型 IV5-6 至模型 IV5-10 的 F 检验结果可以发现,F 统计量的 P 值均远远小于 0.01。这说明,在 1%的水平下,可强烈拒绝原假设,即两个工具变量均与内生变量相关,这就再次验证了工具变量满足其选择的第一个要求,且不存在弱工具变量。

综上所述,可得到以下两个结论:①无论样本服从同方差还是服从异方差,模型 5-6 至模型 5-10 均存在内生性;②在内生性偏差修正后,PE/VC 的介入会降低其持股公司市场价值波动。

三、稳健性检验及分析

(一)PE/VC 对其持股公司市场价值影响的稳健性检验

前面已经得到了两点结论:①无论样本服从同方差还是服从异方差,模型 5-1 至模型 5-5 均存在内生性;②内生性偏差修正后,PE/VC 的介入会降低其持股公司的市场价值。因已检验发现 PE/VC 对其持股公司市场价值的影响存在选择性偏差,具有内生性,因此此处将从两个方面来检验这两个结论的稳健性。

一方面,对模型 IV5-1 至模型 IV5-5 采用 Heckman 两阶段法进行回归,得到模型 H5-1 至模型 H5-5,主要回归结果如表 5-13 所示。

由表 5-13 的回归结果可以得到以下结论:

(1)由表 5-13 的第一阶段回归结果发现,模型 H5-1 至模型 H5-5 中工具变量 Area 和 PEVC numpro 至少有一个与内生变量 PEVC dummy 在 10%水平下存在显著相关关系。

(2)由表 5-13 的第二阶段回归结果发现,模型 H5-1 至模型 H5-5 中,核心解释变量 PEVC dummy 与被解释变量 EV 在 5%的水平下存在显著负相关关系。这一结论与表 5-3 线性回归结果和表 5-5 工具变量 2SLS 两阶段回归结果一致。这说明,PE/VC 的介入会拉低其持股公司的市场价值,且在内生性偏差修正后仍然成立。

表 5-13 PE/VC 是否持股对公司市场价值的 Heckman 两阶段回归

模型	模型 H5-1	模型 H5-2	模型 H5-3	模型 H5-4	模型 H5-5
解释变量/被解释变量	第一阶段回归 Probit regression				
	PEVC dummy	PEVC dummy	PEVC dummy	PEVC dummy	PEVC dummy
Area	-0.080 2**	-0.075 4**	-0.075 4**	-0.075 4**	-0.075 4**
	(-2.27)	(-2.08)	(-2.08)	(-2.08)	(-2.08)
PEVC numpro	-0.000 06	-0.000 07*	-0.000 07*	-0.000 07*	-0.000 07*
	(-1.39)	(-1.66)	(-1.70)	(-1.70)	(-1.70)
Constant	-0.271 9***	-0.256 0***	-0.253 5***	-0.253 5***	-0.253 5***
	(-17.20)	(-15.86)	(-15.67)	(-15.67)	(-15.67)
LR chi2 (2)	8.61	8.72	8.87	8.87	8.87
P 值	0.013 5	0.012 8	0.011 8	0.011 8	0.011 8
解释变量/被解释变量	第二阶段回归 Linear regression				
	EV	EV	EV	EV	EV
PEVC dummy	-426.743 1***	-383.468 6***	-168.338 3**	-143.404 5**	-143.404 5**
	(-2.75)	(-2.72)	(-2.36)	(-2.23)	(-2.23)

另一方面，将 PE/VC 在前十大股东中席位数（PEVC num）替换模型 IV5-1 至模型 IV5-5 中的变量 PEVC dummy，进行工具变量 2SLS 两阶段回归，得到回归模型 IVP5-1 至模型 IVP5-5，主要回归结果如表 5-14 所示。

由表 5-14 的回归结果，可以得到以下结论：

（1）由表 5-14 的第一阶段回归结果发现，在 10% 的水平下，工具变量 Area 和 PEVC numpro 与解释变量 PEVC num 均存在显著的负相关关系。这说明，工具变量 Area 和 PEVC numpro 与解释变量 PEVC num 高度相关。

（2）从表 5-14 的第一阶段回归结果中变量 Area 的回归系数发现，在 1% 的水平下，工具变量 Area 与解释变量 PEVC num 均存在显著的负相关关系。这说明，与公司总部不在北京或上海的公司相比，那些公司总部在北京或上海的公司其 PE/VC 在大股东中的席位数更少，即我国

PE/VC 投资也具有逆向的区域性，该结论与表 5-5 的结论一致。

表 5-14　PE/VC 在前十大股东中的席位数对公司市场价值的
工具变量法 2SLS 两阶段回归

模型	模型 IVP5-1		模型 IVP5-2		模型 IVP5-3
回归阶段	第一阶段回归 Linear regression	第二阶段回归 Linear regression	第一阶段回归 Linear regression	第二阶段回归 Linear regression	第一阶段回归 Linear regression
解释变量/被解释变量	PEVC num	EV	PEVC num	EV	PEVC num
PEVC num		-123.286^{***} （-4.24）		-121.0199^{***} （-4.08）	
Area	-0.0943^{***} （-4.62）	-0.0910^{**} （-4.28）			-0.0842^{***} （-3.91）
PEVC numpro	-0.00008^{***} （-2.82）		-0.00007^{***} （-2.64）		-0.00007^{***} （-2.56）

模型	模型 IVP5-3	模型 IVP5-4		模型 IVP5-5	
回归阶段	第二阶段回归 Linear regression	第一阶段回归 Linear regression	第二阶段回归 Linear regression	第一阶段回归 Linear regression	第二阶段回归 Linear regression
解释变量/被解释变量	EV	PEVC num	EV	PEVC num	EV
PEVC num	-54.6175^{***} （-3.84）		-45.6508^{***} （-3.69）		-45.6508^{***} （-3.69）
Area		-0.0979^{***} （-4.55）		-0.0979^{***} （-4.55）	
PEVC numpro		-0.00005^{*} （-1.80）		-0.00005^{*} （-1.80）	

（3）从表 5-14 的第二阶段回归结果中变量 PEVC num 的回归系数可发现，在 1%的水平下，被解释变量 EV 与解释变量 PEVC num 存在显著的负相关关系。这说明，PE/VC 在前十大股东中席位数越多，其持股公司的市场价值越低，即 PE/VC 的介入会拉低其持股公司的市场价值。该结论与表 5-5 得到的结论一致。

（二）PE/VC 对其持股公司市场价值波动影响的稳健性检验

依据前文的分析，可以得到两个结论：①PE/VC 对其持股上市公司市场价值波动的影响存在内生性；②PE/VC 持股会抑制其持股公司市场价值波动。为了检验这两个结论的稳健性，我们从三个方面来分析。

第一，将模型 IV5-6 至模型 IV5-10 中被解释变量 EVsigma 替换为变量 EVsigma2，即增加上市公司市场价值波动的时间长度，进行工具变量 2SLS 两阶段回归，得到模型 LIV5-6 至模型 LIV5-10，回归结果如表 5-15 所示。

表 5-15 PE/VC 是否持股对公司市场价值波动的工具变量法 2SLS 两阶段回归

模型	模型 LIV5-6		模型 LIV5-7		模型 LIV5-8
回归阶段	第一阶段回归 Linear regression	第二阶段回归 Linear regression	第一阶段回归 Linear regression	第二阶段回归 Linear regression	第一阶段回归 Linear regression
解释变量/被解释变量	PEVC dummy	EVsigma2	PEVC dummy	EVsigma2	PEVC dummy
PEVC dummy		-66.964 1*** (-3.70)		-64.669 7*** (-3.64)	
Area	-0.054 0*** (-4.34)		-0.054 9*** (-4.25)		-0.053 7*** (-4.11)
PEVC numpro	-0.000 03* (-1.86)		-0.000 03 (-1.60)		-0.000 03 (-1.55)

模型	模型 LIV5-8	模型 LIV5-9		模型 LIV5-10	
回归阶段	第二阶段回归 Linear regression	第一阶段回归 Linear regression	第二阶段回归 Linear regression	第一阶段回归 Linear regression	第二阶段回归 Linear regression
解释变量/被解释变量	EVsigma2	PEVC dummy	EVsigma2	PEVC dummy	EVsigma2
PEVC dummy	-29.945 5*** (-3.73)		-23.285 9*** (-3.76)		-23.285 9*** (-3.76)
Area		-0.068 2*** (-5.22)		-0.068 2*** (-5.22)	
PEVC numpro		-0.000 01 (-0.61)		-0.000 01 (-0.61)	

由表 5-15 的回归结果，可以得到以下几点结论：

（1）由表 5-15 所有的第一阶段回归结果发现，在 10%的水平下，工具变量 Area 和变量 PEVC numpro 至少有一个与核心解释变量 PEVC dummy 存在显著的负相关关系。这说明，工具变量 Area 和变量 PEVC numpro 至少有一个与核心解释变量 PEVC dummy 高度相关，这从实证的角度印证了工具变量 Area 和变量 PEVC numpro 满足选择工具变量的第一个要求。同时还说明，与公司总部不在北京或上海的公司相比，那些公司总部在北京或上海的公司受 PE/VC 投资的可能性更小，即我国 PE/VC 投资存在逆向投资的现象。这与表 5-9 得到的回归结论一致。

（2）从表 5-15 所有的第二阶段回归结果中变量 PEVC dummy 的回归系数可发现，在 1%的水平下，被解释变量 EVsigma2 与核心解释变量 PEVC dummy 存在显著的负相关关系。这说明，PE/VC 的介入会减缓其持股公司市场价值波动。这与表 5-9 得到的回归结论一致。

第二，将模型 5-6 至模型 5-10 中引入工具变量 Area 和变量 PEVC numpro，进行 Heckman 两阶段回归，得到模型 H5-6 至模型 H5-10，主要回归结果如表 5-16 所示。

表 5-16　PE/VC 是否持股对公司市场价值的 Heckman 两阶段回归

模型	模型 H5-6	模型 H5-7	模型 H5-8	模型 H5-9	模型 H5-10
解释变量/被解释变量	第一阶段回归 Probit regression				
	PEVC dummy	PEVC dummy	PEVC dummy	PEVC dummy	PEVC dummy
Area	-0.091 0*** (-2.54)	-0.086 9** (-2.37)	-0.086 8** (-2.37)	-0.086 8** (-2.37)	-0.086 8** (-2.37)
PEVC numpro	-0.000 06 (-1.44)	-0.000 07* (-1.70)	-0.000 07* (-1.74)	-0.000 07* (-1.74)	-0.000 07* (-1.74)
Constant	-0.265 6*** (-16.61)	-0.249 6*** (-15.29)	-0.247 0*** (-15.10)	-0.247 0*** (-15.10)	-0.247 0*** (-15.10)
LR chi2(2)	10.34	10.44	10.44	10.62	10.62
P 值	0.005 7	0.005 4	0.005 4	0.005 0	0.005 0
解释变量/被解释变量	第二阶段回归 Linear regression				
	EVsigma	EVsigma	EVsigma	EVsigma	EVsigma
PEVC dummy	-91.507 7*** (-2.89)	-83.594 7*** (-2.84)	-43.003 2** (-2.37)	-39.132 2** (-2.26)	-39.132 2** (-2.26)

由表 5-16 的回归结果可以得到以下结论：

（1）由表 5-16 的第一阶段回归结果发现，模型 H5-5 至模型 H5-10 中的工具变量 Area 和变量 PEVC numpro 至少有一个在 10%水平下与内生变量 PEVC dummy 高度显著相关。

（2）由表 5-16 的第二阶段回归结果发现，模型 H5-6 至模型 H5-10 中的核心解释变量 PEVC dummy 与被解释变量 EVsigma 回归在 5%的水平下存在显著的负相关关系。这说明，在进行内生性偏差修正后，PE/VC 的介入会减缓其持股公司市场价值的波动。

第三，将 PE/VC 在前十大股东中席位数（PEVC num）替换模型 IV5-6 至模型 IV5-10 中的变量 PEVC dummy 进行工具变量法 2SLS 两阶段回归，得到模型 IVP5-6 至模型 IVP5-10，主要回归结果如表 5-17 所示。

表 5-17　PE/VC 在前十大股东中的席位数对公司市场价值波动的工具变量法 2SLS 两阶段回归

模型	模型 IVP5-6		模型 IVP5-7		模型 IVP5-8
回归阶段	第一阶段回归 Linear regression	第二阶段回归 Linear regression	第一阶段回归 Linear regression	第二阶段回归 Linear regression	第一阶段回归 Linear regression
解释变量/被解释变量	PEVC num	EVsigma	PEVC num	EVsigma	PEVC num
PEVC num		-27.7944^{***} (-3.70)		-27.3626^{***} (-3.65)	
Area	-0.1037^{***} (-5.04)		-0.1010^{***} (-4.71)		-0.0943^{***} (-4.35)
PEVC numpro	-0.00007^{***} (-2.57)		-0.00007^{**} (-2.39)		-0.00007^{**} (-2.32)

模型	模型 IVP5-8	模型 IVP5-9		模型 IVP5-10	
回归阶段	第二阶段回归 Linear regression	第一阶段回归 Linear regression	第二阶段回归 Linear regression	第一阶段回归 Linear regression	第二阶段回归 Linear regression
解释变量/被解释变量	EVsigma	PEVC num	EVsigma	PEVC num	EVsigma
PEVC num	-14.4219^{***} (-3.77)		-12.5287^{***} (-3.63)		-12.5287^{***} (-3.63)
Area		-0.1075^{***} (-4.94)		-0.1075^{***} (-4.94)	
PEVC numpro		-0.00005^{*} (-1.64)		-0.00005^{*} (-1.64)	

由表 5-17 的回归结果，可以得到以下结论：

（1）在表 5-17 的第一阶段回归结果中，工具变量 Area 和 PEVC numpro 至少有一个与解释变量 PEVC num 在 1%的水平下存在显著的负相关关系。这说明，工具变量 Area 和 PEVC numpro 至少有一个与解释变量 PEVC num 高度相关。

（2）从表 5-17 的第一阶段回归结果中变量 Area 的回归系数发现，工具变量 Area 与解释变量 PEVC num 在 1%的水平下存在显著的负相关关系。这说明，与公司总部不在北京或上海的公司相比，那些总部在北京或上海的公司其 PE/VC 在大股东的席位数更少，即我国 PE/VC 投资也具有逆向的区域性，该结论与表 5-9 的结论一致。

（3）从表 5-17 第二阶段回归结果中变量 PEVC num 的回归系数可发现，在 1%的水平下，被解释变量 EVsigma 与解释变量 PEVC num 表现为显著的负相关关系。这说明，PE/VC 在前十大股东中席位数越多，其持股公司市场价值波动越缓慢，即 PE/VC 的介入会减缓其持股公司市场价值的波动，这与表 5-9 得到的结果一致。

综合以上分析，发现以下结论稳健：PE/VC 的介入可减缓其持股公司市场价值的变动。

四、滞后效应分析

通常，上市公司的前十大股东名单在公司年中财务报表会有相应的公布，但公司年度财务报表的前十大股东名单却会在第二年第一季度左右才公布，可见公司财务数据的公布存在时间滞后性，PE/VC 的持股行为除了与当年公司市场价值相关，还可能受第二年公司市场价值的显著影响。本节为了进一步分析我国 PE/VC 对其持股公司市场价值影响的滞后效应，引入变量公司第二年市场价值 FEV，并在回归模型 5-5 和模型 IV5-5 的基础上，将被解释变量 EV 替换为 FEV，并选取作为工具变量，分别进行线性回归、工具变量 2SLS 回归和 Heckman 两阶段回归，主要回归结果如表 5-18 所示。

表 5-18　PE/VC 对公司市场价值影响的滞后效应

回归方法	线性回归	工具变量法 2SLS 两阶段回归		Heckman 两阶段回归
解释变量/被解释变量		第一阶段回归	第二阶段回归	第二阶段回归
	FEV	PEVC dummy	FEV	FEV
PEVC dummy	0.414 3 (0.38)		-56.485 7*** (-3.57)	-106.497 9** (-2.08)
Area		-0.073 5*** (-5.28)		
PEVC numpro		-0.000 01 (-0.61)		

由表 5-18 的回归结果发现:在线性回归中,核心解释变量 PEVC dummy 与被解释变量 FEV 不存在显著的相关关系。而在工具变量法 2SLS 和 Heckman 两阶段回归中,核心解释变量 PEVC dummy 与被解释变量 FEV 在 1% 的水平下存在显著的负相关关系。此时需依据后面的内生性和工具变量检验结果来判断哪一个结果的可信度更高。

本节采用 Hausman 检验、DWH 检验和 F 检验分别对内生性和工具变量进行了分析和检验,结果如表 5-19 所示。

表 5-19　滞后效应的内生性分析和工具变量检验

	检验类型	chi2(1)	F(1, 10 001)
内生性	Hausman 检验	6.91 (0.008 6)	
	DWH 检验	21.83 (0.000 0)	21.84 (0.000 0)
工具变量相关性	F 检验		15.62 (0.000 0)
过度识别检验		0.772 0 (0.379 6)	

注:括号内为 P 值。

由表 5-19 的检验结果发现:

（1）Hausman 检验和 DWH 检验的 P 值均小于 0.01。这说明，在 1% 的水平下，拒绝原假设，此时说明存在内生性。

（2）工具变量相关性的 F 检验结果发现，F 统计量的 P 值均远远小于 0.01。这说明，在 1% 的水平下，可强烈拒绝原假设，即两个工具变量均与内生变量高度相关。

（3）在过度识别检验中，Score chi2（1）为 0.772 0，且 P 值为 0.379 6>0.1，这说明不存在工具变量过度识别的情况。

综合以上检验和回归结果发现，我国 PE/VC 的介入还会降低公司第二年的市场价值，即 PE/VC 对其持股公司市场价值的影响存在滞后效应。

五、PE/VC 对其持股公司市场价值及其波动影响的板块差异

我国资本市场虽然起步晚，但是发展迅速，目前已聚集了几千家上市公司，然而这些上市公司通常良莠不齐且千姿百态，若都聚集在一起，并不利于证监会的管理。因此，为了更有效地规范我国的资本市场，提高管理效率，国务院依据这些上市公司的资本规模和盈利能力等因素，分别批准设立了主板、创业板、中小企业板、三版、新三板等板块市场，构筑了一个多层次的资本市场。主板主要针对大型蓝筹公司挂牌上市，指沪深两大市场的核心上市公司，对上市公司的总资产、净资产、股本、营业期限以及盈利水平等指标都有严格要求。创业板主要针对科技成长型中小企业挂牌上市，这些公司达不到主板上市要求，但通过上市融资后能提升公司经营业绩。中小企业版主要针对中型稳定发展的公司挂牌上市，是指流通盘大约在 1 亿元以下的创业板块，是创业板的一种过渡。

据我国 PE/VC 2004—2018 年投资的 A 股市场数据统计，在此期间，我国 PE/VC 投资的上市公司分别分布在主板、创业板和中小企业板三个板块。前文的研究发现：我国 PE/VC 介入会降低其持股公司市场价值及其波动。本节探讨在不同的上市板块中，PE/VC 的持股对其持股公司市场价值及其波动影响的异质特征。

依据本书中的数据，统计出 2004—2018 年我国企业分别在主板、创

业板和中小板上市的公司数目,并计算出各板块下经历过或正处于PE/VC持股的上市公司数目,具体如表5-20所示。

表5-20 我国PE/VC的持股与各板块上市公司数目统计表

板块	主板	创业板	中小企业板
上市公司数	725	741	922
有PE/VC持股经历的公司数	198	245	296
占比	27.31%	32.10%	33.06%

由表5-20的统计结果发现,PE/VC投资的公司主要集中在中小板市场,创业板市场其次,主板市场最少。

接着我们再针对不同的上市板块,给出其上市公司市场价值及其波动风险的描述性统计表,具体如表5-21所示。

表5-21 不同板块公司市场价值的描述性统计表

变量	上市板块	样本量	均值	中值	最大值	最小值	标准差	下四分位点
EV	主板	2 402	61.518 0	8.098 2	3 849.31	0.406 5	223.17	3.971 8
	创业板	2 643	6.789 7	4.802 0	146.17	0.958 5	7.672 3	3.167 7
	中小板	5 989	7.761 5	4.905 6	249.93	0.345 2	11.167 6	3.018 0
EVsigma	主板	2 296	11.031 2	1.625 4	1 388.18	0.001 4	48.782 2	0.605 6
	创业板	2 564	1.757 1	1.129 9	31.612 6	1.68e-07	2.247 7	0.559 6
	中小板	5 942	1.957 8	1.032 3	76.836 1	0.000 4	3.563 7	0.487 4
EVsigma2	主板	2 644	12.779 2	1.862 2	1 388.18	0.001 4	54.766 7	0.731 9
	创业板	3 056	1.974 8	1.265 3	30.190 6	0.004 0	2.444 1	0.676 2
	中小板	6 717	2.261 7	1.201 1	73.164 7	0.000 4	4.003 0	0.610 8

由表5-21发现:我国上市公司市场价值由大到小依次排序为主板、中小板和创业板,同样地,我国上市公司市场价值波动由大到小依次排序也为主板、中小板和创业板。由此可见,我国主板、创业板与中小板的公司市场价值存在较为明显的差异。

为进一步分析在不同上市板块市场上,有PE/VC持股的公司与没有

PE/VC 持股的公司在市场价值层面的区别，依据上市板块和公司在会计年度是否有 PE/VC 持股（PEVC dummy）指标，对数据进行划分，并对两组数据对应指标分别进行了 t 检验和 Wilcoxon 符号秩检验，检验结果如表 5-22 所示。

表 5-22　不同板块公司市场价值的 t 检验和 Wilcoxon 检验表

变量	上市板块	PEVC dummy =1			t 检验	Wilcoxon 符号秩检验	PEVC dummy =0		
		样本量	均值	中值			样本量	均值	中值
EV	主板	998	110.5	12.36	$(-9.22)^{***}$	$(-11.7)^{***}$	1 404	26.71	6.51
	创业板	985	7.37	5.29	$(-2.98)^{***}$	$(-5.07)^{***}$	1 658	6.45	4.58
	中小板	2 321	8.05	4.89	(-1.58)	(-1.36)	3 668	7.58	4.91
EVsigma	主板	959	19.1	2.20	$(-6.79)^{***}$	$(-7.89)^{***}$	1 337	5.23	1.38
	创业板	961	1.77	1.14	(-0.17)	(-0.49)	1 603	1.75	1.12
	中小板	2 309	2.04	1.02	(-1.35)	(0.18)	3 633	1.91	1.04
EVsigma2	主板	1 115	20.7	2.49	$(-6.39)^{***}$	$(-8.86)^{***}$	1 529	7.01	1.50
	创业板	1 154	1.96	1.25	(0.31)	(0.88)	1 902	1.99	1.28
	中小板	2 570	2.38	1.20	$(-1.93)^{*}$	(-0.88)	4 147	2.19	1.20

注：同表 5-2。

由表 5-22 的结果发现：

（1）在主板和创业板市场上，没有 PE/VC 持股的公司市场价值的均值（中值）分别为 26.71（6.51）和 6.45（4.58），而有 PE/VC 持股的公司市场价值的均值（中值）分别为 110.5（12.36）和 7.37（5.29）。同时，在 1%的水平下，后者的市场价值均值和中值均更大。这说明，在主板和创业板市场上，PE/VC 的介入对其持股公司的市场价值有显著影响。

（2）在主板市场上，没有 PE/VC 持股的公司市场价值波动（EVsigma 和 EVsigma2）的均值（中值）分别为 5.23（1.38）和 7.01（1.50），而有 PE/VC 持股的公司市场价值波动（EVsigma 和 EVsigma2）的均值（中值）分别为 19.1（2.20）和 20.7（2.49）。同时，在 1%的水平下，后者的市场价值波动均值和中值更大，且五个会计年度的市场价值波动比三个会计年度的市场价值波动大。这说明，在主板市场上，PE/VC 可能长期影响其持股公司的市场价值波动。

（一）PE/VC 对其持股公司市场价值影响的板块差异

依据表 5-22 的检验结果，在不同板块市场上，PE/VC 对其持股公司市场价值的影响也不同。为了详细分析 PE/VC 对其持股公司市场价值影响的板块特征，本节分别从主板、创业板与中小板市场分析了 PE/VC 的介入对其持股市场价值影响的差异。

1. 主板市场 PE/VC 对其持股公司市场价值的影响检验

本节基于模型 5-5，筛选出属于主板上市的公司数据，同时参考第三节中对工具变量的选取，分别进行工具变量 2SLS 回归和 Heckman 两阶段回归，主要回归结果如表 5-23 所示。

表 5-23 主板市场 PE/VC 对公司市场价值影响的回归

回归方法	线性回归	工具变量法 2SLS		Heckman 两阶段回归（MLE）
解释变量/被解释变量	EV	第一阶段回归 PEVC dummy	第二阶段回归 EV	第二阶段回归 EV
PEVC dummy	9.374 4* (1.90)		-14.111 5 (-0.14)	8.813 4** (2.22)
PEVC numpro		-0.000 09* (-1.77)		

由表 5-23 的回归结果发现：在线性回归和 Heckman 两阶段（MLE）回归的结果中，核心解释变量 PEVC dummy 与被解释变量 EV 在 10% 的水平下存在显著的正相关关系。这说明，在主板市场上，PE/VC 的介入会提高其持股公司的市场价值。

接着采用 Hausman 检验、DWH 检验、F 检验分别对内生性和工具变量进行分析和检验，结果如表 5-24 所示。

表 5-24 主板市场内生性分析和工具变量检验

检验	检验类型	chi2（1）	$F(1, 2071)$
内生性	Hausman 检验	4.16 (0.245 1)	
	DWH 检验	0.053 0 (0.818 0)	0.052 0 (0.819 6)
工具变量相关性	F 检验		3.15 (0.075 6)

由表 5-24 的检验结果发现，Hausman 检验和 DWH 检验的 P 值均大于 0.1，这说明，无论是同方差还是异方差，在 1%的水平下，主板市场的模型 5-5 不存在内生性。同时，因表 5-23 中 Wald 检验的 P 值也大于 0.1，这说明在 1%的水平下拒绝了原假设"rho=0"，再次说明模型 5-5 在主板市场不存在内生性。因此，我们在主板市场上主要参考线性回归的结果，即说明我国 PE/VC 对主板市场上的上市公司市场价值会产生正向的影响。换而言之，在我国主板市场上，PE/VC 能有效提高其持股公司的市场价值，这与整个市场上得到的结论是相反的。

2. 创业板市场 PE/VC 对其持股公司市场价值的影响检验

本节也基于模型 5-5，筛选出属于创业板市场的公司数据，参考第二节中对工具变量的选取，分别进行工具变量 2SLS 回归和 Heckman 两阶段回归，主要回归结果如表 5-25 所示。

由表 5-25 的回归结果发现：线性回归、工具变量 2SLS 两阶段回归和 Heckman 两阶段（MLE）回归的结果中，在 1%的水平下，核心解释变量 PEVC dummy 的回归系数均显著为负。这说明，在创业板市场上，PE/VC 的介入会降低其持股公司的市场价值。

接着采用 Hausman 检验、DWH 检验、F 检验分别对内生性和工具变量进行分析和检验，结果如表 5-26 所示。

表 5-25　创业板市场 PE/VC 对公司市场价值影响的回归

回归方法 解释变量/ 被解释变量	线性回归 EV	工具变量法 2SLS 两阶段回归		Heckman 两阶段回归（MLE） 第二阶段回归 EV
		第一阶段回归 PEVC dummy	第二阶段回归 EV	
PEVC dummy	-1.093 4*** （-3.82）		-8.429 2*** （-3.45）	-1.792 8*** （-3.15）
Area		-0.073 1*** （-3.14）		
PEVC numpro		-0.000 1*** （-3.56）		

表 5-26　创业板市场内生性分析和工具变量检验

检验	检验类型	chi2（1）	$F(n, 2\,516)$
内生性	Hausman 检验	12.82 （0.005 0）	
	DWH 检验 $n=1$	13.05 （0.000 3）	13.08 （0.000 3）
工具变量相关性	F 检验 $n=2$		13.90 （0.000 0）

由表 5-26 的检验结果发现，Hausman 检验和 DWH 检验的 P 值均小于 0.01，这说明，无论是同方差还是异方差，在 1% 的水平下，创业板市场的模型 5-5 存在内生性。因此，在创业板市场上，PE/VC 对其持股公司市场价值会产生负向的影响。换而言之，在创业板市场上，PE/VC 会降低其持股公司的市场价值。这与整个市场上得到的结论是相同的。

3. 中小板市场 PE/VC 对其持股公司市场价值的影响检验

仍基于模型 5-5，筛选出中小板市场的公司数据，参考第二节中对工具变量的选取，分别进行工具变量 2SLS 回归和 Heckman 两阶段回归，主要回归结果如表 5-27 所示。

表 5-27 中小板市场 PE/VC 对公司市场价值影响的回归

回归方法 解释变量/被解释变量	线性回归	工具变量法 2SLS 两阶段回归		Heckman 两阶段回归（MLE）
		第一阶段回归	第二阶段回归	第二阶段回归
	EV	PEVC dummy	EV	EV
PEVC dummy	-0.061 6 (-0.31)		-14.159 5*** (-2.67)	-7.288 9*** (-16.29)
Area		-0.091 4*** (-4.14)		

由表 5-27 的回归结果发现：工具变量 2SLS 两阶段回归和 Heckman 两阶段（MLE）回归的结果中，在 1% 的水平下，核心解释变量 PEVC dummy 的回归系数均显著为负。这说明，在中小板市场上，PE/VC 的介入会降低其持股公司的市场价值。

接着采用 Hausman 检验、DWH 检验、F 检验分别对内生性和工具变量进行分析和检验，结果如表 5-28 所示。

表 5-28 中小板市场内生性分析和工具变量检验

检验	检验类型	chi2（1）	F（1, 5 597）
内生性	Hausman 检验	13.20 (0.004 2)	
	DWH 检验	13.02 (0.000 3)	13.24 (0.000 3)
工具变量相关性	F 检验		17.18 (0.000 0)

表 5-28 的检验结果显示，Hausman 检验和 DWH 检验的 P 值均小于 0.01，这说明，无论是同方差还是异方差，在 1% 的水平下，中小板市场的模型 5-5 存在内生性。同时，在表 5-27 中 Heckman 回归（MLE）的 Wald 检验的 P 值远远小于 0.01，这说明在 1% 的水平下拒绝了相关系数 "H_0：rho=0" 的原假设。这说明，在中小板市场，PE/VC 对其持股公司

市场价值会产生负向的影响。换而言之，在中小板市场上，PE/VC 会降低其持股公司的市场价值。这与整个市场上得到的结论也是相同的。

综上所述，PE/VC 对其持股公司市场价值的影响存在板块差异。在主板市场，PE/VC 会提高其持股公司市场价值，而在创业板和中小板市场，PE/VC 则会降低其持股公司的市场价值。

（二）PE/VC 对其持股公司市场价值波动影响的板块差异

前面分析发现：PE/VC 对其持股公司市场价值的影响会存在板块差异。那么，PE/VC 对其持股公司市场价值波动的影响是否也存在板块差异？这是本节需要分析的问题。因公司市场价值波动的指标 EVsigma 和 EVsigma2 的主要区别在于波动影响的时间长短，而我们要分析的主要是 PE/VC 对其持股公司市场价值波动的影响是否存在板块差异，与时间长短关系不大，所以后面的实证分析均将 EVsigma 作为公司市场价值波动的代理变量。

1. 主板市场 PE/VC 对其持股公司市场价值波动影响的检验

本节基于模型 5-10，筛选出主板市场的公司数据，引入工具变量，分别进行工具变量 2SLS 回归和 Heckman 两阶段回归，得到的主要回归结果如表 5-29 所示。

表 5-29　主板市场 PE/VC 对公司市场价值波动影响的回归

回归方法　　　　　　　　　　解释变量/被解释变量	线性回归	工具变量法 2SLS 两阶段回归		Heckman 两阶段回归（MLE）
		第一阶段回归	第二阶段回归	第二阶段回归
	EVsigma	PEVC dummy	EVsigma	EVsigma
PEVC dummy	4.056 0** (2.36)		−9.602 7 (−0.34)	−42.388 9*** (−33.57)
PEVC numpro		−0.000 09* (−1.68)		

由表 5-29 的回归结果发现：在线性回归和 Heckman 两阶段（MLE）

回归的结果中，在 5%的水平下，核心解释变量 PEVC dummy 的回归系数分别呈显著的正效应和负效应，那到底选择哪一个回归模型作为参考，需要依据下面的内生性检验结论来判断。

接着采用 Hausman 检验、DWH 检验、F 检验分别对内生性和工具变量进行分析和检验，结果如表 5-30 所示。

表 5-30　主板市场内生性分析和工具变量检验结果

检验	检验类型	chi2(1)	F(1, 1 975)
内生性	Hausman 检验	0.08 (0.994 2)	
	DWH 检验	0.272 0 (0.602 0)	0.266 6 (0.605 7)
工具变量相关性	F 检验		2.84 (0.092 2)

表 5-30 的检验结果显示，Hausman 检验和 DWH 检验的 P 值均大于 0.1，这说明无论是同方差还是异方差，在 1%的水平下，主板市场的模型 5-10 不存在内生性。虽然表 5-29 中 Wald 检验的 P 值也小于 0.01，但在工具变量 2SLS 回归模型中核心解释变量 PEVC dummy 的回归系数却不显著。因此，本节将主板市场上的线性回归结果作为参考，发现在主板市场上，PE/VC 的介入会加剧其持股公司市场价值的波动。这与整个市场上得到的结论相反。

2. 创业板市场 PE/VC 对其持股公司市场价值波动的影响检验

接着基于模型 5-10，筛选出创业板市场的公司数据，同时参考第三节中对工具变量的选取，分别进行工具变量法 2SLS 两阶段回归和 Heckman 两阶段回归，得到的主要回归结果如表 5-31 所示。

由表 5-31 的回归结果发现：线性回归、工具变量 2SLS 两阶段回归和 Heckman 两阶段（MLE）回归的结果中，在 1%的水平下，核心解释变量 PEVC dummy 的回归系数均显著为负。这说明，在创业板市场上，PE/VC 的介入会降低其持股公司市场价值的波动。

表 5-31　创业板市场 PE/VC 对公司市场价值波动影响的回归

回归方法 解释变量/被解释变量	线性回归	工具变量法 2SLS 两阶段回归		Heckman 两阶段回归（MLE）
		第一阶段回归	第二阶段回归	第二阶段回归
	EVsigma	PEVC dummy	EVsigma	EVsigma
PEVC dummy	-0.288 5*** (-3.64)		-4.705 6*** (-4.11)	-0.874 2*** (-3.89)
Area		-0.078 0*** (-3.32)		
PEVC numpro		-0.000 1*** (-3.47)		

接着采用 Hausman 检验、DWH 检验、F 检验分别对内生性和工具变量进行分析、检验，结果如表 5-32 所示。

表 5-32　创业板市场的内生性分析和工具变量检验

检验	检验类型	chi2（1）	$F(n, 2\ 443)$
内生性	Hausman 检验	39.50 (0.000 0)	
	DWH 检验 $n=1$	31.37 (0.000 0)	31.82 (0.000 0)
工具变量相关性	F 检验 $n=2$		14.27 (0.000 0)

表 5-32 的检验结果显示，Hausman 检验和 DWH 检验的 P 值均远远小于 0.01，这说明，无论是同方差还是异方差，在 1%的水平下，创业板市场的模型 5-10 存在内生性。同时，在表 5-31 中，Wald 检验的 P 值小于 0.01，这说明在 1%的水平下拒绝了原假设：相关系数 "H_0: rho=0"，即模型 5-10 存在内生性问题。因此在创业板市场上，PE/VC 对其持股公司市场价值波动的影响主要参考工具变量法 2SLS 两阶段回归的结论，发现在创业板市场上，PE/VC 的介入会降低其持股公司市场价值的波动。这与整个市场上得到的结论是一致的。

3. 中小板市场 PE/VC 对其持股公司市场价值波动的影响检验

仍基于模型 5-10，筛选出中小板市场的公司数据，引入工具变量，分别进行工具变量 2SLS 回归和 Heckman 两阶段回归，得到的回归结果如表 5-33 所示。

表 5-33 中小板市场 PE/VC 对公司市场价值波动影响的回归

回归方法 解释变量/被解释变量	线性回归	工具变量法 2SLS 两阶段回归		Heckman 两阶段回归（MLE）
		第一阶段回归	第二阶段回归	第二阶段回归
	EVsigma	PEVC dummy	EVsigma	EVsigma
PEVC dummy	0.144 8** (1.96)		-4.308 4** (-2.19)	-2.721 9*** (-16.52)
Area		-0.094 0*** (-4.25)		

由表 5-33 的回归结果发现：工具变量法 2SLS 两阶段回归和 Heckman 两阶段（MLE）回归的结果中，在 5%的水平下，核心解释变量 PEVC dummy 的回归系数均显著为负。而在线性回归中，在 5%的水平下，核心解释变量 PEVC dummy 的回归系数却显著为正。那么，在创业板市场上，我国 PE/VC 的持股对其持股公司的市场价值波动的影响需要依据内生性分析来判断。

接着采用 Hausman 检验、DWH 检验、F 检验分别对内生性和工具变量进行分析、检验，结果如表 5-34 所示。

表 5-34 中小板市场的内生性分析和工具变量检验

检验	检验类型	chi2(1)	F(1, 5 553)
内生性	Hausman 检验	9.91 (0.019 3)	
	DWH 检验	7.55 (0.006 0)	7.60 (0.005 8)
工具变量相关性	F 检验		18.04 (0.000 0)

表 5-34 的检验结果显示，Hausman 检验和 DWH 检验的 P 值均小于 0.05，这说明，无论是同方差还是异方差，在 5% 的水平下，中小板市场的模型 5-10 存在内生性。同时，在表 5-33 中 Heckman 回归（MLE）的 Wald 检验的 P 值远远小于 0.01，这再次说明在中小板市场模型 5-10 存在内生性。因此，在中小板市场上，PE/VC 对其持股公司市场价值波动的影响主要参考工具变量 2SLS 两阶段的回归结果，发现 PE/VC 的介入可减缓其持股公司市场价值的波动。这与整个市场上得到的结论也是一致的。

六、市场价值及波动对 PE/VC 影响其持股公司财务风险的中介作用

前面已证实：PE/VC 的介入会拉低其持股公司的市场价值，并减缓其持股公司市场价值的波动，即 PE/VC 对其持股公司市场价值存在显著的影响。而公司市场价值的变动会影响公司的财务状况，进而影响公司财务风险。因此，本节主要在前面研究的基础上，研究市场价值及其波动在 PE/VC 对其持股公司财务风险影响过程中的中介作用。本节的研究主要分为三个部分：第一部分分析市场价值的中介传导作用；第二部分探讨市场价值波动的中介传导作用；第三部分则共同分析市场价值及其波动的双重中介传导作用。

（一）市场价值的中介传导作用

本节先分析 PE/VC 通过市场价值中介对其持股公司财务风险影响的情况。将公司市场价值（EV）作为公司股权结构的代理变量，公司 Z 值（Z-score）作为公司财务风险被解释变量的代理变量，PE/VC 是否持股（PEVC dummy）作为 PE/VC 持股的代理变量，同时从公司财务、公司资本结构、公司股权、公司自然属性和整个金融市场五个层面进行控制。最后将对应的代理变量分别带入式（3-15）至式（3-17）中，得到的回归方程、标准误和 t 值如表 5-35 所示。

表 5-35 市场价值中介效应的检验（N=10 283）

中介效应	回归方程	标准误	Z 值
回归一	Z-score=−0.331 8PEVC dummy	0.220	−1.51
回归二	EV=2.128 4PEVC dummy	1.147	1.86*
回归三	Z-score=−0.358 3PEVC dummy	0.221	−1.62
	−0.001 0EV	0.002	−0.54

注：回归方程中省略了回归结果中所有的常数项和控制变量的回归项，仅列出被解释变量 Z-score、直接解释变量 PEVC dummy 和潜变量 EV 的回归系数，同时三个回归中的控制变量均排除变量 EV。*、**、***分别表示在 10%、5%、1%水平下显著。

由表 5-35 的回归结果发现：在回归一中，变量 PEVC dummy 的回归系数 c 不显著，而虽然回归二中变量 PEVC dummy 的回归系数 a 在 10%水平下正显著，但是回归三中变量 EV 的回归系数却不显著，那么我们需要依据后面的 Bootstrap 检验来判断变量 EV 间接效应的显著性。

基于以上的回归结果及分析，再给出 delta 方法对回归系数 ab 的显著性进行检验结果，待估系数记为 EV_ab，检验结果如表 5-36 所示。

表 5-36 市场价值中介效应的 delta 方法检验

待估计系数	点估计	标准误	Z 值
EV_ab	−0.002 2	0.004	−0.52

表 5-36 的 delta 方法检验结果显示，总体间接效应为−0.002 2，但其并不显著。因此，在样本服从正态分布假设的前提下，市场价值的中介效应不显著。

因为 delta 方法仅能检验在正态分布假设前提下的样本，未能考虑非正态时的情况，因此为了再进一步确认总体中介效应的显著性，即检验回归系数 ab 的显著性，接着采用 Bootstrap 方法对表 5-35 中的回归进行了 1 000 次重复，待估系数记为 Bootstrap_EV_ab，得到的置信区间如表 5-37 所示。

由表 5-37 的 Bootstrap 检验结果发现，变量 EV 的三种类型置信区间中均包含 0。这说明，在非正态分布假设的前提下，市场价值的中介效应不显著。

表 5-37　市场价值中介效应的 Bootstrap 方法检验（N=10 283）

待估计系数/置信区间类型	P95%置信区间	BC95%置信区间	BCa95%置信区间
Bootstrap_EV_ab	[−0.008 9, 0.003 9]	[−0.010 0, 0.002 1]	[−0.010 9, 0.001 5]

注：P 指的是百分位 percentile，BC 指的是偏差修正 bias corrected，BCa 指的是加速偏差修正 bias corrected and accelerated。

（二）市场价值波动的中介传导作用

接着分析我国 PE/VC 通过公司市场价值波动中介对其持股公司财务风险的影响。本节将以上市公司市场价值波动作为其传导潜变量，同时将上市公司三年内市场价值波动（EVsigma）作为公司市场价值波动的代理变量，将被解释变量 Z-score、直接解释变量 PEVC dummy 和控制变量分别带入式（3-15）至式（3-17）中，得到的回归方程、标准误和 t 值如表 5-38 所示。

表 5-38　市场价值波动中介效应的检验（N=10 283）

中介效应	回归方程	标准误	Z 值
回归一	Z-score=−0.345 0PEVC dummy	0.217	−1.59
回归二	EVsigma=0.961 4PEVC dummy	0.369	2.60***
回归三	Z-score=−0.336 0PEVC dummy −0.011 5EVsigma	0.220 0.006	−1.53 −1.93*

注：同表 5-35。

由表 5-38 的回归结果发现：

（1）在回归一中，变量 PEVC dummy 的回归系数 c 在 10%的水平下不显著，而在回归二中变量 PEVC dummy 的回归系数 a 在 1%水平下正显著，且在回归三中变量 EVsigma 的回归系数 b 在 10%水平下负显著。这说明存在遮掩效应，但是变量 EVsigma 的间接效应显著，即 PE/VC 通过加剧其持股公司市场价值波动，进而降低公司 Z 值，这一传导的间接效应显著。

（2）在回归三中，变量 PEVC dummy 的回归系数 c' 并不显著，这说明，变量 PEVC dummy 的直接效应不显著。

基于以上回归结果及分析，再用 delta 方法对回归系数 ab 的显著性进行检验，待估系数记为 EVsigma_ab，检验结果如表 5-39 所示。

表 5-39　市场价值波动中介效应的 delta 方法检验

待估计系数	点估计	标准误	Z 值
EVsigma_ab	−0.011 0	0.007	−1.55

由表 5-39 的 delta 方法检验结果发现，总体间接效应为 −0.011 0，但其并不显著。因此，在样本服从正态分布假设的前提下，市场价值波动的总体间接效应不显著。

因为 delta 方法仅能检验在正态分布假设前提下的样本，未能考虑非正态时的情况，因此接着采用 Bootstrap 方法进行了 1 000 次重复的回归，待估系数记为 Bootstrap_EVsigma_ab，得到的置信区间如表 5-40 所示。

表 5-40　市场价值波动中介效应的 Bootstrap 方法检验（N=10 070）

待估计系数/置信区间类型	P95%置信区间	BC95%置信区间	BCa95%置信区间
Bootstrap_EVsigma_ab	[−0.021 4, −0.003 9]	[−0.020 5, −0.003 6]	[−0.021 7, −0.004 0]

注：同表 5-37。

由表 5-40 的 Bootstrap 检验结果发现，变量 EVsigma 的三种类型置信区间中均不包含 0，且小于 0。这说明，在非正态分布假设的前提下，市场价值波动在 5%水平下的总体间接效应显著为负。

综上所述，我国 PE/VC 通过其持股公司市场价值波动中介对公司 Z 值存在显著的负向间接效应，即 PE/VC 通过其持股公司市场价值波动中介对公司财务风险会存在显著的正向间接效应。

（三）市场价值及其波动的双重中介传导作用

前面研究发现：市场价值波动在 PE/VC 对其公司财务风险影响的过

程中存在显著的间接效应，而市场价值在此过程中的中介效应不显著。因此，本节结合公司市场价值（EV）及其三年内的波动（EVsigma），将它们分别作为公司市场价值及其波动的代理变量，公司Z值（Z-score）作为公司财务风险被解释变量的代理变量，PE/VC是否持股（PEVC dummy）作为PE/VC持股的代理变量，同时从公司财务、公司资本结构、公司股权、公司自然属性和整个金融市场五个层面进行控制，然后将代理变量分别带入式（3-15）至式（3-17）中，得到的回归方程、标准误和 t 值如表5-41所示。

表5-41 市场价值及其波动中介效应的检验（N=10 070）

中介效应	回归方程	标准误	Z值
回归一	Z-score=−0.345 0PEVC dummy	0.217	−1.59
回归二	EV=2.121 0PEVC dummy	1.169	1.81*
	EVsigma=0.942 9PEVC dummy	0.370 6	2.54**
回归三	Z-score=−0.373 9PEVC dummy	0.225	−1.66*
	−0.002 6EV	0.003	−0.83
	+0.006 1EVsigma	0.010	0.62

注：同表5-35。

由表5-41的回归结果发现：

（1）在回归一中，变量PEVC dummy的回归系数 c 在10%的水平下不显著，而在回归二中两个回归模型中的变量PEVC dummy的回归系数 a 在10%水平下均正显著，但是在回归三中变量EVsigma的回归系数 b 却不显著。此时无法判断变量EV与变量EVsigma中介效应的显著性，需进行Bootstrap。

（2）在回归三中，变量PEVC dummy的回归系数 c' 并不显著，这说明变量PEVC dummy的直接效应不显著，即我国PE/VC直接影响其持股公司财务风险的直接效应并不显著。

基于以上回归结果及分析，再用delta方法对回归系数 ab 的显著性进行检验，检验结果如表5-42所示。

表 5-42　市场价值及其波动中介效应的 delta 方法检验

待估计系数	点估计	标准误	Z 值
EV_ab	−0.005 5	0.007	−0.76
EVsigma_ab	0.005 8	0.010	0.60
Total	0.000 2	0.006	0.04

由表 5-42 的 delta 方法检验结果发现，变量 EV 与变量 EVsigma 的 Z 值接近于 0，表示它们的中介效应均不显著性。因此，在样本服从正态分布假设的前提下，市场价值及其波动的中介效应不显著。

然后接着采用 Bootstrap 方法进行了 1 000 次重复的回归，得到的置信区间如表 5-43 所示。

表 5-43　市场价值及其波动中介效应的 Bootstrap 方法检验（N=10 070）

待估计系数/置信区间类型	P95%置信区间	BC95%置信区间	BCa95%置信区间
Bootstrap_EV_ab	[−0.005 5, 0.033 8]	[−0.007 4, 0.030 0]	[−0.016 0, 0.022 5]
Bootstrap_ EVsigma _ab	[−0.018 1, 0.003 5]	[−0.020 0, 0.002 3]	[−0.021 0, 0.002 0]
Bootstrap_Total	[−0.008 5, 0.024 6]	[−0.010 8, 0.021 0]	[−0.013 2, 0.016 0]

注：同表 5-33。

由表 5-43 的 Bootstrap 检验结果发现，变量 EVsigma 和变量 EV 的三种类型置信区间中均包含 0。这说明，在非正态分布假设的前提下，市场价值及其波动的中介效应不显著。

综上所述，PE/VC 通过其持股公司市场价值波动中介对公司 Z 值存在显著的负向间接效应，而 PE/VC 通过其持股公司市场价值对其公司 Z 值的间接效应不显著。当将市场价值及其波动均看作潜变量时，它们同时在 PE/VC 对其持股公司财务风险影响的中介效应均不显著。

第四节 市场价值及其波动在不同上市板块中介效应的差异

为进一步讨论市场价值及其波动在 PE/VC 对其持股公司财务风险影响的中介作用，本节将从主板、创业板与中小板市场，分别讨论市场价值及其变动的中介作用。

一、主板市场的市场价值及其波动的中介作用

首先分析主板市场上的公司市场价值及其波动在 PE/VC 对其持股公司财务风险影响的中介作用，将公司市场价值（EV）及其三年内的波动（EVsigma）分别作为公司市场价值及其波动的代理变量，公司 Z 值（Z-score）作为公司财务风险被解释变量的代理变量，PE/VC 是否持股（PEVC dummy）作为 PE/VC 持股的代理变量，同时从公司财务、公司资本结构、公司股权、公司自然属性和整个金融市场五个层面进行控制。然后筛选出主板市场的样本，将代理变量分别带入式（3-15）至式（3-17）中，得到的回归方程、标准误和 t 值如表 5-44 所示。

表 5-44 主板市场的市场价值及其波动中介效应的检验（N=2 009）

中介效应	回归方程	标准误	Z 值
回归一	Z-score=−0.250 0PEVC dummy	0.259	−0.96
回归二	EV=9.208 0PEVC dummy	5.615	1.64*
	EVsigma=4.056 0PEVC dummy	1.824	2.22***
回归三	Z-score=−0.080 4PEVC dummy	0.170	−0.47
	+0.000 5EV	0.001	0.49
	−0.003 0EVsigma	0.003	−0.91

注：同表 5-35。

由表 5-44 的回归结果发现:回归一中变量 PEVC dummy 的回归系数不显著。回归二中,两个回归模型中的变量 PEVC dummy 的回归系数在 10%的水平下均显著为正。在回归三中,变量 EV 和变量 EVsigma 的回归系数均不显著。此时需依据 Bootstrap 检验结果来判断该变量的中介效应。

因为前面无法判断变量 EV 和变量 EVsigma 中介效应的显著性,接着采用 Bootstrap 运算方法对表 5-44 中的回归模型进行了 1 000 次重复,得到的置信区间如表 5-45 所示。

表 5-45　主板市场的市场价值及其波动中介效应的 Bootstrap 方法检验

待估计系数/置信区间类型	P95%置信区间	BC95%置信区间
Bootstrap_EV_ab	[-0.043 5, 0.014 0]	[-0.051 7, 0.005 8]
Bootstrap_EVsigma_ab	[-0.006 8, 0.026 6]	[-0.006 3, 0.027 9]
Bootstrap_Total	[-0.023 3, 0.014 6]	[-0.036 4, 0.062 2]

注:N=2 009,P 指的是百分位 percentile,BC 指的是偏差修正 bias corrected。

由表 5-45 的 Bootstrap 检验结果可发现,变量 EV 和变量 EVsigma 的两种类型置信区间取值均包含 0。这说明,在样本服从非正态分布假设的前提下,主板市场上市场价值及其变动在 PE/VC 对其持股公司财务风险影响的中介效应不显著。

二、创业板市场的市场价值及其波动的中介作用

接着分析创业板市场上的公司市场价值及其波动在 PE/VC 对其持股公司财务风险影响的中介作用,将公司市场价值(EV)及其三年内的波动(EVsigma)分别作为公司市场价值及其波动的代理变量,公司 Z 值(Z-score)作为公司财务风险被解释变量的代理变量,PE/VC 是否持股(PEVC dummy)作为 PE/VC 持股的代理变量,同时从公司财务、公司资本结构、公司股权、公司自然属性和整个金融市场五个层面进行控制。然后筛选出创业板市场的样本,将代理变量分别带入式(3-15)至式(3-17)

中，得到的回归方程、标准误和 t 值如表 5-46 所示。

表 5-46　创业板市场的市场价值及其波动中介效应的检验（N=2 472）

中介效应	回归方程	标准误	Z 值
回归一	Z-score=−0.372 9PEVC dummy	0.536	−0.70
回归二	EV=−1.128 1PEVC dummy	0.213	−5.29***
	EVsigma=−0.288 5PEVC dummy	0.073 5	−3.93***
回归三	Z-score=−0.046 7PEVC dummy	0.513	−0.09
	+0.278 7EV	0.053	5.97***
	+0.313 8EVsigma	0.153	1.83*

注：同表 5-30。

由表 5-46 的回归结果发现：回归一中变量 PEVC dummy 的回归系数不显著。回归二中，两个回归模型中的变量 PEVC dummy 的回归系数在 1%的水平下均显著为负。在回归三中，变量 EV 和变量 EVsigma 的回归系数在 10%的水平下均显著为正。这说明变量 EV 和变量 EVsigma 在 PE/VC 对其持股公司财务风险影响中存在显著的中介效应。

基于以上回归结果及分析，再用 delta 方法对回归系数 ab 的显著性进行检验，检验结果如表 5-47 所示。

表 5-47　创业板市场的市场价值及其波动中介效应的 delta 方法检验

待估计系数	点估计	标准误	Z 值
EV_ab	−0.354 0	0.090	−3.96***
EVsigma_ab	−0.080 4	0.049	−1.66*
Total	−0.434 4	0.097	−4.49***

由表 5-47 的 delta 方法检验结果发现，变量 EV 的间接效应为−0.354 0，变量 EVsigma 的间接效应为−0.080 4，它们的总体间接效应为−0.434 4。同时，变量 EV 和变量 EVsigma 的间接效应在 10%的水平下均显著为负。这说明，在样本服从正态分布假设的前提下，市场价值及其波动在 1%水平下的间接效应负显著。因此，市场价值及其波动在 PE/VC

对其持股公司财务风险影响中存在显著的正间接效应。

接着采用 Bootstrap 运算方法对表 5-44 中的回归模型进行了 1 000 次重复,得到的置信区间如表 5-48 所示。

表 5-48　创业板市场的市场价值及其波动中介效应的 Bootstrap 方法检验

待估计系数/置信区间类型	P95%置信区间	BC95%置信区间
Bootstrap_ EV_ab	[−0.514 3, −0.224 3]	[−0.514 7, −0.226 1]
Bootstrap_ EVsigma_ab	[−0.200 2, 0.065 2]	[−0.212 5, 0.050 5]
Bootstrap_Total	[−0.601 3, −0.261 5]	[−0.613 2, −0.266 3]

注：$N=2\,472$，P 指的是百分位 percentile，BC 指的是偏差修正 bias corrected。

由表 5-48 的 Bootstrap 检验结果发现，变量 EV 的两种类型置信区间取值均小于 0，而变量 EVsigma 的两种类型置信区间均包含 0。这说明，在样本服从非正态分布假设的前提下，创业板市场上的市场价值在 PE/VC 对其持股公司财务风险影响的正中介效应显著，而市场价值波动在该影响中的中介效应不显著。

三、中小板市场的市场价值及其波动的中介作用

然后分析中小板市场上的公司市场价值及其波动在 PE/VC 对其持股公司财务风险影响的中介作用，将公司市场价值（EV）及其三年内的波动（EVsigma）分别作为公司市场价值及其波动的代理变量，公司 Z 值（Z-score）作为公司财务风险被解释变量的代理变量，PE/VC 是否持股（PEVC dummy）作为 PE/VC 持股的代理变量，同时从公司财务、公司资本结构、公司股权、公司自然属性和整个金融市场五个层面进行控制。然后筛选出中小板市场的样本,将代理变量分别带入式（3-15）至式（3-17）中，得到的回归方程、标准误和 t 值如表 5-49 所示。

由表 5-49 的回归结果发现：回归一中变量 PEVC dummy 的回归系数不显著。回归二中，仅变量 EVsigma 回归模型中的变量 PEVC dummy 的回归系数在 10%的水平下均显著为正。在回归三中，变量 EV 和变量

EVsigma 的回归系数在 1%的水平下均显著为正。这说明变量 EVsigma 在 PE/VC 对其持股公司财务风险影响中存在显著的间接效应,而变量 EV 的中介效应需依据 Bootstrap 运算结果来判断。

表 5-49 中小板市场的市场价值及其波动中介效应的检验(N=5 589)

中介效应	回归方程	标准误	Z 值
回归一	Z-score=-0.103 2PEVC dummy	0.296	-0.35
回归二	EV=-0.068 3PEVC dummy	0.206	-0.33
	EVsigma=0.144 8PEVC dummy	0.077	1.88*
回归三	Z-score=-0.224 1PEVC dummy	0.317	-0.71
	+0.075 8EV	0.027	2.84***
	+0.265 48EVsigma	0.072	3.71***

注:同表 5-35。

基于以上回归结果及分析,再用 delta 方法对回归系数 ab 的显著性进行检验,检验结果如表 5-50 所示。

表 5-50 中小板市场的市场价值及其波动中介效应的 delta 方法检验

待估计系数	点估计	标准误	Z 值
EV_ab	-0.005 2	0.016	-0.33
EVsigma_ab	-0.038 4	0.023	1.68*
Total	-0.033 2	0.035	0.96

由表 5-50 的 delta 方法检验结果发现,变量 EV 的间接效应为-0.005 2,变量 EVsigma 的间接效应为-0.038 4,它们的总体间接效应为-0.033 2。同时,变量 EVsigma 的间接效应在 10%的水平下均显著为正,但是变量 EV 的间接效应不显著,且总体间接效应也不显著。这说明,在样本服从正态分布假设的前提下,市场价值波动在 10%的水平下的间接效应正显著,但市场价值的中介作用不显著。

接着采用 Bootstrap 运算方法对表 5-49 中的回归模型进行了 1 000 次重复,得到的置信区间如表 5-51 所示。

表 5-51 中小板市场的市场价值及其波动中介效应的 Bootstrap 方法检验

待估计系数/置信区间类型	P95%置信区间	BC95%置信区间
Bootstrap_ EV_ab	[-0.039 4, 0.033 0]	[-0.051 6, 0.022 7]
Bootstrap_ EVsigma_ab	[-0.001 0, 0.091 6]	[0.004 7, 0.107 8]
Bootstrap_Total	[-0.032 2, 0.106 1]	[-0.032 2, 0.106 1]

注：N=5 589，P 指的是百分位 percentile，BC 指的是偏差修正 bias corrected。

由表 5-51 的 Bootstrap 检验结果发现，变量 EV 的两种类型置信区间取值均包含 0，而变量 EVsigma 的 BC 置信区间大于 0。这说明，在样本服从非正态分布假设的前提下，中小板市场上市场价值波动在 PE/VC 对其持股公司财务风险影响的间接效应显著，而市场价值在该影响中的中介效应不显著。

本章小结

本章旨在研究我国 PE/VC 对其持股公司财务风险影响的市场价值传导模式。一方面，本章利用工具变量 2SLS 两阶段回归，以及 Hausman 检验、DWH 检验、F 检验和 Wald 检验，发现 PE/VC 对其持股公司市场价值及其波动的影响均存在内生性问题。然后分别采用工具变量 2SLS 两阶段回归和 Heckman 两阶段回归分析了 PE/VC 对其持股公司股权结构的影响及该影响的板块异质性。另一方面，在第一方面研究的基础上，分析市场价值及其波动在 PE/VC 对其持股公司财务风险影响过程中的中介作用，并探讨 PE/VC 对其持股公司财务风险影响的市场价值传导模式的板块差异。本章基于前面的分析，最终得到以下四个结论：

（1）我国 PE/VC 会倾向选择较低市场价值的上市公司进行投资，在进行内生性偏差修正后，发现 PE/VC 的介入会降低其持股公司的市场价值，并减缓市场价值的波动。同时，PE/VC 的介入对其持股公司市场价值的影响存在显著的滞后效应，会降低第二年其持股公司的市场价值。

（2）我国 PE/VC 对其持股公司市场价值及其波动的影响均存在板块

异质性。在主板市场，PE/VC 的介入会显著提高其持股公司的市场价值，并加剧其持股公司市场价值的波动，而在创业板和中小板市场，PE/VC 的介入却会显著降低其持股公司的市场价值，并减缓其持股公司市场价值的波动。

（3）在样本服从正态分布假设时，PE/VC 通过其持股公司市场价值波动中介对公司 Z 值会存在显著的负间接效应，而公司市场价值在该影响中的间接效应不显著。即说明公司市场价值波动在 PE/VC 对其持股公司财务风险影响中存在显著的正间接效应。在样本服从非正态分布假设时，公司市场价值及其波动在该影响中的间接效应均不显著。

（4）市场价值在 PE/VC 对其持股公司财务风险影响的中介效应存在板块差异。主板市场上，市场价值及其波动在 PE/VC 对其持股公司财务风险影响的中介效应均不显著。在创业板市场上，市场价值波动在 PE/VC 对其持股公司财务风险影响的间接效应均显著为正，而市场价值在该影响中的中介效应则不显著。在中小板市场上，市场价值波动在 PE/VC 对其持股公司财务风险影响的间接效应显著为负，而市场价值在该影响中的中介效应不显著。

第六章 我国 PE/VC 对其持股上市公司财务风险影响的多重中介效应

在越趋复杂的金融环境下，我国上市公司财务风险引发的上市公司腐败、违规、破产等问题也越来越严峻，为此我国金融监管部门提出要加强控制我国上市公司财务风险，提高对上市公司财务风险的识别和预测的能力。第二章对有我国 PE/VC 持股和没有我国 PE/VC 持股的公司财务风险进行对比，得出结论：我国 PE/VC 的介入会提高其持股公司的财务风险。那么，我国 PE/VC 持股的上市公司的财务风险是直接影响，还是间接影响？若是间接影响，那它们又是通过什么中介因素来影响上市公司的财务风险？这是本章需要解决的问题。

第二章已对公司财务风险影响因素的研究做了简述，主要分为两类，一类是公司外部因素，另一类是公司内部因素。然而对引起公司财务风险的根源及传导路径却缺乏详细的研究。因此，本章将在前文研究的基础上，重点分析我国 PE/VC 对其持股上市公司财务风险影响的传导途径，为我国监管部门和上市公司更好地识别财务风险，并及时阻断公司财务风险的传播，进而有效降低上市公司因财务风险发生财务失败或破产的概率，以提高公司内部控制治理效率，营造一个良好且稳定的资本市场。

一方面，第三章至第五章的研究发现：我国 PE/VC 的持股会提高其持股公司的资产负债率、提高股权集中度以及降低公司市场价值，这些因素的变动会使其持股公司的财务风险暴露，降低公司财务风险指标 Z 值，当公司财务风险 Z 值小于 1.81 时，则表明公司潜伏着破产及财务失败的危机。另一方面，第四章至第六章还发现资本结构、股权结构以及市场价值在 PE/VC 对其持股公司财务风险影响中分别均起到了显著的中介作用。因此，本章在前文研究的基础上，从资本结构、股权结构以及市场价值三方面共同来分析它们对我国 PE/VC 影响其持股公司财务风险影响的多重中介效应，并分析该多重中介效应的板块异质性，为有效防堵我国上市公司财务风险的传导提供丰富的理论依据。

第一节 理论分析与研究假设

我国 PE/VC 对其持股上市公司财务风险影响的传导途径主要从公司内部和外部两个方面来进行分析。在公司内部方面，我国 PE/VC 在进入公司前十大股东名单后，通常先观察到公司股权结构的改变，然后 PE/VC 通过参与公司监管与财务战略的决策，进一步调整公司资本结构，引起公司价值变动，而公司价值的变动接着会在公司市场价值上得以体现，最终影响公司财务风险，因此，我国 PE/VC 可通过该链式传导路径来影响其持股公司的财务风险。但是，还可能存在这样一种情况：PE/VC 在进入公司前十大股东名单前，与公司董事会成员针对公司未来财务战略发展方向已达成了共识，且市场能迅速反应 PE/VC 进入前十大股东的持股信号，并及时体现在公司股价上，进而影响公司财务风险。当这种情况成立时，PE/VC 也可能通过公司股权结构、资本结构及市场价值三方面同时影响其持股公司财务风险，此时，则多重并行中介传导路径也可能显著。此外，前文研究发现，我国 PE/VC 的介入会提高其持股公司的资产负债率和前十大股东的持股比例，并引起公司资产负债率和前十大股东持股比例大幅波动，使公司资本结构和股权结构不稳定，而资本结构和股权结构的波动对公司财务风险也会有显著的影响。这从实证方面证实，我国 PE/VC 可能通过其持股公司资本结构和股权结构的波动来影响公司财务风险。在公司外部方面，前文研究指出，我国 PE/VC 的持股行为更易被投资者视为消极的消息，从而引起上市公司股价下跌，导致公司市场价值受到波及，而公司市场价值为影响公司财务风险的重要因素之一，所以，我国 PE/VC 也可能通过公司市场价值单因素来直接影响公司财务风险。根据这两个方面的分析，提出假设 6-1。

假设 6-1 我国 PE/VC 可通过上市公司资本结构、股权结构以及市场价值多重中介来影响公司财务风险，即公司资本结构、股权结构以及市场价值在 PE/VC 对其持股公司财务风险影响中存在显著的多重混合中介效应。

基于前文研究发现，我国 PE/VC 对其持股上市公司资本结构、股权结构、市场价值以及财务风险的影响均存在板块差异，那么，当我国 PE/VC 通过这些中介变量来影响公司财务风险时，自然也会存在板块异质性。由此，提出假设 6-2。

假设 6-2 我国 PE/VC 通过公司资本结构、股权结构和市场价值三方面来影响其持股公司财务风险的中介传导路径存在板块异质性。

第二节 变量选择与研究设计

一、多重中介效应模型

为了更好地分析变量 X 对变量 Y 的影响和多重变量 $M_i(i=1,\cdots,n)$ 在之中的潜在关系，本节基于中介效应模型，分别给出直接效应、多重并行中介效应和多重混合中介效应关系图，如图 6-1 所示。

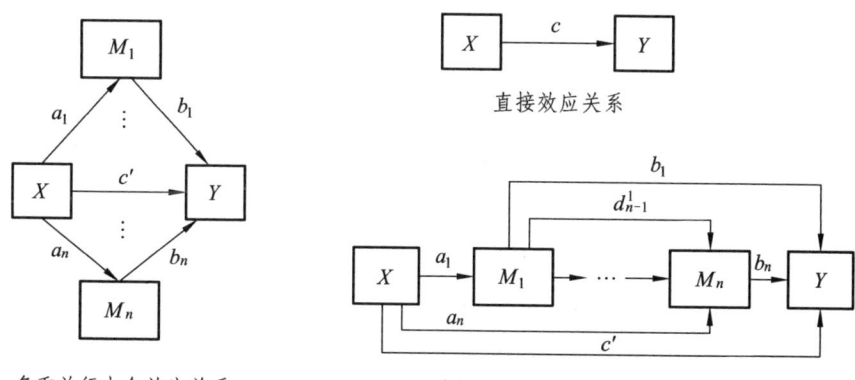

图 6-1 多重中介效应关系图

然后依据图 6-1，分别给出直接效应、多重并行中介效应和多重链式中介效应的回归模型。

（1）在没有中介变量时，X 对 Y 的直接影响回归模型如下：

$$Y = cX + \gamma^{\mathrm{T}} D + e_1 \tag{6-1}$$

（2）当存在中介变量时，多重并行中介效应模型如下：

$$M_1 = a_1 X + \eta_1^{\mathrm{T}} D + e_2 \tag{6-2a_1}$$

$$\vdots$$

$$M_n = a_n X + \eta_n^{\mathrm{T}} D + e_{n+1} \tag{6-2a_n}$$

$$Y = c'X + b_i \sum_{i=1}^{n} M_i + \lambda^{\mathrm{T}} D + e_{n+2} \tag{6-3}$$

（3）当存在中介变量时，多重混合中介效应模型如下：

$$M_1 = a_1 X + \eta_1^{\mathrm{T}} D + e_2 \tag{6-4ad_1}$$

$$M_2 = a_2 X + d_1^1 M_1 + \eta_1^{\mathrm{T}} D + e_3 \tag{6-4ad_2}$$

$$\vdots$$

$$M_n = a_n X + d_{n-1}^1 M_1 + \cdots + d_{n-1}^{n-1} M_{n-1} + \eta_1^{\mathrm{T}} D + e_{n+1} \tag{6-4ad_n}$$

$$Y = c'X + b_i \sum_{i=1}^{n} M_i + \lambda^{\mathrm{T}} D + e_{n+2} \tag{6-5}$$

其中，式（6-1）中的系数 c 仍为 X 对 Y 的总效应；式（6-2a_1）中的系数 a_1 为 X 对 M_1 的效应；式（6-2a_1）中的系数 a_2 为 X 对 M_2 的效应，以此类推；式（6-4ad_1）中的系数 a_1 为 X 对 M_1 的效应；式（6-2ad_2）中的系数 a_2 为 X 对 M_2 的效应，系数 d_1^1 为 M_1 对 M_2 中介变量间的效应，以此类推；式（6-3）和式（6-5）中的系数 b_1 是在控制了变量 X 和除 M_1 外的潜变量影响后，M_1 对 Y 的效应，系数 b_2 是在控制了变量 X 和除 M_2 外的潜变量影响后，M_2 对 Y 的效应，以此类推；而式（6-3）和式（6-5）中的系数 c' 则

是在控制了潜变量 $M_i(i=1,2,\cdots,n)$ 的影响后，X 对 Y 的效应；$e_1,e_2,\cdots,e_{n+1}$ 和 e_{n+2} 分别为 $n+2$ 个回归方程的残差项。

二、变量选择及定义

本章旨在研究我国 PE/VC 对其持股公司财务风险影响的多重中介效应，依据前面多重并行/混合中介效应模型，从被解释变量、直接解释变量、潜变量和控制变量四个方面来选择变量。

1. 被解释变量

本章的被解释变量为上市公司财务风险，将上市公司在会计年度发生财务失败或破产的可能性（Z-score，简称 Z 值）作为被解释变量的代理变量。

2. 直接解释变量

本章将上市公司在会计年度是否存在 PE/VC 持股（PEVC dummy）的虚拟变量作为直接解释变量的代理变量。

3. 潜变量

本章的潜变量指我国 PE/VC 在进入上市公司以后影响了其持股公司财务风险的中间因素，我们基于经济理论的分析，将这些中间因素主要分为三类潜变量。第一类潜变量为上市公司资本结构。鉴于第三章对资本结构及其波动中介作用研究发现：资本结构波动的中介作用更为显著，因此本章直接选用三年内资产负债率波动（DTAsigma）作为资本结构的衡量指标，五年内资产负债率波动（DTAsigma2）作为资本结构的辅助衡量指标。第二类潜变量为上市公司股权结构。同样鉴于第四章对股权结构及其波动中介作用研究发现：股权结构波动的中介作用更为显著，因此本章直接选用三年内前十大股东持股比例波动（Top10sigma）作为股权结构的衡量指标，五年内前十大股东持股比例波动（Top10sigma2）

作为股权结构的辅助衡量指标。第三类潜变量为上市公司市场价值。同样鉴于第五章对市场价值及其波动的中介作用研究发现：市场价值波动的中介作用更为显著,因此本章直接选用三年内市场价值波动（EVsigma）作为市场价值的衡量指标,而五年内市场价值波动（EVsigma2）作为市场价值的辅助衡量指标。

4. 控制变量

本章的控制变量依据各自回归的被解释变量从以下五个层面选择以控制我国 PE/VC 对上市公司财务风险影响的传导过程,它们主要是公司财务、公司资本结构、公司股权、公司自然属性和整个金融市场五个层面,其中公司财务层面主要指总资产报酬率（ROA）、每股税息折旧及摊销前利润（Ebitdaps）、总市值（EV）和总资产（Assets）;公司资本结构主要指资产负债率（Debttoasset）和长期资产负债率（Longdebttoasset）;公司股权层面主要指总股本（Totalshares）、自由流通股本（Freefloatshares）和前十大股东持股比例（Top10）;公司自然属性层面主要指公司国有属性（Nature）、已成立的年限（Foundage）和已上市的年限（IPOage）;整个金融市场层面主要指 PE/VC 热市场（PEVCHot）、IPO 热市场（IPOHot）和金融危机（Wave）。同时对年份和行业进行控制。

三、研究设计

在研究资本结构、股权结构以及市场价值在 PE/VC 对其持股公司财务风险影响的中介效应时,主要依据第三章中由温忠麟和叶宝娟（2014）提出的中介效应检验流程（如图 3-3 所示）,基于式（6-1）,式（6-2a_1）至式（6-2a_n）和式（6-3）的多重并行中介效应模型（$n=3$）,对三者的多重并行中作用进行检验。同时,接着基于式（6-1）,式（6-4ad_1）至式（6-4ad_n）和式（6-5）的多重链式中介效应模型（$n=3$）,对三者的多重混合中介作用也进行了检验。具体见本章第三节和第四节。

第三节 资本结构、股权结构及市场价值的中介效应实证检验

一、单中介效应稳健检验

本书第三章至第五章的研究发现：在资本结构、股本结构及市场价值三个方面，资产负债率波动、前十大股东持股比例波动以及市场价值波动作为潜变量时均会存在显著的间接效应。那么，本节先分析这三者的间接效应稳健性，为后面讨论三者同时选为中介潜变量做铺垫。

因此，本节将资本结构波动、股权结构波动以及市场价值波动分别用五年内资产负债率波动（DTAsigma2）、五年内前十大股东持股比例波动（Top10sigma2）和五年内市场价值波动（EVsigma2）来替换，同样基于式（6-1）至式（6-3），回归结果如表6-1所示。

表6-1 单中介变量在PE/VC对其持股公司财务风险影响的中介效应稳健性分析

PEVC dummy→DTAsigma2→Zscore 回归方程		标准误	Z值
回归一	Z-score=-0.345 0PEVC dummy	0.217	-1.59
回归二	DTAsigma2=0.395 3PEVC dummy	0.110	3.60***
回归三	Z-score=-0.295 6PEVC dummy	0.216	-1.37
	-0.125 0DTAsigma2	0.019	-6.44***
PEVC dummy→Top10sigma2→Zscore 回归方程		标准误	Z值
回归一	Z-score=-0.345 0PEVC dummy	0.217	-1.59
回归二	Top10sigma2=0.450 9PEVC dummy	0.063	7.10***
回归三	Z-score=-0.386 1PEVC dummy	0.217	-1.78*
	+0.091 2Top10sigma2	0.034	2.71***

续表

	PEVC dummy→EVsigma2→Z-score 回归方程	标准误	Z 值
回归一	Z-score=-0.345 0PEVC dummy	0.217	-1.59
回归二	EVsigma2=1.061 6PEVC dummy	0.352	3.01***
回归三	Z-score=-0.332 8PEVC dummy	0.220	-1.51
	-0.012 1EVsigma2	0.006	-1.94*

注：*，**，*** 分别表示在 10%、5%、1%水平下显著。

由表 6-1 的回归结果发现：

（1）在三个中介效应模型的回归一中，变量 PEVC dummy 的回归系数 c 在 10%的水平下不显著。

（2）在三个中介效应模型的回归二中，变量 PEVC dummy 的回归系数 a 在 1%水平下均显著为正，而在第一个中介效应模型的回归三中潜变量的回归系数 b 在 1%水平下显著为负，在第二个中介效应模型的回归三中潜变量的回归系数 b 在 1%水平下显著为负，在第三个中介效应模型的回归三中潜变量的回归系数 b 在 10%水平下则显著为正，这说明三个潜变量均存在显著的遮掩效应和间接效应，这与第三章至第五章得到的回归结论一致。

基于以上回归结果及分析，再用 delta 方法检验和 Bootstrap 方法 1 000 次重复的回归对回归系数 ab 的显著性进行检验，待估系数分别记为 EVsigma2_ab、DTAsigma2_ab 与 Top10sigma_ab 和 Bootstrap_EVsigma2_ab、Bootstrap_DTAsigma2_ab 与 Bootstrap_Top10sigma2_ab，检验结果如表 6-2 所示。

表 6-2 单中介变量中介效应的 delta 检验和 Bootstrap 检验

delta 方法待估计系数	点估计	标准误	Z 值
DTAsigma2_ab	-0.049	0.015 7	-3.14***
Top10sigma2_ab	0.041	0.016 2	2.54***
EVsigma2_ab	-0.013	0.007 9	-1.63

续表

Bootstrap方法待估计系数	P95%置信区间	BC95%置信区间	BCa95%置信区间
Bootstrap_DTAsigma2_ab	[-0.083 0, -0.020 1]	[-0.085 6, -0.023 1]	[-0.085 6, -0.023 9]
Bootstrap_Top10sigma2_ab	[0.010 4, 0.076 8]	[0.012 9, 0.084 5]	[0.013 8, 0.086 5]
Bootstrap_EVsigma2_ab	[-0.023 0, -0.004 3]	[-0.024 2, -0.005 1]	[-0.025 2, -0.005 8]

注：针对变量 DTAsigma2、Top10sigma2 和 EVsigma2 的检验样本量分别为 10 283、10 283 和 10 071。*、**、***分别表示在 10%、5%、1%水平下显著。

由表 6-2 的检验结果发现：

（1）在 delta 检验方法中，变量 EVsigma2 的间接效应为-0.013，但是并不显著。变量 DTAsigma2 的间接效应为-0.049，且在 1%的水平下显著为负。而变量 Top10sigma2 的间接效应为 0.041，且在 1%的水平下显著为正。因此，在样本服从正态分布假设的前提下，市场价值波动的间接效应不显著，而资本结构和股权结构波动在 1%的水平下均存在显著的间接效应，且显著性分别为一负一正。

（2）在 Bootstrap 检验方法中，变量 DTAsigma2 和变量 Top10sigma2 三种类型的置信区间均小于 0，且不包含 0。变量 EVsigma2 三种类型的置信区间均大于 0。以上说明，变量 DTAsigma2、变量 Top10sigma2 和变量 EVsigma2 均存在显著的间接效应，即我国 PE/VC 通过资本结构波动、股权结构波动或市场价值波动对其持股上市公司财务风险均存在显著的间接效应。

二、多重并行中介效应检验

前一部分检验了资本结构、股权结构及市场价值各自在 PE/VC 对其持股公司财务风险影响中的中介作用，得到了各个潜变量的中介效应显著性的相关结论。为了更好地区分这三类中介变量各自中介效应的显著性强弱，本节将这三个方面因素综合起来，共同分析这三类潜变量在 PE/VC 对其持股公司财务风险影响中的多重中介作用。

本节将三年内资产负债变动（DTAsigma）、三年内前十大股东持股比例波动（Top10sigma）和三年内市场价值波动（EVsigma）作为资本结构、股权结构和市场价值的代理变量，带入多重并行中介效应模型，即式（6-1）至式（6-3）中，此时 $n=3$。得到的回归结果如表 6-3 所示。

表 6-3 多重并行中介效应检验

中介效应	回归方程	标准误	Z 值
回归一	Z-score=−0.345 0PEVC dummy	0.217	−1.59
回归二	DTAsigma=0.330 5PEVC dummy	0.107	3.10[***]
	Top10sigma=0.393 9PEVC dummy	0.060	6.58[***]
	EVsigma=0.961 4PEVC dummy	0.369	2.60[***]
回归三	Z-score=−0.346 8PEVC dummy	0.220	−1.57
	−0.133 8DTAsigma	0.037	3.75[***]
	+0.137 9Top10sigma	0.021	6.49[***]
	−0.010 8EVsigma	0.006	−1.81[*]

注：回归的样本量为 N=10 071。*，**，*** 分别表示在 10%、5%、1% 水平下显著。

由表 6-3 的回归结果发现：

（1）多变量并行的中介效应模型回归一中，变量 PEVC dummy 的回归系数 c 在 10% 的水平下不显著，这说明可能存在遮掩效应。

（2）在多变量并行的中介效应模型回归二中，三个回归模型的变量 PEVC dummy 的回归系数在 1% 水平下均显著为正，同时，在回归三中三个中介变量的回归系数在 10% 水平下也均显著，其中变量 EVsigma 和变量 DTAsigma 的回归系数均显著为负，而变量 Top10sigma 的回归系数显著为正，这说明变量 EVsigma、变量 DTAsigma 以及变量 Top10sigma 在我国 PE/VC 影响其持股上市公司财务风险过程中同时存在显著的遮掩效应。

基于以上回归结果及分析,再用delta方法检验和Bootstrap方法1 000次重复的回归对回归系数 ab 的显著性进行检验,检验结果如表6-4所示。

表6-4 多重并行中介效应的delta方法和Bootstrap方法检验（N=10 070）

delta方法待估计系数	点估计	标准误	Z值
DTAsigma_ab	−0.044 2	0.015 8	−2.79***
Top10sigma_ab	0.054 3	0.016 7	3.26***
EVsigma_ab	−0.010 3	0.006 9	−1.49
Total	−0.000 3	0.023 0	−0.01
Bootstrap方法待估计系数	P95%置信区间	BC95%置信区间	BCa95%置信区间
Bootstrap_DTAsigma_ab	[−0.077 6, −0.015 1]	[−0.080 3, −0.018 3]	[−0.080 3, −0.018 6]
Bootstrap_Top10sigma_ab	[0.022 7, 0.094 7]	[0.022 9, 0.094 7]	[0.023 2, 0.097 8]
Bootstrap_EVsigma_ab	[−0.020 2, −0.003 7]	[−0.019 7, −0.003 5]	[−0.021 0, −0.004 1]
Total	[−0.042 4, 0.047 1]	[−0.043 5, 0.044 8]	[−0.042 8, 0.045 5]

注：*,**,***分别表示在10%、5%、1%水平下显著。

由表6-4的检验结果发现：

（1）在delta检验方法中,变量EVsigma的间接效应为−0.010 3,但是并不显著。另外,变量DTAsigma的间接效应为−0.044 2,且在1%的水平下显著为负,而变量Top10sigma的间接效应为0.054 3,且在1%的水平下显著为正。因此,在样本服从正态分布假设的前提下,市场价值波动的间接效应不显著,而资本结构波动在1%的水平下间接效应显著为负,股权结构波动在1%的水平下间接效应显著为正。资本结构波动和股权结构波动一正一负的效应中和,使总的效应不显著。

（2）在Bootstrap检验方法中,变量EVsigma2和变量DTAsigma2的

三种类型的置信区间中均不存在 0，且均小于 0。而变量 Top10sigma 的三种类型的置信区间中均不存在 0，但均大于 0。这说明，在非正态分布假设的前提下，资本结构波动和市场价值波动在 5%水平下的总体间接效应显著为负，而股本结构变动在 5%水平下的总体间接效应显著为正。它们三者之间的正负效应正好中和，所以总效应不显著。

综上所述，我国 PE/VC 影响其持股上市公司财务风险的过程中，公司的资本结构波动、股权结构波动以及市场价值波动均对财务风险产生显著的影响，其中股权结构波动对其的影响显著为负，而资本结构波动和市场价值波动对其的影响显著为正，并且股权结构波动对其的影响的显著性最强，资本结构波动对其的影响次之，而市场价值波动对其的影响最弱。

三、多重混合中介效应检验

前一部分检验了资本结构、股权结构及市场价值的多重并行中介效应。本节再次分析这三类潜变量在 PE/VC 对其持股公司财务风险影响中的多重混合中介作用。

本节分别将三年内资产负债变动（DTAsigma）、三年内前十大股东持股比例波动（Top10sigma）和三年内市场价值波动（EVsigma）作为资本结构、股权结构和市场价值的代理变量，带入多重混合中介效应模型，即式（6-1）、式（6-4）和式（6-5）中，此时 $n=3$。得到的回归结果如表 6-5 所示。

由表 6-5 的回归结果发现：

（1）在回归二中，三个回归模型的变量 PEVC dummy 的回归系数在 1%水平下均显著为正。

（2）在回归三中，三个中介变量的回归系数在 10%水平下均显著，其中变量 EVsigma 和变量 DTAsigma 的回归系数均显著为负，而变量 Top10sigma 的回归系数显著为正，这说明变量 EVsigma、变量 DTAsigma 以及变量 Top10sigma 在我国 PE/VC 影响其持股上市公司财务风险过程中同时存在显著的遮掩效应。

表 6-5 多重混合中介效应检验

中介效应	回归方程	标准误	Z 值
回归一	Z-score=−0.345 0PEVC dummy	0.217	−1.59
	Top10sigma=0.393 9PEVC dummy	0.060	6.58***
回归二	DTAsigma=0.253 2PEVC dummy	0.106	2.38***
	+0.196 1Top10sigma	0.106	11.11***
	EVsigma=0.950 7PEVC dummy	0.370	2.57***
	−0.022 8Top10sigma	0.062	−0.37
	+0.196 1DTAsigma	0.035	1.72*
回归三	Z-score=−0.346 8PEVC dummy	0.220	−1.57
	−0.133 8DTAsigma	0.037	−3.75***
	+0.137 9Top10sigma	0.021	6.49***
	−0.010 8EVsigma	0.006	−1.81*

注：回归的样本量 N=10 071。*、**、***分别表示在 10%、5%、1%水平下显著。

（3）在 1%水平下，变量 Top10sigma 对变量 DTAsigma 存在显著正影响。此外，在 10%水平下，变量 DTAsigma 对变量 EVsigma 存在显著正影响。然而，变量 Top10sigma 对变量 EVsigma 不存在显著影响。这说明，三个中介变量间存在着相互的影响，前十大股东持股比例的波动会加剧资产负债率的波动，且资产负债率的波动会进一步加剧公司市场价值的波动，然而前十大股东持股比例波动对公司市场价值波动的影响并不显著。

基于以上回归结果及分析，再用 delta 方法检验和 Bootstrap 方法 1 000 次重复的回归对不同回归路径的显著性进行检验，检验结果如表 6-6 所示。

由表 6-6 的检验结果发现：

（1）在 delta 检验方法中，仅 M_1M_2、M_1 以及 M_2 的链式中介效应显著，且间接效应分别为−0.010 34、0.054 32 以及−0.033 89。这说明，在正态分布假设成立的前提下，我国 PE/VC 首先通过改变公司股权结构影响公司资本结构选择，进而降低公司 Z 值，使公司发生财务失败或破产的可能性增加，以至最终提高公司财务风险。

表 6-6　多重混合中介效应的 delta 方法和 Bootstrap 方法检验（$N=10\ 070$）

传导路径	delta 方法检验			Bootstrap 方法检验	
	点估计	标准误	Z 值	P95% 置信区间	BC95% 置信区间
$X{\to}M_1{\to}M_2{\to}M_3{\to}Y$	−0.000 05	0.000 04	−1.22	[−0.000 13, −0.000 02]	[−0.000 11, −0.000 02]
$X{\to}M_1{\to}M_2{\to}Y$	−0.010 34	0.002 42	−4.26***	[−0.017 8, −0.005 6]	[−0.018 1, −0.005 8]
$X{\to}M_1{\to}M_3{\to}Y$	0.000 10	0.000 27	0.36	[−0.000 7, 0.000 6]	[−0.000 6, 0.000 7]
$X{\to}M_2{\to}M_3{\to}Y$	−0.000 16	0.000 15	−1.11	[−0.000 4, −0.000 03]	[−0.000 4, −0.000 02]
$X{\to}M_1{\to}Y$	0.054 32	0.016 67	3.26***	[0.022 7, 0.094 7]	[0.022 9, 0.094 7]
$X{\to}M_2{\to}Y$	−0.033 89	0.015 16	−2.24**	[−0.063 7, −0.006 1]	[−0.067 3, −0.009 2]
$X{\to}M_3{\to}Y$	−0.010 23	0.006 90	−1.48	[−0.020 0, −0.003 4]	[−0.019 7, −0.003 1]
Total	−0.000 26	0.023 03	−0.01	[−0.042 4, 0.047 1]	[−0.043 5, 0.044 8]

注：X 为 PEVC dummy，M_1 为 Top10sigma，M_2 为 DTAsigma，M_3 为 EVsigma，Y 为 Z-score。*、**、***分别表示在10%、5%、1%水平下显著。

（2）在 Bootstrap 检验方法中，$M_1M_2M_3$、M_1M_2、M_2M_3、M_2 以及 M_3 的链式中介效应 Bootstrap 检验置信区间中均不包含 0，且均小于 0。同时，变量 Top10sigma（M_1）的中介效应 Bootstrap 检验置信区间中均不包含 0，且均大于 0。这说明，在非正态分布假设成立的前提下，我国 PE/VC 首先通过改变公司股权结构，影响公司资本结构选择，然后影响公司市场价值，进而降低公司 Z 值，使公司发生财务失败或破产的可能性增加，以至最终增加了公司财务风险。此外，M_1M_3 的链式中介效应 Bootstrap 检验置信区间中包含了 0，这说明公司股权结构对市场价值的影响并不显著。

综上所述，我国 PE/VC 影响其持股上市公司财务风险的过程中，公司的资本结构波动、股权结构波动以及市场价值波动均对财务风险产生显著影响，其中股权结构波动对其的影响显著为负，而资本结构波动和市场价值波动对其的影响显著为正。同时，资本结构波动、股权结构波动以及市场价值波动之间也存在着显著的影响，主要为股权结构波动会促进资本结构波动，资本结构的波动又会促进市场价值波动，而股权结构波动对市场价值波动的直接影响均不显著。

四、多重中介效应稳健性分析

为了检验前面资本结构、股权结构以及市场价值的多重中介效用研究结论的稳健性，本节分别从多重并行中介效应和多重混合中介效应两方面进行了分析。

（一）资本结构、股权结构及市场价值的多重并行中介效应稳健性检验

为检验资本结构、股权结构及市场价值在 PE/VC 影响其持股公司财务风险中的多重并行中介作用的稳健性，本节分别将五年内资产负债率波动（DTAsigma2）、五年内前十大股东持股比例波动（Top10sigma2）和五年内市场价值波动（EVsigma2）作为资本结构、股权结构和市场价值的代理变量，带入多重并行中介效应模型。得到的回归结果如表 6-7 所示。

由表 6-7 的回归结果发现：

（1）多变量并行的中介效应模型回归一中，变量 PEVC dummy 的回归系数 c 在 10% 的水平下不显著，这说明可能存在遮掩效应。

（2）在多变量并行的中介效应模型回归二中，三个回归模型的变量

PEVC dummy 的回归系数在 1%水平下均显著为正。同时,在回归三中三个中介变量的回归系数在 10%水平下均显著,其中变量 EVsigma2 和变量 DTAsigma2 的回归系数均显著为负,而变量 Top10sigma2 的回归系数显著为正。这说明,变量 EVsigma2、变量 DTAsigma2 以及变量 Top10sigma2 在 PE/VC 对其持股公司财务风险影响中同时存在显著的遮掩效应。

表 6-7 多重并行中介效应稳健性检验

中介效应	回归方程	标准误	Z 值
回归一	Z-score=-0.345 0PEVC dummy	0.217	-1.59
回归二	DTAsigma2=0.384 0PEVC dummy	0.111	3.45***
	Top10sigma2=0.448 9PEVC dummy	0.065	6.96***
	EVsigma2=1.061 6PEVC dummy	0.352	3.10***
回归三	Z-score=-0.335 5PEVC dummy	0.220	-1.52
	-0.132 1DTAsigma2	0.020	-6.68***
	+0.116 2Top10sigma2	0.034	3.41***
	-0.010 9EVsigma2	0.006	-1.75*

注:回归的样本量 N=10 071。*,**,***分别表示在 10%、5%、1%水平下显著。

基于以上回归结果及分析,再用 delta 方法检验和 Bootstrap 方法 1 000 次重复的回归对回归系数 ab 的显著性进行检验,检验结果如表 6-8 所示。

由表 6-8 的检验结果发现:

(1)在 delta 检验方法中,变量 EVsigma2 的间接效应为-0.011 6,但是并不显著。另外,变量 DTAsigma2 的间接效应为-0.050 8,且在 1%的水平下显著为负,而变量 Top10sigma2 的间接效应为 0.052 2,且在 1%的水平下显著为正。因此,在样本服从正态分布假设的前提下,市场价值波动的间接效应不显著,而资本结构波动在 1%的水平下的间接效应显著为负,股权结构波动在 1%的水平下的间接效应显著为正。资本结构波动和股权结构波动一正一负的效应中和,使总的效应不显著。该结论与表 6-3 和表 6-4 的结论相一致。

表6-8 多重并行中介效应稳健性的delta方法和Bootstrap方法检验（N=10 071）

delta方法待估计系数	点估计	标准误	Z值
DTAsigma2_ab	-0.050 8	0.016 6	-3.07***
Top10sigma2_ab	0.052 2	0.017 0	3.06***
EVsigma2_ab	-0.011 6	0.007 6	-1.51
Total	-0.010 1	0.024 0	-0.42
Bootstrap方法待估计系数	P95%置信区间	BC 95%置信区间	BCa 95%置信区间
Bootstrap_DTAsigma2_ab	[-0.083 8, -0.021 9]	[-0.091 2, -0.024 7]	[-0.091 2, -0.024 8]
Bootstrap_Top10sigma2_ab	[0.020 9, 0.090 1]	[0.022 9, 0.094 2]	[0.023 8, 0.096 7]
Bootstrap_EVsigma2_ab	[-0.020 4, -0.003 5]	[-0.020 6, -0.003 9]	[-0.021 1, -0.004 6]
Total	[-0.052 0, 0.038 0]	[-0.054 4, 0.035 9]	[-0.054 0, 0.036 3]

（2）在Bootstrap检验方法中，变量EVsigma2和变量DTAsigma2的三种类型的置信区间中均不存在0，且均小于0。而变量Top10sigma的三种类型的置信区间中均不存在0，但均大于0。这说明，在非正态分布假设的前提下，资本结构波动和市场价值波动在5%水平下的总体间接效应显著为负，而股本结构变动在5%水平下的总体间接效应显著为正。它们三者之间的正负效应正好中和，使总的效应不显著。该结论与表6-3和表6-4的结论一致。

综上所述，我国PE/VC影响其持股上市公司财务风险的过程中，公司的资本结构波动、股权结构波动以及市场价值波动均对财务风险产生显著的影响，其中股权结构波动对其的影响显著为负，而资本结构波动和市场价值波动对其的影响显著为正，并且股权结构波动对其的影响的显著性最强，资本结构波动对其的影响次之，而市场价值波动对其的影响最弱。这正验证了表6-3和表6-4结论的稳健性。

(二）资本结构、股权结构及市场价值的多重混合中介效应稳健性检验

为检验资本结构、股权结构及市场价值在 PE/VC 影响其持股公司财务风险中的多重混合中介作用的稳健性，本节将五年内资产负债率波动（DTAsigma2）、五年内前十大股东持股比例波动（Top10sigma2）和五年内市场价值波动（EVsigma2）作为资本结构、股权结构和市场价值的代理变量，带入多重混合中介效应模型。得到的回归结果如表 6-9 所示。

表 6-9 多重混合中介效应稳健性检验

中介效应	回归方程	标准误	Z 值
回归一	Z-score=-0.345 0PEVC dummy	0.217	-1.59
回归二	Top10sigma2=0.448 9PEVC dummy	0.065	6.96***
	DTAsigma2=0.304 1PEVC dummy	0.111	2.74***
	+0.178 7Top10sigma2	0.017	10.44***
	EVsigma2=1.029 5PEVC dummy	0.353	2.92***
	-0.009 4Top10sigma2	0.055	-0.17
	+0.094 4DTAsigma2	0.032	2.98***
回归三	Z-score=-0.335 5PEVC dummy	0.220	-1.52
	-0.132 1DTAsigma2	0.020	-6.68***
	+0.116 2Top10sigma2	0.034	3.41***
	-0.010 9EVsigma2	0.006	-1.75*

注：回归的样本量 N=10 071。*、**、***分别表示在 10%、5%、1%水平下显著。

由表 6-9 的回归结果发现：

（1）在回归二中，三个回归模型的变量 PEVC dummy 的回归系数在 1%水平下均显著为正。

（2）在回归三中，三个中介变量的回归系数在 10%水平下均显著，其中变量 EVsigma2 和变量 DTAsigma2 的回归系数均显著为负，而变量 Top10sigma 的回归系数显著为正，这说明变量 EVsigma2、变量

DTAsigma2 以及变量 Top10sigma2 在我国 PE/VC 影响其持股上市公司财务风险过程中同时存在显著的遮掩效应。

（3）在 1%水平下，变量 Top10sigma2 对变量 DTAsigma2 存在显著正影响。同时，变量 DTAsigma2 对变量 EVsigma2 存在显著正影响。然而，变量 Top10sigma2 对变量 EVsigma2 不存在显著影响。这说明，三个中介变量间存在着相互影响，前十大股东持股比例的波动会加剧资产负债率的波动，且资产负债率的波动会进一步加剧公司市场价值的波动，然而前十大股东持股比例波动对公司市场价值波动的影响并不显著。

基于以上回归结果及分析，再用 delta 方法检验和 Bootstrap 方法 1 000 次重复的回归对不同回归路径的显著性进行检验，检验结果如表 6-10 所示。

表 6-10 多重混合中介效应稳健性的 delta 方法和 Bootstrap 方法检验

传导路径	delta 方法检验			Bootstrap 方法检验	
	点估计	标准误	Z 值	P95%置信区间	BC95%置信区间
$X \to M_4 \to M_5 \to M_6 \to Y$	−0.000 08	0.000 06	−1.46	[−0.000 18, −0.000 02]	[−0.000 19, −0.000 03]
$X \to M_4 \to M_5 \to Y$	−0.010 59	0.002 42	−4.38***	[−0.017 3, −0.005 6]	[−0.017 4, −0.005 7]
$X \to M_4 \to M_6 \to Y$	0.000 05	0.000 27	0.17	[−0.000 6, 0.000 7]	[−0.000 5, 0.000 8]
$X \to M_5 \to M_6 \to Y$	−0.000 31	0.000 24	−1.32	[−0.000 7, −0.000 04]	[−0.000 8, −0.000 07]
$X \to M_4 \to Y$	0.052 17	0.017 05	3.06***	[0.018 0, 0.094 0]	[0.019 2, 0.094 2]
$X \to M_5 \to Y$	−0.040 17	0.015 85	−2.53**	[−0.071 5, −0.010 3]	[−0.077 9, −0.015 6]
$X \to M_6 \to Y$	−0.011 21	0.007 47	−1.50	[−0.021 2, −0.003 5]	[−0.022 0, −0.003 6]
Total	−0.010 15	0.024 01	−0.42	[−0.054 9, 0.035 3]	[−0.058 4, 0.032 0]

注：$N=10\ 070$，X 为 PEVC dummy，M_4 为 Top10sigma2，M_5 为 DTAsigma2，M_6 为 EVsigma2，Y 为 Z-score。*、**、***分别表示在 10%、5%、1%水平下显著。

由表 6-10 的检验结果发现：

（1）在 delta 检验方法中，仅 M_4M_5、M_4 以及 M_5 的链式中介效应显著，且间接效应分别为-0.010 59、0.052 17 以及-0.040 17。这说明，在正态分布假设成立的前提下，我国 PE/VC 首先通过改变公司股权结构，影响公司资本结构选择，进而降低公司 Z 值，使公司发生财务失败或破产的可能性增加，以至最终增加了公司财务风险。

（2）在 Bootstrap 检验方法中，$M_4M_5M_6$、M_4M_5、M_5M_6 以及 M_6 链式中介效应 Bootstrap 检验置信区间中均不包含 0，且均小于 0。同时，变量 Top10sigma2（M_4）的中介效应 Bootstrap 检验置信区间中均不包含 0，且均大于 0。这说明，在非正态分布假设成立的前提下，我国 PE/VC 首先通过改变公司股权结构影响公司资本结构选择，然后影响公司市场价值，进而降低公司 Z 值，使公司发生财务失败或破产的可能性增加，以至最终增加了公司财务风险。此外，M_4M_6 的链式中介效应 Bootstrap 检验置信区间中包含了 0，这说明公司股权结构对市场价值的影响并不显著。该结论与表 6-5 和表 6-6 的结论一致。

第四节　多重中介效应的板块异质性

一、主板市场的多重中介效应检验

为了分析我国主板市场 PE/VC 通过资本结构波动、股权结构波动或市场价值波动对其持股上市公司财务风险的影响，本节先筛选出主板市场上的样本数据，分别将三年内资本结构波动（DTAsigma）、三年内股权结构波动（Top10sigma）和三年内市场价值波动（EVsigma）作为资本结构波动、股权结构波动和市场价值波动的代理变量，带入多重并行中介效应模型，得到的回归结果如表 6-11 所示。

表 6-11　主板市场多重并行中介效应检验

中介效应	回归方程	标准误	Z值
回归一	Z-score=-0.170 2PEVC dummy	0.161	-1.06
回归二	DTAsigma=0.198 1PEVC dummy	0.196	1.01
	Top10sigma=0.427 3PEVC dummy	0.130	3.30***
	EVsigma=3.869 6PEVC dummy	1.817	2.13**
回归三	Z-score=-0.143 2PEVC dummy	0.162	-0.89
	-0.070 7DTAsigma	0.019	-3.80***
	+0.062 1Top10sigma	0.028	2.21**
	-0.004 2EVsigma	0.002	-2.12**

注：N=2 009。*，**，*** 分别表示在10%、5%、1%水平下显著。

由表 6-11 的回归结果发现：

（1）多变量并行的中介效应模型回归一中，变量 PEVC dummy 的回归系数 c 不显著。这说明我国 PE/VC 对其财务风险的影响过程可能存在遮掩效应。

（2）在多变量并行的中介效应模型回归二中，变量 PEVC dummy 与变量 DTAsigma 之间并不显著，而与变量 Top10sigma 或变量 EVsigma 在 5%水平下均表现为显著的正向影响。同时，在回归三中三个潜变量的回归系数在 5%水平下均显著，其中变量 EVsigma 和变量 DTAsigma 的回归系数显著为负，而变量 Top10sigma 的回归系数则显著为正。虽然在回归三中三个潜变量均显著，但是因为变量 DTAsigma 与变量 PEVC dummy 在回归二中并不显著，所以此时变量 DTAsigma 不存在显著的间接效应，只有变量 Top10sigma 或变量 EVsigma 均存在显著的中介效应。

基于以上回归结果及分析，再用 delta 方法检验和 Bootstrap 方法 1 000 次重复的回归，对回归系数 ab 的显著性进行检验，检验结果如表 6-12 所示。

由表 6-12 的检验结果发现：

（1）在 delta 检验方法中，变量 EVsigma 的间接效应为-0.016 2，且变量 DTAsigma 的间接效应为-0.014 0，但是它们都不显著，而变量

Top10sigma 的间接效应为 0.026 6，且在 10%的水平下显著为正。因此，在样本服从正态分布假设的前提下，市场价值波动和资本结构波动对我国 PE/VC 影响其持股上市公司财务风险的过程中间接效应不显著，仅有股权结构波动在 10%的水平下对其存在显著的正向间接效应。

表 6-12　主板市场多重并行中介效应的 delta 方法和 Bootstrap 方法检验

delta 方法待估计系数	点估计	标准误	Z 值
DTAsigma_ab	−0.014 0	0.014 3	−0.98
Top10sigma_ab	0.026 6	0.014 5	1.84*
EVsigma_ab	−0.016 2	0.010 8	−1.50
Total	−0.003 7	0.022 1	−0.17
Bootstrap 方法待估计系数	P95%置信区间	BC95%置信区间	
Bootstrap_DTAsigma_ab	[−0.054 8, 0.013 2]	[−0.058 2, 0.009 8]	
Bootstrap_Top10sigma_ab	[0.003 0, 0.065 7]	[0.005 8, 0.070 8]	
Bootstrap_EVsigma_ab	[−0.035 6, −0.005 3]	[−0.034 4, 0.005 0]	
Total	[−0.048 9, 0.036 5]	[−0.041 8, 0.042 9]	

注：N=2 009，P 指的是百分位 percentile，BC 指的是偏差修正 bias corrected，而因数据量有限，无法计算出 BCa95%置信区间，因此此区间省略。*，**，***分别表示在 10%、5%、1%水平下显著。

（2）在 Bootstrap 检验方法中，变量 EVsigma 和变量 Top10sigma 的两种类型置信区间中均不包含 0，且分别小于 0 和大于 0。而变量 DTAsigma 的两种类型置信区间中则包含 0。这说明，在非正态分布假设的前提下，市场价值波动和股权结构波动在 5%水平下的总体间接效应显著，且分别为一负一正，而资本结构波动在 5%水平下的总体间接效应不显著。

总而言之，在主板市场上，我国 PE/VC 通过股权结构波动来影响其持股上市公司财务风险的中介效应显著为负，通过市场价值波动来影响其持股上市公司财务风险的中介效应显著为正，而资本结构波动对其的影响却不显著。

此外，为检验资本结构、股权结构及市场价值在PE/VC影响其持股公司财务风险中的多重混合中介作用，仍选用三年内资产负债率波动（DTAsigma）、三年内前十大股东持股比例波动（Top10sigma）和三年内市场价值波动（EVsigma）作为资本结构、股权结构和市场价值的代理变量，带入多重混合中介效应模型。得到的回归结果如表6-13所示。

表6-13 主板市场多重混合中介效应检验

中介效应	回归方程	标准误	Z值
回归一	Z-score=−0.170 2PEVC dummy	0.161	−1.06
回归二	Top10sigma=0.427 3PEVC dummy	0.130	3.30***
	DTAsigma=0.098 0PEVC dummy	0.194	0.51
	+0.234 2Top10sigma	0.033	7.04***
	EVsigma=3.929 3PEVC dummy	1.822	2.16**
	−0.181 1Top10sigma	0.317	−0.57
	+0.089 2DTAsigma	0.210	0.43
回归三	Z-score=−0.143 2PEVC dummy	0.162	−0.89
	−0.070 7DTAsigma	0.019	−3.80***
	+0.062 1Top10sigma	0.028	2.21**
	−0.004 2EVsigma	0.002	−2.12**

注：回归的样本量N=2 009。*，**，***分别表示在10%、5%、1%水平下显著。

由表6-13的回归结果发现：

（1）在回归二中，变量PEVC dummy对变量Top10sigma或变量EVsigma在5%水平下均显著为正。同时，在回归三中，三个中介变量的回归系数在5%水平下均显著，其中变量EVsigma和变量DTAsigma的回归系数均显著为负，而变量Top10sigma的回归系数显著为正。这说明变量EVsigma和变量DTAsigma在我国PE/VC影响其持股上市公司财务风险过程中存在显著的遮掩效应。

（2）在回归二中，在1%水平下，变量Top10sigma对变量DTAsigma

存在显著正相关关系。这说明,前十大股东持股比例的波动会加剧资产负债率的波动。

基于以上回归结果及分析,再用 delta 方法检验和 Bootstrap 方法 1 000 次重复回归,对不同回归路径的显著性进行检验,检验结果如表 6-14 所示。

表 6-14 主板市场多重混合中介效应的 delta 方法和 Bootstrap 方法检验

传导路径	delta 方法检验			Bootstrap 方法检验	
	点估计	标准误	Z 值	P95%置信区间	BC 95%置信区间
$X \to M_1 \to M_2 \to M_3 \to Y$	-0.000 04	0.000 09	-0.41	[-0.000 16, 0.000 08]	[-0.000 2, 0.000 04]
$X \to M_1 \to M_2 \to Y$	-0.007 07	0.003 01	-2.35**	[-0.016 8, -0.001 0]	[-0.019 3, -0.001 6]
$X \to M_1 \to M_3 \to Y$	0.000 32	0.000 60	0.54	[-0.000 3, 0.001 6]	[-0.000 2, 0.002 2]
$X \to M_2 \to M_3 \to Y$	-0.000 04	0.000 11	-0.32	[-0.000 3, 0.000 3]	[-0.000 6, 0.000 1]
$X \to M_1 \to Y$	0.026 553	0.014 46	1.84*	[0.004 0, 0.060 7]	[0.006 4, 0.070 3]
$X \to M_2 \to Y$	-0.006 93	0.013 82	-0.50	[-0.039 8, 0.023 1]	[-0.042 0, 0.021 3]
$X \to M_3 \to Y$	-0.016 49	0.010 91	-1.51	[-0.036 8, -0.005 2]	[-0.036 2, -0.005 2]
Total	-0.003 69	0.022 07	-0.17	[-0.048 8, 0.038 1]	[-0.047 6, 0.039 3]
$X \to M_1 \to M_2 \to Y$ & $X \to M_1 \to Y$	0.019 479	0.013 29	1.47	[0.000 9, 0.047 0]	[0.002 4, 0.050 4]

注:$N=2\ 009$,X 为 PEVC dummy,M_1 为 Top10sigma,M_2 为 DTAsigma,M_3 为 EVsigma,Y 为 Z-score。*、**、*** 分别表示在 10%、5%、1% 水平下显著。

由表 6-14 的检验结果发现：在 delta 检验方法中，仅 M_1M_2 和 M_1 的链式中介效应显著，且间接效应分别为-0.007 07 和 0.026 553。同时，在 Bootstrap 检验方法中，M_1M_2 和 M_3 链式中介效应的 Bootstrap 检验置信区间中均不包含 0，且均小于 0。而变量 Top10sigma(M_1)中介效应与 M_1M_2 和 M_1 两个路径混合中介效应的 Bootstrap 检验置信区间中均不包含 0，且均大于 0。这说明，在主板市场上，我国 PE/VC 通过改变公司股权结构或引起公司市场价值变动来直接影响公司财务风险，还可通过改变公司股权结构，调整公司资本结构选择，进而影响公司财务风险。

二、创业板市场的多重中介效应检验

为了分析我国创业板市场上 PE/VC 通过资本结构波动、股权结构波动或市场价值波动对其持股上市公司财务风险的影响，本节先筛选出创业板市场上的样本数据。同样地，将三个潜在因素同时作为我国 PE/VC 对其持股上市公司财务风险影响的中介潜变量，分别将三年内资本结构波动（DTAsigma）、三年内股权结构波动（Top10sigma）和三年内市场价值波动（EVsigma）作为资本结构波动、股权结构波动和市场价值波动的代理变量，带入多重并行中介效应模型，得到的回归结果如表 6-15 所示。

表 6-15 创业板市场多重并行中介效应检验

中介效应	回归方程	标准误	Z 值
回归一	Z-score=0.068 0PEVC dummy	0.486	0.14
回归二	DTAsigma=-0.096 0PEVC dummy	0.197	-0.49
	Top10sigma=0.351 4PEVC dummy	0.113	3.11***
	EVsigma=-0.160 2PEVC dummy	0.066	-2.43**
回归三	Z-score=0.052 6PEVC dummy	0.496	0.11
	-0.084 0DTAsigma	0.051	-1.65***
	-0.008 4Top10sigma	0.088	-0.10
	-0.293 3EVsigma	0.152	-1.93*

注：N=2 472。*，**，***分别表示在 10%、5%、1%水平下显著。

由表 6-15 的回归结果发现：

（1）多变量并行的中介效应模型回归一中，变量 PEVC dummy 的回归系数 c 不显著。

（2）在多变量并行的中介效应模型回归二中，变量 PEVC dummy 与变量 Top10sigma 以及变量 PEVC dummy 与变量 EVsigma 在 5%水平下均存在显著的相关关系。而变量 PEVC dummy 与变量 DTAsigma 之间却不显著。同时，在回归三中仅变量 DTAsigma 和变量 EVsigma 的回归系数在 10%水平下均显著为负，而其他均不显著。这说明，变量 EVsigma 存在显著的间接效应，而变量 Top10sigma 和变量 DTAsigma 则不存在显著的间接效应。

基于以上回归结果及分析，再用 delta 方法检验和 Bootstrap 方法 1 000 次重复回归对回归系数 ab 的显著性进行检验，检验结果如表 6-16 所示。

表 6-16　创业板市场多重并行中介效应 delta 方法和 Bootstrap 方法检验

delta 方法待估计系数	点估计	标准误	Z 值
DTAsigma_ab	0.008 1	0.017 3	0.47
Top10sigma_ab	-0.003 0	0.031 0	-0.10
EVsigma_ab	0.047 0	0.031 1	1.51
Total	0.052 1	0.047 9	1.09
Bootstrap 方法待估计系数	P95%置信区间	BC95%置信区间	
Bootstrap_DTAsigma_ab	[-0.026 4, 0.061 3]	[-0.020 8, 0.069 6]	
Bootstrap_Top10sigma_ab	[-0.061 6, 0.072 9]	[-0.061 1, 0.073 1]	
Bootstrap_EVsigma_ab	[-0.001 0, 0.101 4]	[0.007 9, 0.133 1]	
Total	[-0.029 9, 0.147 0]	[-0.022 8, 0.153 6]	

注：N=2 472，P 指的是百分位 percentile，BC 指的是偏差修正 bias corrected，而因为数据量有限，无法计算出 BCa95%置信区间，因此，此区间省略。*，**，*** 分别表示在 10%、5%、1%水平下显著。

由表 6-16 的检验结果发现：

（1）在 delta 检验方法中，变量 EVsigma、变量 DTAsigma 和变量 Top10sigma 的间接效应均不显著。因此，在样本服从正态分布假设的前提下，此时三者的间接效应不显著。

（2）在 Bootstrap 检验方法中，变量 DTAsigma、变量 Top10sigma 和变量 EVsigma 两种类型置信区间中均包含了 0。这说明，在非正态分布假设的前提下，资本结构波动、股权结构波动和市场价值波动在 5%水平下的总体间接效应均不显著。

综上所述，在创业板市场上，我国 PE/VC 通过资本结构波动、股权结构波动和市场价值波动来影响其持股上市公司财务风险的中介效应均不显著。

此外，为检验资本结构、股权结构及市场价值在 PE/VC 影响其持股公司财务风险中的多重混合中介作用，仍选用三年内资产负债率波动（DTAsigma）、三年内前十大股东持股比例波动（Top10sigma）和三年内市场价值波动（EVsigma）作为资本结构、股权结构和市场价值的代理变量，带入多重混合中介效应模型。得到的回归结果如表 6-17 所示。

表 6-17　创业板市场多重混合中介效应检验

中介效应	回归方程	标准误	Z 值
回归一	Z-score=0.068 0PEVC dummy	0.486	0.14
回归二	Top10sigma=0.351 4PEVC dummy	0.113	3.11[***]
	DTAsigma=-0.122 9PEVC dummy +0.076 3Top10sigma	0.197 0.035	-0.62 2.17[**]
	EVsigma=-0.156 1PEVC dummy +0.000 1Top10sigma +0.042 7DTAsigma	0.655 0.012 0.007	-2.38[**] 0.01 6.39[***]
回归三	Z-score=0.052 6PEVC dummy -0.084 0DTAsigma + 0.008 4Top10sigma -0.293 3EVsigma	0.496 0.051 0.088 0.152	0.11 -1.65[*] -0.10 -1.93[*]

注：回归的样本量 N=2 472。[*]，[**]，[***]分别表示在 10%、5%、1%水平下显著。

由表 6-17 的回归结果发现：

（1）在回归二中，变量 PEVC dummy 对变量 Top10sigma 或变量 EVsigma 在 5%水平下均显著为正。同时，在回归三中，变量 DTAsigma

和变量 EVsigma 的回归系数在 10%水平下均显著。这说明创业板市场上，我国 PE/VC 通过影响其持股上市公司市场价值波动，进而改变公司财务风险的遮掩效应显著。

（2）在回归二中，在 5%水平下，变量 Top10sigma 对变量 DTAsigma 存在显著正影响，且变量 DTAsigma 对变量 EVsigma 也存在显著正影响。这说明，在创业板市场，前十大股东持股比例的波动会加剧资产负债率的波动，而资产负债率的波动又会加剧市场价值的波动。

基于以上回归结果及分析，再用 delta 方法检验和 Bootstrap 方法 1 000 次重复回归对不同回归路径的显著性进行检验，检验结果如表 6-18 所示。

表 6-18　创业板市场多重混合中介效应的 delta 方法和 Bootstrap 方法检验

传导路径	delta 方法检验			Bootstrap 方法检验	
	点估计	标准误	Z 值	P95%置信区间	BC95%置信区间
$X \to M_1 \to M_2 \to M_3 \to Y$	-0.000 34	0.000 3	-1.28	[-0.001 1, 0.000 04]	[-0.001 9, -0.000 04]
$X \to M_1 \to M_2 \to Y$	-0.002 25	0.001 9	-1.21	[-0.008 0, 0.001 2]	[-0.012 4, 0.000 1]
$X \to M_1 \to M_3 \to Y$	-0.000 01	0.001 2	-0.01	[-0.002 5, 0.002 7]	[-0.002 5, 0.002 4]
$X \to M_2 \to M_3 \to Y$	0.001 54	0.002 6	0.59	[-0.003 0, 0.007 9]	[-0.001 6, 0.009 1]
$X \to M_1 \to Y$	-0.001 95	0.031 0	-0.10	[-0.062 2, 0.073 2]	[-0.065 1, 0.064 0]
$X \to M_2 \to Y$	0.010 32	0.017 7	0.58	[-0.022 3, 0.057 2]	[-0.013 4, 0.078 7]
$X \to M_3 \to Y$	0.045 79	0.030 5	1.50	[0.000 3, 0.095 2]	[0.010 2, 0.115 7]
Total	0.052 10	0.047 9	1.09	[-0.036 3, 0.141 9]	[-0.033 8, 0.144 3]

注：$N=2 472$，X 为 PEVC dummy，M_1 为 Top10sigma，M_2 为 DTAsigma，M_3 为 EVsigma，Y 为 Z-score。*、**、*** 分别表示在 10%、5%、1% 水平下显著。

由表 6-18 的检验结果发现：在 delta 检验方法中，所有的链式中介效应均不显著。而在 Bootstrap 检验方法中，仅 M_3 链式中介效应的 Bootstrap 检验置信区间中不包含 0，且均大于 0。这说明，在创业板市场上，我国 PE/VC 通过改变股权结构、资本结构及市场价值，进而影响公司财务风险的中介效应均不显著。

三、中小板市场的多重中介效应检验

为了分析我国中小板市场上 PE/VC 通过资本结构波动、股权结构波动或市场价值波动对其持股上市公司财务风险的影响，本节先筛选出中小板市场上的样本数据。类似地，设三个潜在因素同时作为我国 PE/VC 对其持股上市公司财务风险影响的中介潜变量，分别将三年内资本结构波动（DTAsigma）、三年内股权结构波动（Top10sigma）和三年内市场价值波动（EVsigma）作为资本结构波动、股权结构波动和市场价值波动的代理变量，带入多重并行中介效应模型，得到的回归结果如表6-19所示。

表6-19 中小板市场多重并行中介效应检验

中介效应	回归方程	标准误	Z值
回归一	Z-score= -0.136 8PEVC dummy	0.310	-0.44
回归二	DTAsigma=0.428 2PEVC dummy	0.151	2.84***
	Top10sigma=0.433 6PEVC dummy	0.083	5.20***
	EVsigma=0.167 4PEVC dummy	0.072	2.31**
回归三	Z-score=-0.185 9PEVC dummy	0.312	-0.60
	-0.110 3DTAsigma	0.028	-3.97***
	+0.182 9Top10sigma	0.051	3.62***
	+0.120 4EVsigma	0.058	2.08**

注：N=5 589。*，**，*** 分别表示在10%、5%、1%水平下显著。

由表6-19的回归结果发现：

（1）多变量并行的中介效应模型回归一中，变量 PEVC dummy 的回归系数 c 不显著。

（2）在多变量并行的中介效应模型回归二中，三个潜变量分别与变量 PEVC dummy 在 5%水平下均存在显著的正相关关系。同时，在回归三中三个潜变量与 Z 值在 5%水平下也均存在显著的相关关系。其中变量 EVsigma 和 Top10sigma 的回归系数显著为正，而变量 DTAsigma 则显著为负，这说明三个潜变量均为中介变量，且在我国 PE/VC 影响其持股上市公司财务风险过程中存在显著的遮掩效应。

基于以上回归结果及分析，我们再用 delta 方法检验和 Bootstrap 方法 1 000 次重复回归对回归系数 ab 的显著性进行检验，检验结果如表 6-20 所示。

表 6-20 中小板市场上多重并行中介效应的 delta 检验和 Bootstrap 检验

delta 方法待估计系数	点估计	标准误	Z 值
DTAsigma_ab	−0.047 2	0.020 5	−2.31**
Top10sigma_ab	0.079 3	0.026 7	2.97***
EVsigma_ab	0.020 2	0.013 0	1.55
Total	0.052 2	0.033 6	1.55
Bootstrap 方法待估计系数	P95%置信区间	BC 95%置信区间	
Bootstrap_DTAsigma_ab	[−0.098 8, −0.012 6]	[−0.106 4, −0.014 6]	
Bootstrap_Top10sigma_ab	[0.027 2, 0.147 0]	[0.031 4, 0.160 4]	
Bootstrap_EVsigma_ab	[−0.000 8, 0.056 4]	[0.002 3, 0.066 8]	
Total	[−0.016 5, 0.127 5]	[−0.011 2, 0.134 3]	

注：N=5 589，P 指的是百分位 percentile，BC 指的是偏差修正 bias corrected，而因为数据量有限，无法计算出 BCa95%置信区间，因此，此区间省略。*、**、*** 分别表示在 10%、5%、1%水平下显著。

由表 6-20 的检验结果发现：

（1）在 delta 检验方法中，变量 EVsigma 的间接效应为 0.020 2，但是并不显著，另外，变量 DTAsigma 的间接效应为-0.047 2，且在 5%的水平下显著为负，而变量 Top10sigma 的间接效应为 0.079 3，且在 1%的水平下显著为正。因此，在样本服从正态分布假设的前提下，市场价值波动的间接效应不显著，而资本结构波动在 5%的水平下间接效应显著为负，股权结构波动在 1%的水平下间接效应显著为正。资本结构波动和股权结构波动一正一负的效应中和，使总的效应不显著，则此时变量 DTAsigma 和变量 Top10sigma 存在显著的遮掩效应。

（2）在 Bootstrap 检验方法中，变量 DTAsigma 和变量 Top10sigma 的两种类型置信区间中均不存在 0，且分别小于 0 和大于 0，而变量 EVsigma 的两种类型置信区间中，百分位 95%的置信区间包含了 0，说明在非正态分布假设的前提下，资本结构波动和股权结构波动在 5%水平下的总体间接效应显著，且表现为一负一正，而市场价值波动的总体间接效应不显著。

总而言之，在中小板市场上，我国 PE/VC 通过股权结构波动来影响其持股上市公司 Z 值的中介效应显著为正，而通过资本结构波动来影响其持股上市公司 Z 值的中介效应却显著为负，使一正一负中和，形成遮掩效应，而市场价值波动对其的影响不显著。

此外，为检验资本结构、股权结构及市场价值在 PE/VC 影响其持股公司财务风险中的多重混合中介作用，仍选用三年内资产负债率波动（DTAsigma）、三年内前十大股东持股比例波动（Top10sigma）和三年内市场价值波动（EVsigma）作为资本结构、股权结构和市场价值的代理变量，带入多重混合中介效应模型。得到的回归结果如表 6-21 所示。

由表 6-21 的回归结果发现：

（1）在回归二中，变量 PEVC dummy 对变量 Top10sigma 或变量 DTAsigma 在 5%水平下均显著为正。同时，在回归三中，三个中介变量的回归系数在 5%水平下均显著，其中变量 EVsigma 和变量 Top10sigma 的回归系数均显著为正，而变量 DTA0sigma 的回归系数显著为负。这说明变量 Top10sigma 和变量 DTAsigma 在我国 PE/VC 影响其持股上市公司财务风险过程中存在显著的遮掩效应。

表 6-21　中小板市场多重混合中介效应检验

中介效应	回归方程	标准误	Z 值
回归一	Z-score= -0.136 8PEVC dummy	0.310	-0.44
回归二	Top10sigma=0.433 6PEVC dummy	0.083	5.20***
	DTAsigma=0.334 7PEVC dummy	0.150	2.23**
	+0.215 7Top10sigma	0.024	8.98***
	EVsigma=0.111 2PEVC dummy	0.072	1.55
	+0.093 9Top10sigma	0.012	8.09***
	+0.034 4DTAsigma	0.006	5.36***
回归三	Z-score=-0.185 9PEVC dummy	0.312	-0.60
	-0.110 3DTAsigma	0.028	-3.97***
	+ 0.182 9Top10sigma	0.051	3.62***
	+ 0.120 4EVsigma	0.058	2.08**

注：回归的样本量 N=5 589。*，**，***分别表示在 10%、5%、1%水平下显著。

（2）在回归二中，在 1%水平下，变量 Top10sigma 对变量 DTAsigma 和变量 EVsigma 均存在显著正相关关系。同时，变量 DTAsigma 对变量 EVsigma 也存在显著正相关关系。这说明，前十大股东持股比例的波动会加剧资产负债率和市场价值的波动，而资产负债率的波动又会进一步加剧市场价值的波动。

基于以上回归结果及分析，再用 delta 方法检验和 Bootstrap 方法 1 000 次重复回归，对不同回归路径的显著性进行检验，检验结果如表 6-22 所示。

由表 6-22 的检验结果可以发现：在 delta 检验方法中，$M_1M_2M_3$、M_1M_2、M_1M_3、M_1 和 M_2 的链式中介效应显著，且间接效应分别为 0.000 04、-0.010 32、0.004 90、0.079 28 和-0.036 9，但是它们的混合中介效应并不显著。同时，在 Bootstrap 检验中，M_1M_2 和 M_2 链式中介效应的 Bootstrap 检验置信区间均不包含 0，且均小于 0。而变量 Top10sigma（M_1）中介效应的 Bootstrap 检验置信区间则大于 0。这说明，在中小板市场上，我国 PE/VC 主要通过改变公司股权结构或资本结构直接影响公司财务风险,还可通过改变公司股权结构,调整公司资本结构,接着引起公司市场价值变动,进而间接影响公司财务风险。

表 6-22 中小板市场多重混合中介效应的 delta 方法和 Bootstrap 方法检验

传导路径	delta 方法检验			Bootstrap 方法检验	
	点估计	标准误	Z 值	P95%置信区间	BC95%置信区间
$X \to M_1 \to M_2 \to M_3 \to Y$	0.000 04	0.000 2	1.78*	[−0.000 03, 0.001 2]	[0.000 03, 0.001 4]
$X \to M_1 \to M_2 \to Y$	−0.010 32	0.003 5	−2.98***	[−0.020 7, −0.003 3]	[−0.021 1, −0.003 6]
$X \to M_1 \to M_3 \to Y$	0.004 90	0.002 6	1.88*	[−0.000 4, 0.012 1]	[0.000 6, 0.013 8]
$X \to M_2 \to M_3 \to Y$	0.001 39	0.000 9	1.46	[−0.000 1, 0.004 7]	[0.000 08, 0.005 5]
$X \to M_1 \to Y$	0.079 28	0.026 7	2.97***	[0.028 1, 0.148 6]	[0.031 1, 0.156 9]
$X \to M_2 \to Y$	−0.036 90	0.019 0	−1.94*	[−0.081 2, −0.007 1]	[−0.082 2, −0.008 0]
$X \to M_3 \to Y$	−0.013 47	0.010 8	1.25	[−0.004 2, 0.043 4]	[−0.000 5, 0.055 4]
Total	0.052 19	0.033 6	1.55	[−0.020 8, 0.135 7]	[−0.017 1, 0.146 3]
$X \to M_1 \to M_2 \to M_3 \to Y$ $X \to M_1 \to M_2 \to Y$ $X \to M_1 \to M_3 \to Y$ $X \to M_1 \to Y$ $X \to M_2 \to Y$	0.037 33	0.032 1	1.16	[−0.031 0, 0.113 1]	[−0.022 7, 0.126 8]

注: $N=5\,589$, X 为 PEVC dummy, M_1 为 Top10sigma, M_2 为 DTAsigma, M_3 为 EVsigma, Y 为 Z-score。*、**、*** 分别表示在 10%、5%、1% 水平下显著。

本章小结

第三章至第五章研究发现 PE/VC 的介入会显著影响其持股公司的资本结构、股权结构以及市场价值，而这三个方面对公司财务风险也会造成一定影响。因此，本章首先利用单中介效应模型，对这三方面各自的中介效应进行了稳健性检验。在验证了第三章至第五章中各变量传导作用的基础上，利用多重并列及混合中介效应模型，将资本结构、股权结构以及市场价值视为多个潜变量，分析了三者在 PE/VC 对其持股公司财务风险影响过程中的并行及混合的中介作用。最后讨论了该多重中介效应的板块特征。本章主要得出以下三个研究结论。

（1）整体而言，PE/VC 通过加剧资本结构波动、股权结构波动以及市场价值波动，分别对其持股公司财务风险产生不同的影响。其中，公司资本结构波动和市场价值波动会促进公司财务风险的发生，而股权结构波动则可以抑制财务风险的发生。同时，该三类潜变量混合的传导路径为：我国 PE/VC 首先通过改变公司股权结构，调整公司资本结构，影响公司市场价值，进而降低公司 Z 值，使公司发生财务失败或破产的可能性增加，最终增加了公司财务风险。

（2）资本结构、股权结构以及市场价值三者在 PE/VC 对其持股公司财务风险的影响传导过程中的显著性也存在差异。股权结构对该过程的影响最大，资本结构次之，而市场价值对该过程的影响最小。

（3）就各个上市板块而言，我国 PE/VC 影响其持股上市公司财务风险的多重并行及混合中介传导路径存在差异。在主板市场，PE/VC 通过加剧其持股公司的股权结构波动和市场价值波动，从而直接对公司财务风险分别产生显著的抑制和促进作用。此外，PE/VC 还可通过改变股权结构，调整资本结构，进而间接影响财务风险，且股权结构波动对资本结构波动有促进作用。在创业板市场，公司股权结构、资本结构以及市场价值对 PE/VC 影响其持股公司财务风险的多重混合中介效应不显著。在中小板市场，PE/VC 通过加剧其持股公司的资本结构波动或股权结构波动，从而直接对公司财务风险分别产生显著的促进和抑制作用。此外，

PE/VC 还可通过改变公司股权结构，调整资本结构，接着引起市场价值变动，进而间接影响财务风险，且股权结构波动分别会加剧资本结构的波动和市场价值的波动，同时资本结构波动又会进一步加剧市场价值的波动。

第七章 研究结论、政策建议与研究展望

本书旨在研究我国 PE/VC 对其持股公司财务风险的影响及其传导路径，通过构建基于大股东风险偏好的公司资本结构选择模型，发现 PE/VC 作为公司的大股东时，会倾向选择负债融资，提高公司负债比率，改变公司资本结构，进而影响公司财务风险。因此，在此理论模型的基础上，本书先给出 PE/VC 作为大股东对其持股公司财务风险的理论分析，并结合我国上市公司 2004—2018 年的数据，进行了实证检验。

另外，为探索我国 PE/VC 对其持股公司财务风险影响的传导路径，考虑大股东的持股比例与大股东治理权力的大小直接相关，当我国 PE/VC 在进入公司后，为了获得更多的股东决策权，最大化其利润，会倾向选择负债融资并加大公司股权集中度，提高公司负债比率，从而调整资本结构和股权结构，由此引发公司财务风险。同时，我国 PE/VC 在进入公司后，不仅会影响公司的治理结构，还会影响投资者的预期，由此引起其持股公司市场价值的变化。因此，本书接着从静态和动态的视角分别研究了我国 PE/VC 对其持股上市公司股权结构和市场价值的影响。然后在前面研究的基础上，进一步分析我国 PE/VC 对其财务风险的影响，并研究 PE/VC 通过其持股公司的资本结构、股权结构和市场价值三个方面对其财务风险影响的中介传导路径。最后分别从主板、中小板与创业板市场上讨论了 PE/VC 对资本结构、股权结构、市场价值、财务风险的影响以及对财务风险影响的中介传导路径，研究这些影响的板块特征，为防堵公司财务风险漏洞提供新的视角和理论依据。

第一节 研究结论

本书研究的主题是针对我国 PE/VC 对其持股上市公司财务风险的影响及其传导路径进行研究。首先，借鉴以往上市公司负债比率和财务风险的相关理论分析，构建基于大股东风险偏好的公司资本结构选择模型，研究了我国 PE/VC 作为大股东对其持股公司财务风险的影响。其次，从静态和动态层面分别研究了我国 PE/VC 对其持股上市公司资本结构、股权结构和市场价值的影响，同时还给出了对应的经济学分析与实证检验。再次，进一步分析了我国 PE/VC 对其持股公司的财务风险的影响以及 PE/VC 通过其持股公司的资本结构、股权结构和市场价值三方面对其财务风险影响的单中介效应、双重中介效应和多重中介效应。最后，细分我国资本市场后，分别从主板、中小板与创业板市场对以上情况进行了讨论分析。本书主要得到以下几个结论。

一、我国 PE/VC 对其持股上市公司财务风险有显著影响，且存在板块异质性

一方面，第二章构建了基于大股东风险偏好的资本结构选择模型，并进一步给出我国 PE/VC 对其持股公司财务风险影响的理论推导。然后结合我国上市公司 2004—2018 年的数据，利用上市公司 Z 值来构建公司财务风险的度量指标，研究了我国 PE/VC 对其持股上市公司财务风险的影响。理论与实证结果均显示，与没有 PE/VC 持股的公司相比，有 PE/VC 持股的公司的财务风险更大，且这一结论在内生性偏差修正后仍然成立，即说明 PE/VC 的介入会增加其持股公司的财务风险，进而提高公司发生财务危机的概率。另一方面，本书还证实了我国 PE/VC 对其持股上市公司财务风险的影响存在上市板块异质性。在主板市场，我国 PE/VC 存在抑制其持股上市公司财务风险的迹象，但该结论不稳健，在中小板市场，

我国 PE/VC 对其持股上市公司财务风险却起到显著的促进作用，而在创业板市场，上述现象均不显著。

二、我国 PE/VC 对其持股上市公司财务风险影响的资本结构传导路径显著

第三章中，一方面，基于已构建的基于大股东风险偏好的资本结构选择模型，从理论上证明了如下结论：①我国 PE/VC 会提高其持股公司的负债比率。②我国 PE/VC 对其持股上市公司资本结构的影响存在上市板块异质性。在此基础上，本书利用我国上市公司 2004—2018 年的数据进行了实证检验，实证结论如下：①我国 PE/VC 的介入会提高其持股公司的资产负债率，加剧其持股公司资本结构的变动。②我国 PE/VC 对其持股上市公司资本结构及其波动的促进影响存在上市板块异质性。在中小板市场，PE/VC 的介入会显著提高其持股公司负债比率，并加剧其持股公司资本结构的变动，但在主板市场和创业板市场，PE/VC 对其持股公司资本结构及其波动的影响均不显著。

另一方面，进一步研究了 PE/VC 对其持股公司财务风险影响的资本结构传导路径。研究发现：①整个市场上，PE/VC 通过提高公司资本结构负债比率，加剧资本结构波动，从而对其持股公司财务风险产生显著的促进作用，且资本结构波动变量比资本结构变量的间接效应更为显著。②PE/VC 对其持股公司财务风险影响的资本结构传导路径存在板块差异。在中小板市场，资本结构及其波动的中介作用与在整个市场上的中介作用一致，但在主板和创业板市场，资本结构及其波动的中介作用均不显著。

三、我国 PE/VC 对其持股上市公司财务风险影响的股权结构传导方式突出

第四章中，一方面，从大股东决策权视角出发，发现我国 PE/VC 在进入其持股公司后，为了获得更多的大股东决策权，会倾向提高公司股

权集中度，从而改变公司股权结构。同时，通过实证分析表明：①在内生性偏差修正后发现，与没有 PE/VC 持股的公司相比，有 PE/VC 持股的公司其股权集中度更高，即说明 PE/VC 的介入会提高其持股公司的股权集中度。②与没有 PE/VC 持股的公司相比，有 PE/VC 持股的公司其股权结构波动更大，即 PE/VC 的介入会加剧公司股权结构的波动。③我国 PE/VC 对其持股上市公司股权结构的影响存在上市板块异质性。在创业板市场，PE/VC 的介入会显著提高其持股公司股权集中度，但在中小板市场，PE/VC 的介入却会显著降低其持股公司的股权集中度，而在主板市场，上述现象均不显著。④在主板、中小板以及创业板市场，我国 PE/VC 对其持股上市公司股权结构波动的影响均存在显著的促进作用。

另一方面，进一步分析了 PE/VC 对其持股公司财务风险影响的股权结构传导方式。研究发现：①整个市场上，PE/VC 通过改变股权结构，加剧股权结构的波动，从而对其持股公司财务风险产生显著的抑制作用。②股权结构及其波动的中介作用存在板块异质性。在主板市场，股权结构及其波动的中介作用与在整个市场上的中介作用一致。在中小板市场，股权结构在 PE/VC 对其持股公司财务风险影响中存在显著的正间接效应，而股权结构波动的间接效应却显著为负。在创业板市场，股权结构及其波动的中介作用均不显著。

四、我国 PE/VC 对其持股上市公司财务风险影响的市场价值传导模式有效

第五章中，一方面，从公司内部治理结构与外部投资者预期两个视角，分析了我国 PE/VC 对其持股公司市场价值及其波动的影响。在此基础上，结合实证分析，理论和实证均得到以下结论：①在内生性偏差修正后发现，与没有 PE/VC 持股的公司相比，有 PE/VC 持股的公司其市场价值更低且其市场价值波动更小，即说明 PE/VC 的介入会降低其持股公司的市场价值，同时减缓其持股公司市场价值的波动。②PE/VC 对其持股公司市场价值的影响存在滞后效应，即 PE/VC 的介入会降低其持股公

司第二年的市场价值。③我国 PE/VC 对其持股上市公司市场价值及其波动的影响存在上市板块异质性。在主板市场，PE/VC 的介入会显著提高其持股公司的市场价值，并加剧其市场价值的波动，而在创业板和中小板市场，PE/VC 的介入却会显著降低其持股公司的市场价值，并抑制其市场价值的波动。

另一方面，进一步检验了市场价值在 PE/VC 对其持股公司财务风险影响的中介效应。研究发现：①整体来看，在样本服从正态分布假设时，PE/VC 通过影响公司价值，加剧公司市场价值波动，从而对其持股公司财务风险产生促进的中介作用。在样本服从非正态分布假设时，公司市场价值及其波动在该影响中的间接效应均不显著。②市场价值及其波动在 PE/VC 对其持股公司财务风险影响的间接效应存在板块差异。在创业板市场，市场价值及其波动的间接效应显著为正，且市场价值波动的间接效应更为显著。在中小板市场，市场价值波动的间接效应显著为负，而市场价值的间接效应不显著。在主板市场，市场价值及其波动的间接效应均不显著。

五、我国 PE/VC 通过资本结构、股权结构和市场价值三方面对其持股上市公司财务风险的影响存在显著的多重中介效应

基于前文的研究，本书第六章利用多重并行/混合中介效应模型，进一步从资本结构、股权结构和市场价值三方面，分析了这三方面因素在 PE/VC 影响其持股公司财务风险中的并行/混合传导作用。研究发现：①PE/VC 通过加剧资本结构波动、股权结构波动以及市场价值波动，分别对其持股公司财务风险产生不同的影响，其中公司资本结构波动和市场价值波动会促进公司财务风险的发生，而股权结构波动则会抑制财务风险的发生。②资本结构波动、股权结构波动以及市场价值波动之间也存在着显著的影响关系，主要为股权结构波动会促进资本结构波动，资本结构的波动又会促进市场价值波动，而股权结构波动对市场价值波动的直接影响却不显著。

另外，本书还针对主板、中小板与创业板三类上市板块，分别研究了 PE/VC 通过资本结构、股权结构及市场价值三方面，对其持股公司财务风险影响的中介传导机制的异同。研究发现：①在主板市场，PE/VC 通过加剧其持股公司的股权结构波动和市场价值波动，从而直接对公司财务风险产生显著的抑制和促进作用。此外，PE/VC 还可通过改变股权结构，调整资本结构，进而间接影响财务风险，且股权结构波动对资本结构波动有促进作用。②在创业板市场，公司股权结构、资本结构以及市场价值对 PE/VC 影响其持股公司财务风险的多重混合中介效应不显著。③在中小板市场，PE/VC 通过加剧其持股公司的资本结构波动或股权结构波动，从而直接对公司财务风险分别产生显著的促进和抑制作用。此外，PE/VC 还可通过改变公司股权结构，调整资本结构，引起市场价值变动，进而间接影响财务风险，且股权结构波动分别会加剧资本结构的波动和市场价值的波动，同时资本结构波动又会进一步加剧市场价值的波动。

第二节　政策建议

根据前面各章节研究得到的结论，再结合我国的现实状况，本书从市场监管、公司内部控制与监管和投资者教育三个方面给出如下政策建议。

（1）加强对我国 PE/VC 在各板块持股行为的监管，同时依据不同上市板块的情况建立适当的 PE/VC 财务风险奖惩机制和学习机制。

第二章的研究表明，就整个市场而言，我国 PE/VC 的介入会显著降低其持股公司的 Z 值，进而提高公司财务风险，以及公司面临财务失败或破产的概率。这说明 PE/VC 在持股上市公司后，为追逐较高投资回报率，它们会过于追求公司成长，提高利润，而忽视对公司财务风险的有效管理，从而暴露更多风险敞口，使公司发生财务风险的可能性提高。同时第二章还依据不同上市板块分类，针对该现象进行了分析，研究发现：在主板市场，我国 PE/VC 对其持股上市公司财务风险可以起到显著的抑制作用，而在中小板市场，我国 PE/VC 对其持股上市公司财务风险则起到了显著的促进作用,另外在创业板市场,以上现象均不显著。这说明我国 PE/VC 的持股对其持股上市公司财务风险的影响不能一概而论,需要分不同市场来讨论。为了维持整个资本市场的稳定,降低上市财务风险,我国监管部门首先要从源头抓起,依据不同的上市板块,建立适当的 PE/VC 持股管理机制,特别是加强对我国 PE/VC 在中小板市场上的持股行为监管约束。具体可从如下几个方面入手:

①在中小板市场,PE/VC 的介入会促进公司财务风险的发生,因此,可以在中小板市场建立更为严格的 PE/VC 进入机制,筛选出公司治理能力较强的 PE/VC。一方面,可堵住治理能力差的 PE/VC 对公司财务风险的影响;另一方面,可通过治理能力较强的 PE/VC 来提高公司的治理水平,将治理能力较差的 PE/VC 排除在外。

②可建立严格的上市公司财务风险实时监控与预警机制,同时结合 PE/VC 对其持股上市公司财务风险的控制情况提出适当的奖惩机制。对于严重扰乱市场秩序,引起公司财务风险频发的 PE/VC 公司给予对应的现金或暂时限制投资等处罚。

③建立 PE/VC 公司之间的学习机制,整体提高我国 PE/VC 投资机构的管理水平。在主板市场,PE/VC 的介入存在降低公司财务风险的可能,那么可以建立在中小板市场上对其持股公司财务风险管控较差的 PE/VC 向主板市场上对其持股公司财务风险治理管控较好的 PE/VC 进行定期交流学习机制。

④邀请专家定期对 PE/VC 投资机构提供风险管理培训,并建立财务风险管理较差的 PE/VC 人员向财务风险管理优秀的 PE/VC 进行定期学习交流平台,提高财务风险管理较差的 PE/VC 投资机构管理水平。

(2)建立合理的公司内部决策和监督机制,调整大股东持股心态,降低由我国 PE/VC 通过提高负债比率导致其持股上市公司财务风险发生的可能性。

一方面,本书第三章的研究发现,我国 PE/VC 在持股后,会倾向使用债务融资,从而导致公司形成较高甚至是激进的负债比例,大大提高了其资产负债率,进而缩小了公司财务松弛的可调节范围,降低公司抵御风险的能力,提高了财务困境成本。另一方面,我国 PE/VC 在持股后会更频繁地调整资本结构,进而增加资本结构的波动与调整成本。这说明我国 PE/VC 在投资后会对公司进行较激进的资本结构决策,并产生负面影响。

为了避免公司形成大股东过度参与公司管理的氛围,造成大股东独断专行的局面,公司首先应该建立合理的资本结构决策机制。例如,在设计决策方案、进行方案评价和筛选的过程中,可以建立外部专家评审制度,建立决策机制管理委员会,邀请股东、高管、员工以及外部专业人士多方参与,并保证决策过程的透明度,以确保决策机制的合理性和科学性。另外,在对关键决策进行决定前,尤其是激进的负债融资决策,应进行充分调查研究、广泛收集信息与可行性分析,并充分考虑该决策所带来的后果,以便获得合理的决策结果。除此之外,为了确保上述决策机制得以落实,还需建立完善的内部监督制度,保证合理的资本结构决策得以执行。

(3)加强公司内部管理,主要从资本结构波动、股权结构波动和公司市场价值波动三个方面来控制我国 PE/VC 对其持股上市公司财务风险的影响,同时还需提高公司领导及员工的素质,提升公司财务人员业务能力,实行全员风险管理。

本书第六章的研究发现,我国 PE/VC 对其持股上市公司财务风险的直接影响并不显著,而主要是通过资本结构波动、股权结构波动和市场价值波动三个方面对其持股上市公司财务风险产生了显著的间接影响。同时,本书的第三章至第五章的研究也表明,我国 PE/VC 持股后会加剧其持股公司资本结构波动和股权结构波动,并减缓公司市场价值的波动。这说明,我国 PE/VC 对其持股上市公司财务风险的影响并非 PE/VC 持股直接导致的,更多的是由我国 PE/VC 公司持股的上市公司内部监督和管理不当所导致的。因此,要从根本上降低上市公司财务风险发生的概率,还是要从我国 PE/VC 影响其持股上市公司财务风险的传导机制入手,进而从根本上降低我国 PE/VC 持股对上市公司财务风险的影响。具体可从如下几个方面入手:

①建立健全的内部控制和管理机制,设立财务风险管理处,并配备相关专业人员对财务风险进行预测、分析、监控,以便及时发现和化解风险,特别是加强对公司资本结构、股本结构和市场价值变动的监控力度,更有针对性地对公司财务风险进行监管和预测。

②招纳高素质的财务专业人才,并加大对员工的继续教育力度,不断提高公司领导及员工的适应能力和创新能力,并加强公司员工财务风险意识,建立整个公司全员一心控制财务风险的意识。

(4)建立合理的投资者学习机制,提高投资者对市场信号的识别能力,降低其情绪化投资的可能性。

本书第五章研究发现:我国 PE/VC 的投资行为会影响投资者的情绪,进而影响公司的市场价值。这说明投资者的情绪对公司的市场价值起到了重要的影响,当投资者们的情绪过于悲观时,会过度拉低上市公司的市场价值;反之,当投资者们的情绪过于乐观时,又会过度拉升上市公司的市场价值,这都会引起公司市场价值的大幅波动,从而加剧公司财务风险的发生。因此,应该建立合理的投资者专业学习机制,定期为广大投资者提供专业培训,提高投资者对市场信号的识别能力,增强投资风险防范意识,建立理性的投资理念,降低情绪化投资的可能性,避免非理性行为,以控制整个市场的稳定。

第三节 研究展望

本书的研究还有许多有待改进和延伸的地方,可从如下几个方面进一步拓展研究:

(1)本书在研究我国 PE/VC 对其持股上市公司财务风险影响及传导路径时,主要从公司内部控制和投资者情绪外部来分析公司资本结构、股权结构和市场价值三类传导渠道对公司财务风险的影响。然而现实中,我国 PE/VC 对其持股上市公司财务风险影响的传导渠道却是复杂多变的,可能随着时间而转移,也可能存在着其他方面的传导因素。因此,在未来的研究中,可以从不同的视角去发现更多的中介因子,不断丰富这一领域的研究成果。

(2)本书在研究我国 PE/VC 对其持股上市公司财务风险影响及传导路径时,将我国 PE/VC 投资机构进行了笼统的界定,并未对 PE/VC 进行详细分类。然而,我国资本市场上 PE/VC 投资机构良莠不齐,有资深的 PE/VC,也有实力薄弱的 PE/VC,不一样的 PE/VC 对其持股公司财务风险的影响会存在差异。通常,评价一个 PE/VC 投资机构的实力,可通过其规模、已成立年限、投资成功的案例数或金额、投资回报率、人事资源、专业人士占比、PE/VC 资本家声望等因素。未来可依据我国 PE/VC 特征信息进行划分后,再研究不同类型的 PE/VC 对其持股上市公司财务风险的影响及传导路径,可扩展针对我国 PE/VC 影响其财务风险的研究范围。

(3)本书在研究我国 PE/VC 对其持股公司财务风险影响时,针对不同上市板块的情况进行了讨论,发现在不同板块间该影响存在显著差异。然而,公司处于不同行业或生命周期时,公司的资产负债率及财务状况会存在显著差异。此外,不同大股东属性(自然人股东或法人股东,控股股东或一般股东)对公司决策投票权大小及公司管理经营模式也会存在差异。因此,未来可从不同行业、生命周期、大股东属性及股东投票权的视角,进一步分析讨论我国 PE/VC 对其持股公司财务风险的影响,加大我国 PE/VC 影响其财务风险影响的研究力度。

(4)本书分析了我国 PE/VC 持股对公司财务风险的影响,也分析了 PE/VC 持股对公司价值的影响,并均得到影响显著的结论。因此,可在此基础上进一步分析 PE/VC 持股对公司价值与财务风险二维结构的影响,该部分可作为未来研究方向。

(5)本书主要研究了我国 PE/VC 对其持股公司财务风险的影响及传导路径,然而我国 PEVC 资本市场与发达国家的 PEVC 市场存在明显差异,可针对发达资本市场(如欧美、日本等资本市场)的情况再进一步进行分析,有助于丰富我国 PEVC 资本市场与发达 PEVC 资本市场差异的研究内容。

附录　完整的实证结果表格

参考文献

[1] 陈策,吕长江. 上市板块差异对会计稳健性的影响——来自 A 股主板和中小板民营企业的实证检验[J]. 会计研究,2011(9).

[2] 曹廷求,孙文祥. 股权结构与资本结构：中国上市公司实证分析[J]. 中国软科学,2004(1).

[3] 蔡伟毅,邓光宏. 我国上市公司现金分红影响因素的非参数分析及板块差异[J]. 中国经济问题,2014(5).

[4] 陈永庆,王浣尘. 双边激励与风险企业的股权结构配置[J]. 中国管理科学,2002(2).

[5] 丁维国. 独立董事治理对企业财务风险的影响——基于制度环境的调节效应研究[J]. 经济问题,2018(9).

[6] 顾宁,孙彦林. 私募股权基金与中小企业股权结构优化研究[J]. 经济视角,2014(9).

[7] 洪乐平. 对我国上市公司资本结构与财务风险的反思——来自沪深两市的经验数据[J]. 当代财经,2004(4).

[8] 胡援成. 中国企业资本结构与企业价值研究[J]. 金融研究,2002(3).

[9] 纪建悦,殷克东. 基于股东财富效用函数的最优股利政策探讨[J]. 数量经济技术经济研究,2003(5).

[10] 寇祥河,潘岚,丁春乐. 风险投资在中小企业 IPO 中的功效研究[J]. 证券市场导报,2009(5).

[11] 李常安,储一昀,仓勇涛. 公司价值、公司治理与分析师跟进[J].

经济社会体制比较, 2016, 183（1）.

[12] 李志萍, 罗国锋, 龙丹, 等. 风险投资的地理亲近：对中国风险投资的实证研究[J]. 管理科学, 2014（3）.

[13] 梁建敏, 吴江. 创业板公司 IPO 前后业绩变化及风险投资的影响[J]. 证券市场导报, 2012（4）.

[14] 陆正飞, 胡诗阳. 股东—经理代理冲突与非执行董事的治理作用——来自中国 A 股市场的经验证据[J]. 管理世界, 2015（1）.

[15] 罗炜, 余琰, 周晓松. 处置效应与风险投资机构：来自 IPO 公司的证据[J]. 经济研究, 2017（4）.

[16] 米增渝, 林雅婷. 公司治理、股票流动性与公司价值——以我国新三板市场创新层为例[J]. 投资研究, 2018, 37（2）.

[17] 钱忠华. 公司治理与企业财务困境——基于股权结构角度的实证分析[J]. 经济与管理研究, 2009（5）.

[18] 郄萌. 基于 Z 值测度的微型企业内部控制与财务风险关系研究[J]. 统计与决策, 2013（11）.

[19] 苏坤, 张俊瑞, 杨淑娥. 终极控制权、法律环境与公司财务风险——来自我国民营上市公司的证据[J]. 当代经济科学, 2010（5）.

[20] 谈毅, 叶岑. 风险投资在公司治理结构中的效率分析[J]. 中国软科学, 2001（4）.

[21] 王信. 创业基金的关系型投资及其在公司治理结构中的作用[J]. 经济社会体制比较, 1999（2）.

[22] 魏玉平, 曾国安. 中国上市企业上市前融资约束的实证研究[J]. 华东经济管理, 2017, 31（8）.

[23] 魏哲海. 管理者过度自信、资本结构与公司绩效[J]. 工业技术经济, 2018（6）.

[24] 温忠麟, 叶宝娟. 中介效应分析：方法和模型发展[J]. 心理科学进展, 2014, 22（5）.

[25] 吴超鹏,张媛. 风险投资对上市公司股利政策影响的实证研究[J]. 金融研究, 2014（9）.

[26] 吴国鼎,张会丽. 多元化经营是否降低了企业的财务风险?——来自中国上市公司的经验证据[J]. 中央财经大学学报, 2015（8）.

[27] 吴松,郑小朋. 股权约束、债权约束与市场约束——我国上市公司约束机制分析[J]. 理论与改革, 2003（5）.

[28] 向德伟. 论财务风险[J]. 会计研究, 1994（4）.

[29] 谢赤,赵亦军,李为章. 基于CFaR模型与Logistic回归的财务困境预警研究[J]. 财经理论与实践, 2014（1）.

[30] 徐欣,夏芸. 风险投资特征、风险投资IPO退出与企业绩效——基于中国创业板上市公司的实证研究[J]. 经济管理, 2015（5）.

[31] 杨棉之. 股权结构、财务风险与债务资金成本——基于中介变量传导效应的研究[J]. 经济问题, 2010（9）.

[32] 姚颐,赵梅. 中国式风险披露、披露水平与市场反应[J]. 经济研究, 2016（7）.

[33] 叶小杰,王怀芳. 风险投资声誉研究述评及展望[J]. 管理世界, 2016（11）.

[34] 于富生,张敏,姜付秀,等. 公司治理影响公司财务风险吗?[J]. 会计研究, 2008（10）.

[35] 虞娅雅,廖冠民. 劳动保护、行业下滑与企业贷款违约——基于2008《劳动合同法》的实证检验[J]. 中央财经大学学报, 2017（9）.

[36] 张倩倩,周铭山,董志勇. 研发支出资本化向市场传递了公司价值吗?[J]. 金融研究, 2017（06）.

[37] 张学勇,廖理. 风险投资背景与公司IPO：市场表现与内在机理[J]. 经济研究, 2011（6）.

[38] 张学勇,吴雨玲,郑轶. 我国风险投资机构（VC）的本地偏好研究[J]. 投资研究, 2016（6）.

[39] 张学勇, 张叶青. 风险投资、创新能力与公司 IPO 的市场表现[J]. 经济研究, 2016（51）.

[40] 赵国宇, 禹薇. 股权激励、过度投资抑制与公司价值[J]. 经济与管理评论, 2019（4）.

[41] 赵静梅, 傅立立, 申宇. 风险投资与企业生产效率：助力还是阻力?[J]. 金融研究, 2015, 425（11）.

[42] 赵蒲, 孙爱英. 资本结构与产业生命周期：基于中国上市公司的实证研究[J]. 管理工程学报, 2005, 19（3）.

[43] 周晓光, 朱蓉. 基于模糊聚类和模式识别的企业财务风险分析[J]. 科技管理研究, 2012, 32（8）.

[44] ABBOTT S, HAY M G. Investing for the future： new firm funding in Germany, Japan, the UK, and the USA [J]. Financial Times, 1995.

[45] ADMATI A R, PFLEIDERER P. Robust financial contracting and the role of venture capitalists [J]. The Journal of Finance, 1994, 49 (2).

[46] ADMATI A R, PFLEIDERER P, ZECHNER J. Large shareholder activism, risk sharing, and financial market equilibrium [J]. Journal of Political Economy, 1994, 102 (6).

[47] AGARWAL V, TAFFLER R. Does financial distress risk drive the momentum anomaly? [J]. Financial Management, 2008, 37 (3).

[48] ALI-YRKKÖ J, HYYTINEN A, LIUKKONEN J. Exiting venture capital investments: lessons from Finland [R] ETLA Discussion Papers, 2001, 781.

[49] ALMEIDA H, PHILIPPON T. The risk-adjusted cost of financial distress [J]. The Journal of Finance, 2007, 62 (6).

[50] ALTMAN E I. Financial ratios, discriminant analysis and the prediction of corporate bankruptcy [J]. The journal of finance, 1968, 23 (4).

[51] ALTMAN E I. Ratio analysis and the prediction of firm failure: a reply [J]. The Journal of Finance, 1970, 25 (5).

[52] ALTMAN E I, IWANICZ - DROZDOWSKA M, LAITINEN E K, et al.. Financial distress prediction in an international context: a review and empirical analysis of altman's z - score model [J]. Journal of International Financial Management & Accounting, 2017, 28 (2).

[53] ALVAREZ N, JENKINS R. Private equity's new frontier : operational investing [J]. The Journal of Private Equity, 2007, 10 (2).

[54] ATWOOD J A, WATTS M J, HELMERS G A. chance-constrained financing as a response to financial risk [J]. American Journal of Agricultural Economics, 1988, 70 (1).

[55] BARNEY J B, BUSENITZ L, FIET J O, et al.. The structure of venture capital governance: an organizational economic analysis of relations between venture capital firms and new ventures; proceedings of the academy of management proceedings, New York[C]. Academy of Management Briarcliff Manor, 1989.

[56] BARON R M, KENNY D A. The moderator–mediator variable distinction in social psychological research: conceptual, strategic, and statistical considerations [J]. Journal of personality and social psychology, 1986, 51 (6).

[57] BARRY C B. New directions in research on venture capital finance [J]. Financial management, 1994, 23 (3).

[58] BARRY C B, MUSCARELLA C J, PEAVY III J W, et al.. The role of venture capital in the creation of public companies: Evidence from the going-public process [J]. Journal of Financial economics, 1990, 27 (2).

[59] BENDER R. Corporate financial strategy [M]. London; New York:

Routledge, 2013.

[60] BERGEMANN D, HEGE U. Venture capital financing, moral hazard, and learning [J]. Journal of Banking & Finance, 1998, 22 (6-8).

[61] BERLE A A, MEANS G C. The modern corporation and private property (first edition)[M]. New York: Harcourt, Brace & World, Inc, 1932.

[62] BERLIN M. That thing venture capitalists do [J]. Business Review, 1998, 1 (1).

[63] BIRLEY S, WESTHEAD P. A comparison of new businesses established by'novice'and'habitual'founders in Great Britain [J]. International Small Business Journal, 1993, 12 (1).

[64] BLACK B S, GILSON R J. Venture capital and the structure of capital markets: banks versus stock markets [J]. Journal of financial economics, 1998, 47 (3).

[65] BLOOM N, SADUN R, VAN REENEN J. Do private equity owned firms have better management practices? [J]. American Economic Review, 2015, 105 (5).

[66] BONAIMÉ A A, HANKINS K W, HARFORD J. Financial flexibility, risk management, and Payout Choice [J]. The Review of Financial Studies, 2014, 27 (4).

[67] BOUTIN-DUFRESNE F, SAVARIA P. Corporate social responsibility and financial risk [J]. The Journal of Investing, 2004, 13 (1).

[68] BREALEY R, MYERS S, ALLEN F, et al.. Principles of Corporate Finance, 11E [M]. New York:McGraw-Hill Education, 1988.

[69] BROCKETT P L, GOLDEN L L, JANG J, et al.. A Comparison of neural network, statistical methods, and variable choice for life insurers' financial distress prediction [J]. The Journal of Risk and

Insurance, 2006, 73 (3).

[70] BRUINING H, WRIGHT M. Entrepreneurial orientation in management buy-outs and the contribution of venture capital [J]. Venture Capital: An International Journal of Entrepreneurial Finance, 2002, 4 (2).

[71] BRUNO A V, TYEBJEE T T. The entrepreneur's search for capital [J]. Journal of Business Venturing, 1985, 1 (1).

[72] BRUNO V, SHIN H S. Globalization of corporate risk taking [J]. Journal of International Business Studies, 2014, 45 (7).

[73] BYGRAVE W, FAST N, KHOYLIAN R, et al.. Early rates of return of 131 venture capital funds started 1978—1984 [J]. Journal of Business Venturing, 1989, 4 (2).

[74] CASELLI S, GATTI S, PERRINI F. Are venture capitalists a catalyst for innovation? [J]. European Financial Management, 2009, 15 (1).

[75] COATS P K, FANT L F. Recognizing financial distress patterns using a neural network tool [J]. Financial Management, 1993, 22 (3).

[76] COCHRANE J H. The risk and return of venture capital [J]. Journal of financial economics, 2005, 75 (1).

[77] CONROY R M, HARRIS R S. How good are private equity returns? [J]. Journal of Applied Corporate Finance, 2007, 19 (3).

[78] CUMMING D, DAI N. Local bias in venture capital investments [J]. Journal of Empirical Finance, 2010, 17 (3).

[79] CUMMING D, FLEMING G, SUCHARD J-A. Venture capitalist value-added activities, fundraising and drawdowns [J]. Journal of Banking & Finance, 2005, 29 (2).

[80] DILLER C, KASERER C. What drives private equity returns? Fund inflows, skilled GPs, and/or risk? [J]. European Financial Management,

2009, 15 (3).

[81] DIMOV D, DE HOLAN P M, MILANOV H. Learning patterns in venture capital investing in new industries [J]. Industrial and Corporate Change, 2012, 21 (6).

[82] DIMOV D, MARTIN DE HOLAN P. Firm experience and market entry by venture capital firms (1962—2004)[J]. Journal of Management Studies, 2010, 47 (1).

[83] DIMOV D, SHEPHERD D A, SUTCLIFFE K M. Requisite expertise, firm reputation, and status in venture capital investment allocation decisions [J]. Journal of Business Venturing, 2007, 22 (4).

[84] EDWARDS J R, LAMBERT L S. Methods for integrating moderation and mediation: a general analytical framework using moderated path analysis [J]. Psychological Methods, 2007, 12 (1).

[85] ELING M, MAREK S D. Corporate governance and risk taking: evidence from the U.K. and German insurance markets [J]. The Journal of Risk and Insurance, 2014, 81 (3).

[86] ENGEL D, KEILBACH M. Firm-level implications of early stage venture capital investment—an empirical investigation [J]. Journal of Empirical Finance, 2007, 14 (2).

[87] ENNIS R M, SEBASTIAN M D. Asset allocation with private equity [J]. The Journal of Private Equity, 2005, 8 (3).

[88] FINNERTY J D. Corporate financial analysis: a comprehensive guide to real-world approaches for financial managers [M]. New York: McGraw-Hill, 1986.

[89] FLORIDA R, KENNEY M. Venture capital and high technology entrepreneurship [J]. Journal of Business Venturing, 1988, 3 (4).

[90] FRIED V H, HISRICH R D. Venture capital research: past, present

and future [J]. Entrepreneurship Theory and Practice, 1988, 13 (1).

[91] FRIED V H, HISRICH R D. Toward a model of venture capital investment decision making [J]. Financial management, 1994, 23 (3).

[92] FRIED V H, HISRICH R D. The venture capitalist: a relationship investor [J]. California Management Review, 1995, 37 (2).

[93] GABRIEL S C, BAKER C B. Concepts of business and financial risk [J]. American Journal of Agricultural Economics, 1980, 62 (3).

[94] GOMPERS P, KAPLAN S N, MUKHARLYAMOV V. What do private equity firms say they do? [J]. Journal of Financial Economics, 2016, 121 (3).

[95] GOMPERS P, KOVNER A, LERNER J. Specialization and success: Evidence from venture capital [J]. Journal of Economics & Management Strategy, 2009, 18 (3).

[96] GOMPERS P, LERNER J. Equity financing [M]// Handbook of entrepreneurship research: an interdisciplinary survey and introduction, 2E. New York; Dordrecht; Heidelberg; London: Springer, 2003.

[97] GOMPERS P A, LERNER J. Risk and reward in private equity investments: the challenge of performance assessment [J]. The Journal of Private Equity, 1997a, 1 (2).

[98] GOMPERS P A, LERNER J. Venture capital and the creation of public companies: do venture capitalists really bring more than money? [J]. The Journal of Private Equity, 1997b, 1 (1).

[99] GOMPERS P A, LERNER J. What drives venture capital fundraising? [J] National bureau of economic research, 1999.

[100] GORMAN M, SAHLMAN W A. What do venture capitalists do? [J]. Journal of business venturing, 1989, 4 (4).

[101] GROSSMAN S J, HART O D. Takeover bids, the free-rider problem,

and the theory of the corporation [J]. The Bell Journal of Economics, 1980, 11 (1).

[102] GUPTA M C, HUEFNER R J. A cluster analysis study of financial ratios and industry characteristics [J]. Journal of Accounting Research, 1972, 10 (1).

[103] HALL B H, JAFFE A, TRAJTENBERG M. Market value and patent citations [J]. RAND Journal of economics, 2005, 36 (1).

[104] HALL J, HOFER C W. Venture capitalists' decision criteria in new venture evaluation [J]. Journal of business venturing, 1993, 8 (1).

[105] HEGE U, PALOMINO F, SCHWIENBACHER A. Venture capital performance: the disparity between Europe and the United States [J]. Finance, 2009, 30 (1).

[106] HELLMANN T, PURI M. The interaction between product market and financing strategy: The role of venture capital [J]. The review of financial studies, 2000, 13 (4).

[107] HIRUKAWA M, UEDA M. Venture capital and innovation: which is first? [J]. Pacific Economic Review, 2011, 16 (4).

[108] HUSTEDDE R J, PULVER G C. Factors affecting equity capital acquisition: the demand side [J]. Journal of Business Venturing, 1992, 7 (5).

[109] JENSEN M C. Eclipse of the public corporation [J]. Harvard Business Review, 1989 (Sept.-Oct.).

[110] JOHN K, LITOV L, YEUNG B. Corporate governance and risk-taking [J]. The Journal of Finance, 2008, 63 (4).

[111] JONES S, HENSHER D A. Predicting firm financial distress: a mixed logit model [J]. The Accounting Review, 2004, 79 (4).

[112] JORION P. Risk management lessons from long-term capital

management [J]. European financial management, 2000, 6 (3).

[113] JUDD C M, KENNY D A. Process analysis: Estimating mediation in treatment evaluations [J]. Evaluation review, 1981, 5 (5).

[114] KAPLAN S N. The effects of management buyouts on operating performance and value [J]. Journal of financial economics, 1989, 24 (2).

[115] KAPLAN S N, SENSOY B A, STRÖMBERG P. Should investors bet on the jockey or the horse? evidence from the evolution of firms from early business plans to public companies [J]. The Journal of Finance, 2009, 64 (1).

[116] KAPLAN S N, STROMBERG P. Venture capitals as principals: contracting, screening, and monitoring [J]. American Economic Review, 2001, 92 (2).

[117] KLEIMAN R T, SHULMAN J M. The risk-return attributes of publicly traded venture capital: implications for investors and public policy [J]. Journal of Business Venturing, 1992, 7 (3).

[118] KNIGHT F H. Risk, uncertainty and profit [C]. University of Illinois at Urbana-Champaign's Academy for Entrepreneurial Leadership Historical Research Reference in Entrepreneurship, 1921.

[119] KÖLBEL J F, BUSCH T, JANCSO L M. How media coverage of corporate social irresponsibility increases financial risk [J]. Strategic Management Journal, 2017, 38 (11).

[120] KOLVEREID L, BULLVAG E. Novices versus experienced founders: an exploratory investigation In S. Birley and I [J]. Entrepreneurship Research, Global Research, 1993.

[121] KOLYMPIRIS C, KALAITZANDONAKES N, MILLER D. Spatial collocation and venture capital in the US biotechnology industry [J].

Research Policy, 2011, 40 (9).

[122] KORTUM S, LERNER J. Assessing the contribution of venture capital to innovation [J]. RAND journal of Economics, 2000, 31 (4).

[123] KORYAK O, SMOLARSKI J. Perception of risk by venture capital and private equity firms: a european perspective [J]. The Journal of Private Equity, 2008, 11 (2).

[124] LASFER M, MATANOVA N. Why do PE and VC firms retain ownership after the Initial Public Offering? [R]. Cass Business School working paper. 2013.

[125] LAU A H-L. A five-state financial distress prediction model [J]. Journal of Accounting Research, 1987, 25 (1).

[126] LEJARRAGA T, WOIKE J K, HERTWIG R. Description and experience: how experimental investors learn about booms and busts affects their financial risk taking [J]. Cognition, 2016, 157 (1).

[127] LELEUX B, SURLEMONT B. Public versus private venture capital: seeding or crowding out? a pan-european analysis [J]. Journal of Business Venturing, 2003, 18 (1).

[128] LERNER J. Venture capital and private equity: a course overview [J]. Available at SSRN 79148, 1997,

[129] LERNER J. The narrowing ambitions of venture capital [J]. Technology Review, 2012, 115 (6).

[130] LERNER J, HARDYMON F. Venture capital & Private equity: A casebook [M]. New York: John Wiley & Sons Incorporated, 2000.

[131] LERNER J, SORENSEN M, STRÖMBERG P. Private equity and long‐run investment: The case of innovation [J]. The Journal of Finance, 2011, 66 (2).

[132] LI Z, CROOK J, ANDREEVA G. Chinese companies distress

prediction: an application of data envelopment analysis [J]. The Journal of the Operational Research Society, 2014, 65 (3).

[133] MACKAY P, PHILLIPS G M. How does industry affect firm financial structure? [J]. The Review of Financial Studies, 2005, 18 (4).

[134] MACKINNON D P, WARSI G, DWYER J H. A simulation study of mediated effect measures [J]. Multivariate behavioral research, 1995, 30 (1).

[135] MACMILLAN I C, ZEMANN L, SUBBANARASIMHA P. Criteria distinguishing successful from unsuccessful ventures in the venture screening process [J]. Journal of business venturing, 1987, 2 (2).

[136] MALKIEL B G, FAMA E F. Efficient capital markets: a review of theory and empirical work [J]. The journal of Finance, 1970, 25 (2).

[137] MANIGART S. The founding rate of venture capital firms in three European countries (1970–1990)[J]. Journal of Business Venturing 1994, 9 (6).

[138] MANSFIELD E. How economists see R&D [J]. Research Management, 1982, 25 (4).

[139] MCNALLY K N. Sources of finance for UK venture capital funds: the role of corporate investors [J]. Entrepreneurship & Regional Development, 1994, 6 (3).

[140] MCNULTY T, FLORACKIS C, ORMROD P. Boards of directors and financial risk during the credit crisis [J]. Corporate Governance: An International Review, 2013, 21 (1).

[141] METRICK A, YASUDA A. Venture capital and other private equity: a survey [J]. European Financial Management, 2011, 17 (4).

[142] MIGENDT M. Private equity in clean technology: an exploratory study of the finance-innovation-policy nexus [M]// Accelerating

green innovation. innovationsmanagement und entrepreneurship. Wiesbaden: Springer Gabler, 2017.

[143] MODIGLIANI F, MILLER M. The cost of capital, corporation finance and the theory of finance [J]. American Economic Review, 1958, 48 (3).

[144] MURRAY G C, LOTT J. Have UK venture capitalists a bias against investment in new technology-based firms? [J]. Research Policy, 1995, 24 (2).

[145] MUTALIP A L A, LUTFI A. Islamic venture capital and private equity: legal issues and challenges [C]. Global Financial Services and Islamic Banking, Azmi & Associates. 2009.

[146] MUZYKA D, BIRLEY S, LELEUX B. Trade-offs in the investment decisons of European venture capitalists [J]. Journal of Business Venturing, 1996, 11 (4).

[147] NADAULD T D, SENSOY B A, VORKINK K, et al.. The liquidity cost of private equity investments: evidence from secondary market transactions [J]. Journal of Financial Economics, 2019, 132 (3).

[148] NIELSEN K M. The return to direct investment in private firms: new evidence on the private equity premium puzzle [J]. European Financial Management, 2011, 17 (3).

[149] OIKONOMOU I, BROOKS C, PAVELIN S. The impact of corporate social performance on financial risk and utility: a longitudinal analysis [J]. Financial Management, 2012, 41 (2).

[150] OOGHE H, MANIGART S, FASSIN Y. Growth patterns of the european venture capital industry [J]. Journal of Business Venturing, 1991, 6 (6).

[151] OUTECHEVA N. Corporate financial distress: An empirical analysis

of distress risk [D]. Damaraland: Verlag nicht ermittelbar, 2007.

[152] PERRY L G, HENDERSON JR G V, CRONAN T P. Multivariate analysis of corporate bond ratings and industry classifications [J]. Journal of Financial Research, 1984, 7 (1).

[153] PETTY J S, GRUBER M. In pursuit of the real deal: a longitudinal study of VC decision making [J]. Journal of Business Venturing, 2011, 26 (2).

[154] POPOV A, ROOSENBOOM P. Venture capital and patented innovation: evidence from Europe [J]. Economic Policy, 2012, 27 (71).

[155] RAH J, JUNG K, LEE J. Validation of the venture evaluation model in Korea [J]. Journal of Business Venturing, 1994, 9 (6).

[156] RIBEIRO L L, TIRONI L F. The role of venture capitalists in the identification and measurement of intangible assets [J]. Available at SSRN 965594, 2006.

[157] ROMANO R. Corporate law and corporate governance [J]. Industrial and corporate change, 1996, 5 (2).

[158] RONSTADT R. Exit, stage left why entrepreneurs end their entrepreneurial careers before retirement [J]. Journal of Business Venturing, 1986, 1 (3).

[159] ROSS S A. The determination of financial structure: the incentive-signalling approach [J]. The bell journal of economics, 1977, 8 (1).

[160] ROURE J B, KEELEY R H, VAN DER HEYDEN T. European venture capital: strategies and challenges in the 90s [J]. European Management Journal, 1990, 8 (2).

[161] RUHNKA J C, FELDMAN H D, DEAN T J. The "living dead"

phenomenon in venture capital investments [J]. Journal of Business Venturing, 1992, 7 (2).

[162] SAHLMAN W A. The structure and governance of venture-capital organizations [J]. Journal of financial economics, 1990, 27 (2).

[163] SAMILA S, SORENSON O. Venture capital, entrepreneurship, and economic growth [J]. The Review of Economics and Statistics, 2011, 93 (1).

[164] SAPIENZA H J, GUPTA A K. Impact of agency risks and task uncertainty on venture capitalist–CEO interaction [J]. Academy of Management journal, 1994, 37 (6).

[165] SAPIENZA H J, KORSGAARD M A. Procedural justice in entrepreneur-investor relations [J]. Academy of management Journal, 1996, 39 (3).

[166] SCHOCK F. Private equity financing of technology firms : a literature review [J]. EBS Business School Research Paper, 2013, 14 (6).

[167] SHARPE W F. Mean-absolute-deviation characteristic lines for securities and portfolios [J]. Management Science, 1971, 18 (2).

[168] SØRENSEN M. How smart is smart money? a two - sided matching model of venture capital [J]. The Journal of Finance, 2007, 62 (6).

[169] SPARKS D B. Omens of overregulation : why the sec should abandon its course toward broker-dealer regulation of private equity fund managers [J]. Vargina Law & Business Review, 2018, 12 (1).

[170] STARR J A, BYGRAVE W D. The assets and liabilities of prior start-up experience: an exploratory study of multiple venture entrepreneurs [M]. Pennsylvania:Babson Frontiers of Entrepreneurship Research, 1991.

[171] STATMAN M. Behaviorial finance : past battles and future

engagements [J]. Financial Analysts Journal, 1999, 55 (6).

[172] STIGLITZ J E, WEISS A. Credit rationing in markets with imperfect information [J]. The American economic review, 1981, 71 (3).

[173] STRÖMBERG P. The new demography of private equity [J]. The global impact of private equity report, 2008 (1).

[174] SUN J, SHANG Z, LI H. Imbalance-oriented SVM methods for financial distress prediction: a comparative study among the new SB-SVM-ensemble method and traditional methods [J]. The Journal of the Operational Research Society, 2014, 65 (12).

[175] SWEETING R C. UK venture capital funds and the funding of new technology - based businesses: process and relationships [J]. Journal of Management Studies, 1991, 28 (6).

[176] TINSLEY P A. Capital structure, precautionary balances, and valuation of the firm: the problem of financial risk [J]. The Journal of Financial and Quantitative Analysis, 1970, 5 (1).

[177] TSAI B-H, CHANG C-H. Predicting financial distress based on the credit cycle index: a two-stage empirical analysis [J]. Emerging Markets Finance & Trade, 2010, 46 (3).

[178] TYEBJEE T, VICKERY L. Venture capital in western europe [J]. Journal of Business Venturing, 1988, 3 (2).

[179] TYEBJEE T T, BRUNO A V. A model of venture capitalist investment activity [J]. Management science, 1984, 30 (9).

[180] TYKVOVÁ T. Venture capital in germany and its impact on innovation [J]. Social Science Research Network Working Paper, 2000.

[181] TYKVOVÁ T. What do economists tell us about venture capital contracts? [J]. Journal of Economic Surveys, 2007, 21 (1).

[182] UEDA M, HIRUKAWA M. Venture capital and productivity [J]. Unpublished Working Paper, 2003.

[183] VAN HORNE JAMES C. Financial Management & Policy, 12E [M]. New York: Pearson Education India, 2002.

[184] WEI K D, STARKS L T. Foreign exchange exposure elasticity and financial distress [J]. Financial Management, 2013, 42 (4).

[185] WHITED T M, WU G. Financial constraints risk [J]. The Review of Financial Studies, 2006, 19 (2).

[186] WILLIAMS C A. Attitudes toward speculative risks as an indicator of attitudes toward pure risks [J]. The Journal of Risk and Insurance, 1966, 33 (4).

[187] WILLIAMS W H, GOODMAN M. A simple method for the construction of empirical confidence limits for economic forecasts [J]. Journal of the American Statistical Association, 1971, 66 (336).

[188] WRIGHT M, LOCKETT A. The structure and management of alliances: syndication in the venture capital industry [J]. Journal of Management Studies, 2003, 40 (8).

[189] WRIGHT M, ROBBIE K. Venture capitalists, unquoted equity investment appraisal and the role of accounting information [J]. Accounting and Business research, 1996, 26 (2).

[190] WRIGHT M, THOMPSON S, ROBBIE K. Venture capital and management-led, leveraged buy-outs: a European perspective [J]. Journal of Business venturing, 1992, 7 (1).

[191] WRIGHT M, WILSON N, ROBBIE K, et al.. Restructuring and Failure in buy - outs and buy - ins [J]. Business Strategy Review, 1994, 5 (2).

[192] ZHAO X, LYNCH J G, CHEN Q. Reconsidering baron and kenny:

myths and truths about mediation analysis [J]. Journal of Consumer Research, 2010, 37 (2).

[193] ZHOU L. A comparison of dynamic hazard models and static models for predicting the special treatment of stocks in China with comprehensive variables [J]. The Journal of the Operational Research Society, 2015, 66 (7).